中国社会科学院重大课题
国家"十五"重点出版项目

列国志

GUIDE TO THE WORLD STATES

中国社会科学院《列国志》编辑委员会

阿拉伯联合酋长国

● 黄 振 编著

社会科学文献出版社
SOCIAL SCIENCES ACADEMIC PRESS (CHINA)

阿拉伯联合酋长国行政区划图

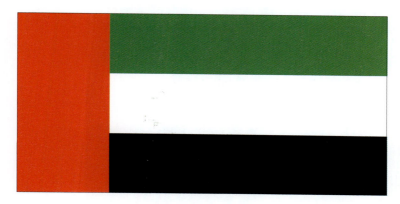

阿拉伯联合酋长国国旗

阿拉伯联合酋长国国徽

阿联酋总统哈利法（左）和副总统兼总理穆罕默德（右）在阿联酋
展览会上（2008，阿联酋）

"哈利法塔"（即世界最高塔"迪
拜塔"，828米高，迪拜）

阿拉伯第一夫人出席阿拉伯妇联代表会（2008.11　阿布扎比）

"阿拉伯塔"，280米高摩天七星级
帆船饭店（迪拜）

"哈利法塔"摩天饭店
（阿联酋 迪拜）

阿布扎比酋长宫饭店（2009. 阿联酋 阿布扎比）

扎耶德体育城

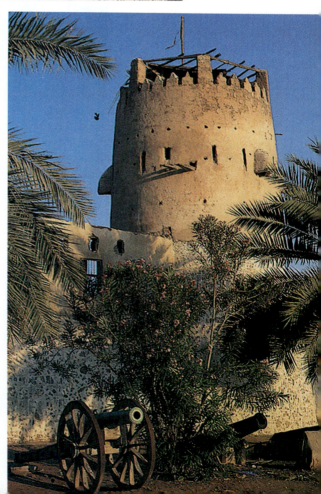

乌姆盖万

阿拉伯纯种马比赛

甩长发舞

首都阿布扎比布

前　言

　　自 1840 年前后中国被迫开关、步入世界以来，对外国舆地政情的了解即应时而起。还在第一次鸦片战争期间，受林则徐之托，1842 年魏源编辑刊刻了近代中国首部介绍当时世界主要国家舆地政情的大型志书《海国图志》。林、魏之目的是为长期生活在闭关锁国之中、对外部世界知之甚少的国人"睁眼看世界"，提供一部基本的参考资料，尤其是让当时中国的各级统治者知道"天朝上国"之外的天地，学习西方的科学技术，"师夷之长技以制夷"。这部著作，在当时乃至其后相当长一段时间内，产生过巨大影响，对国人了解外部世界起到了积极的作用。

　　自那时起中国认识世界、融入世界的步伐就再也没有停止过。中华人民共和国成立以后，尤其是 1978 年改革开放以来，中国更以主动的自信自强的积极姿态，加速融入世界的步伐。与之相适应，不同时期先后出版过相当数量的不同层次的有关国际问题、列国政情、异域风俗等方面的著作，数量之多，可谓汗牛充栋。它们对时人了解外部世界起到了积极的作用。

当今世界，资本与现代科技正以前所未有的速度与广度在国际间流动和传播，"全球化"浪潮席卷世界各地，极大地影响着世界历史进程，对中国的发展也产生极其深刻的影响。面临不同以往的"大变局"，中国已经并将继续以更开放的姿态、更快的步伐全面步入世界，迎接时代的挑战。不同的是，我们所面临的已不是林则徐、魏源时代要不要"睁眼看世界"、要不要"开放"问题，而是在新的历史条件下，在新的世界发展大势下，如何更好地步入世界，如何在融入世界的进程中更好地维护民族国家的主权与独立，积极参与国际事务，为维护世界和平，促进世界与人类共同发展做出贡献。这就要求我们对外部世界有比以往更深切、全面的了解，我们只有更全面、更深入地了解世界，才能在更高的层次上融入世界，也才能在融入世界的进程中不迷失方向，保持自我。

与此时代要求相比，已有的种种有关介绍、论述各国史地政情的著述，无论就规模还是内容来看，已远远不能适应我们了解外部世界的要求。人们期盼有更新、更系统、更权威的著作问世。

中国社会科学院作为国家哲学社会科学的最高研究机构和国际问题综合研究中心，有 11 个专门研究国际问题和外国问题的研究所，学科门类齐全，研究力量雄厚，有能力也有责任担当这一重任。早在 20 世纪 90 年代初，中国社会科学院的领导和中国社会科学出版社就提出编撰"简明国际百科全书"的设想。1993 年 3 月 11 日，时任中国社会科学院院长的胡绳先生在科研局的一份报告上批示："我想，国际片各所可考虑出一套列国志，体例类似几年前出的《简明中国百科全书》，以一国（美、日、英、法等）或几个国家（北欧各国、印支各国）为一册，请考虑可行否。"

中国社会科学院科研局根据胡绳院长的批示，在调查研究的基础上，于 1994 年 2 月 28 日发出《关于编纂〈简明国际百科全书〉和〈列国志〉立项的通报》。《列国志》和《简明国际百科全书》一起被列为中国社会科学院重点项目。按照当时的计划，首先编写《简明国际百科全书》，待这一项目完成后，再着手编写《列国志》。

1998 年，率先完成《简明国际百科全书》有关卷编写任务的研究所开始了《列国志》的编写工作。随后，其他研究所也陆续启动这一项目。为了保证《列国志》这套大型丛书的高质量，科研局和社会科学文献出版社于 1999 年 1 月 27 日召开国际学科片各研究所及世界历史研究所负责人会议，讨论了这套大型丛书的编写大纲及基本要求。根据会议精神，科研局随后印发了《关于〈列国志〉编写工作有关事项的通知》，陆续为启动项目拨付研究经费。

　　为了加强对《列国志》项目编撰出版工作的组织协调，根据时任中国社会科学院院长的李铁映同志的提议，2002 年 8 月，成立了由分管国际学科片的陈佳贵副院长为主任的《列国志》编辑委员会。编委会成员包括国际片各研究所、科研局、研究生院及社会科学文献出版社等部门的主要领导及有关同志。科研局和社会科学文献出版社组成《列国志》项目工作组，社会科学文献出版社成立了《列国志》工作室。同年，《列国志》项目被批准为中国社会科学院重大课题，国家新闻出版总署将《列国志》项目列入国家重点图书出版计划。

　　在《列国志》编辑委员会的领导下，《列国志》各承担单位尤其是各位学者加快了编撰进度。作为一项大型研究项目和大型丛书，编委会对《列国志》提出的基本要求是：资料翔实、准确、最新，文笔流畅，学术性和可读性兼备。《列国志》之所以强调学术性，是因为这套丛书不是一般的"手册"、"概览"，而是在尽可能吸收前人成果的基础上，体现专家学者们的研究所得和个人见解。正因为如此，《列国志》在强调基本要求的同时，本着文责自负的原则，没有对各卷的具体内容及学术观点强行统一。应当指出，参加这一浩繁工程的，除了中国社会科学院的专业科研人员以外，还有院外的一些在该领域颇有研究的专家学者。

　　现在凝聚着数百位专家学者心血、约计 150 卷的
《列国志》丛书，将陆续出版与广大读者见面。我们希
望这样一套大型丛书，能为各级干部了解、认识当代世
界各国及主要国际组织的情况，了解世界发展趋势，把
握时代发展脉络，提供有益的帮助；希望它能成为我国
外交外事工作者、国际经贸企业及日渐增多的广大出国
公民和旅游者走向世界的忠实"向导"，引领其步入更
广阔的世界；希望它在帮助中国人民认识世界的同时，
也能够架起世界各国人民认识中国的一座"桥梁"，一
座中国走向世界、世界走向中国的"桥梁"。

　　　　　　　　　　　　《列国志》编辑委员会
　　　　　　　　　　　　2003 年 6 月

CONTENTS
目　录

CONTENTS

目　录

CONTENTS

目 录

CONTENTS

目　录

CONTENTS
目 录

CONTENTS

目录

CONTENTS

目　录

CONTENTS

目　录

13

CONTENTS
目　录

CONTENTS

目 录

CONTENTS

目　录

著者再版说明

　　《阿拉伯联合酋长国》（第一版）是 2003 年出版的，不易买到，来索者多，并提过一些建议。2009 年 6 月，社会科学文献出版社提出再版。我同意对原著做一些更新和增删修订后再出第二版。主要的增改有以下三方面：

　　一、增写了"阿联酋应对 2008 国际金融危机"一篇，增为第四章第七节"财政金融"的"三"。新写了两位人物，放在第二章第六节"阿联酋的著名人物"项下，他们是现任总统、副总统兼总理，即："五　哈利法·本·扎耶德·阿勒纳哈扬"和"六　穆罕默德·本·拉希德·阿勒马克图姆"。

　　二、增补了阿联酋围海造地，填海建楼，打造顶级酒店，择海而居，供旅游、休闲、商贸乃至租售；以及阿联酋争办 2020 年世博会、奥运会和残奥会的情况。

　　三、更新了一些较近的数据，增补了一点 2003～2009 年相关的实用材料。

　　为此，我要感谢外交部、商务部、中国社会科学院、中国贸促会、中阿两国使馆和北京高信达公司等提供的帮助。我还要感谢读者对本书的关爱，并恳请读者不吝赐教。

　　值此新中国成立 60 周年之际，谨以此书向祖国献礼，敬祝祖国万岁！

黄　振

2009 年 10 月 1 日于北京

著者的话

　　阿联酋国小人少，但却是个石油富国，在国际上知名度颇高。她是当今世界上唯一以酋长国名称参加联合国组织的国家，是当代阿拉伯国家已经经历过的一个又一个国家联合体中唯一现存的联邦制国家。她与中国有悠久的和多方面的友好合作关系。中国有许多人想更多地了解阿联酋的过去和现在。他们想知道：为什么国际上简称 EMIRATES（酋长国）时，都明白指的就是敢言敢为的沙漠小国阿联酋？为什么她的一片炎热荒漠之地，摆脱西方殖民主义统治后，仅用了 10 年时间就实现了人均年收入 2.6 万美元而名列全球之冠？为什么在阿联酋水比油贵？为什么阿联酋不是通过立即国有化政策而是通过参股和收购，逐步实现控制本国石油业？为什么阿联酋人口中约有 4/5 是外来人？为什么她作为富油小国还要大力发展非石油经济？为什么她在对外开放的同时能保持和发展本民族的文明与传统？等等。但愿本书对这些问题的解答能有所裨益。

　　在编写中，除用了作者在中国驻阿联酋大使馆任职时积累的资料和笔记外，还参阅了个人所能得到的书报、文献和材料，并得到外交部、中国社会科学院、北京大学，特别是阿联酋驻华大使馆提供的参考资料，赵国忠、杨光、许林根、温伯友、徐心辉等教授、专家的宝贵审读意见，以及北京高信达公司的协助。特在此向不吝提供帮助的有关方面和朋友致谢。

　　笔者限于时间，所收资料欠完全，特别是一些动态情况和统计数值不够齐全。书中的疏漏乃至错误，尚祈专家、读者不吝指教。

黄　振

2002 年 9 月于北京

第一章
国土与人民

阿拉伯联合酋长国（UNITED ARAB EMIRATES），简称阿联酋（U. A. E.）。位于亚洲西南部阿拉伯半岛东部的海湾（波斯湾或阿拉伯湾的简称）南岸。1971 年 12 月 2 日宣告成立。由阿布扎比（Abu Dhabi）、迪拜（Dubai）、沙迦（Sharjah）、哈伊马角（Ras al-Khaimah，1972 年 2 月 11 日加入）、富查伊拉（Fujairah）、乌姆盖万（Umm al-Qaiwain）、阿治曼（Ajman）7 个酋长国组成联邦国家，是第二次世界大战后阿拉伯世界唯一现存的国家统一联合体，是当今世界上 194 个国家中唯一以酋长国名称参加联合国组织的国家。首都设在阿布扎比市（ABU DHABI）。国土面积（包括岛屿）83600 平方公里。其面积在海湾阿拉伯六国中位居第三，仅次于沙特阿拉伯和阿曼两国。人口约 508 万（2008 年）。居民大多信奉伊斯兰教，多数属逊尼派（在迪拜什叶派占多数），阿拉伯语为官方语言，通用英语。

在地理上和历史上，阿联酋是指阿拉伯半岛海湾南岸沿海及其内陆地带的诸酋长国，同昔日的阿曼、波斯（今伊朗）及两河流域（即底格里斯和幼发拉底两河流域平原，又称美索不达米亚）南部苏美尔奴隶制城邦国家（公元前 3000～前 2500 年）有数千年的渊源关系。距今 4000 年前，在地中海沿岸（主要指今叙利亚、巴勒斯坦地方）定居的腓尼基人，极善航海、经商，他们中曾经有人沿着非洲大陆岸边航行 3 年回到出发地埃及，古埃及法老王确认他们是"地中海上的马车夫"。马克思把腓尼基人称之为"商业民族"。当时，腓尼基人有的则经阿曼海岸迁居于海湾地方，组成由谢赫（Sheikh，阿拉伯语，意谓酋长）领导的部落社会，人称"麦什哈特（Mashhate，阿拉伯语，有首长或族长统辖之意）阿曼"或"酋长国阿曼"。1820 年，英国殖民主义者入侵海湾并占领后，1835 年强迫各酋长签订"休战协定"。英国驻巴林的政治代表以"休战"一词的英语 trucial 发音将该诸酋长国地方称作"the Trucial States"（休战诸酋长国）或"Trucial Oman"（特鲁西尔阿曼），意译为"休战阿曼"。当地人自称为酋长国（Emirates）。

第一节　自然地理

一　地理位置

阿联酋位于北纬 22°～26°50′，东经 51°～56°50′，地处世界上最大半岛阿拉伯半岛的东部，从西面的卡塔尔半岛底部开始，向东延伸到穆桑达姆半岛，处于海湾的中段。其北部和西北部面临海湾，西北与卡塔尔为邻，西部和西南与沙特阿拉伯交界，东部和东北同阿曼毗连，东临霍尔木兹海峡和阿曼湾。阿联酋地处扼海湾与印度洋之间的海上交通要冲，自古以来就是东西方交通枢纽，并逐渐发展成为商贸集散地。阿联酋海岸线长 734 公里。阿时差早于格林尼治标准时间 4 小时。

二　行政区划

阿联酋有 7 个酋长国，各有自己独立的行政机构。酋长是各自酋长国的统治者和执政首脑，享有对其酋长国的绝对权力，其内政不受联邦政府的干预。七国中，阿布扎比酋长国的面积最大，为 73060 平方公里，约占阿联酋面积的87.4%。她以首府阿布扎比市为基线，把酋长国划分为以艾因市为中心的东部绿洲地区和以利瓦绿洲为主的西部地区。阿布扎比酋长向东、西两地区分别派出统治者代表，主持上述两区的事务。

其他 6 个酋长国按面积大小排列，分别为：迪拜（3900 平方公里，约占阿联酋面积的4.7%）、沙迦（2600 平方公里，约占阿联酋面积的3.1%）、哈伊马角（1700 平方公里，约占阿联酋面积的2%）、富查伊拉（1300 平方公里，约占阿联酋面积的1.6%）、乌姆盖万（780 平方公里，约占阿联酋面积的0.9%）和阿治曼（260 平方公里，约占阿联酋面积的0.3%）。

三　地形特点

阿联酋的陆地形状像半张展平的山羊皮，西南面与卡塔尔、沙特阿拉伯相连，东面与阿曼接壤。富查伊拉和沙迦的豪尔费坎、达巴等位于阿曼湾西岸。阿联酋绝大部分土地是沙漠，西部和内陆为沙漠地区。阿布扎比酋长国东部地区重镇艾因市及其周围，有一些得益于地下水而形成的洼地。哈伊马角北部有少量山地。南部地区有许多巨大沙丘，形成同沙特阿拉伯的鲁卜哈利沙漠（面积约 58.6 万平方公里，东西长 1200 公里，南北宽 640 公里）的边界。哈伊马角东北方与霍尔木兹海峡为邻。艾因城位于布赖米（Buraimi）绿洲地区，其南边有一座哈菲特（Hafit）山，高 1220 米，与阿曼交界。

阿联酋东部山区南北长约 80 公里，东西宽约 32 公里，构成巨大的岩石山，成为哈贾尔山脉（Hajar Mountains）的一部分。哈贾尔山脉由东向西转北经阿曼至阿联酋东北部的哈伊马角市北边，最高峰（Yibir）海拔 1527 米。其西麓形成许多大小山谷和沟洼，有的山地适宜耕种。

海湾水深一般较浅，在其约 60 万平方公里水域中，平均水深 35 米，最深处 90 米。其东端海湾口的霍尔木兹海峡，深水处可达 145 米。盐度为 38‰ ~ 40‰。水温 8 月份可达 45℃。其沿岸陆上、海底和海岛均蕴藏有丰富的石油和天然气。阿联酋沿海水域大部分也是浅海，多珊瑚礁和岛屿，可被选作围海造地或填建人工岛。

阿联酋的海岸，除哈伊马角北部沿海因连接哈贾尔山脉而多山石外，其他沿海地区大部分为沙滩。有大小岛屿 200 多个。有许多珊瑚礁，为珍珠贝提供了适宜的栖息地。海湾珍珠，久负盛誉，采珠业一直是当地的一项重要收入。本地人常自诩阿联酋是海上的七颗明珠。

阿拉伯半岛没有一条常年有水的河流。阿联酋境内亦无常年河流，但它有一些历史上留下的干河，特别是在哈贾尔山脉一带。主要有：哈塔干河（在阿治曼、迪拜），朱德法格干河，豪尔干河，沙姆干河等。它们是人畜穿越山地的良好通道。有的干河，因天降大雨会间歇性出现"苏尤勒"（Suyuil，阿拉伯语音译，意指大水流）或长时间的细流，这有利于植物生长。

四　气候

1. 气温

阿联酋处于西亚北非的干热地带，属热带沙漠气候。因被海湾和阿曼湾环抱，又受红海和曼德海峡气流影响，故夏季（5 月至 10 月）炎热潮湿，气温 40 ~ 50℃；冬季（11 月至来年 4 月）温暖晴朗，气温 7 ~ 20℃。沿海、内陆沙漠地区和高山丘陵地带三者之间的气候差别很大。沿海地区 7 月的平均气温 37.7℃，而湿度经常在 90% 以上，有时达到极限100%。气温往往随着向内地沙漠深入而升高至 50℃ 以上。山区和丘陵地区则气候温和，东部山区较为凉爽干燥。

2. 风向

阿联酋有季风和非季风两种。季风有春季和夏季之分。风起北边，干燥而清爽，不夹带沙土；另一种风是东南风，风程短，湿度大。阿联酋的气候风向主要为南风或东南风，其次是西风、西北风或北风。

3. 雨水

和所有干旱地带国家一样，阿联酋的雨量稀少。平均年降水量仅为 100 毫米，不同年份、不同地区有差别。富查伊拉和哈伊马角两个酋长国，因位于东边和东北，又都靠近山地丘陵，降水量较多，大多集中在 11 月和 4 月，被认为是阿联酋两个拥有最肥沃土地的酋长国。其他地区，降水多集中在 12 月和 1 月。夏季有雷电、沙暴。

第二节　自然资源

一　地质

阿联酋自然资源的形成与阿拉伯半岛的地质有密切关系。从地质上看，阿拉伯半岛从 10 亿余年前的远古算起，大致由前寒武纪—古生代—中生代—第三纪（台地玄武岩）—第四纪（水成岩）等地质年代的构成发展而来，由半岛西部（以沙特阿拉伯为主体）的前寒武纪的盾状地和自东侧（阿曼）一带向北侧（沙特阿拉伯）和南侧（也门）分布的一大片古生代，则由第四纪（从距今 250 万年前至今）的水成岩岩层所组成。由前寒武纪的岩层形成的地块，受侵蚀后逐渐平坦，呈现出被平放的盾的形状，它是构成各大洲核心的一种板块。阿拉伯半岛的盾状地被称作阿拉伯努比亚地壳。它在中生代

（2.3 亿～6700 万年前）与非洲东海岸的广阔盾状地原本是连为一体的。阿拉伯半岛的盾状地至少在 10 亿多年以前（前寒武纪），就已大体形成。此后的 4 亿多年里，火山频繁活动，堆积起以火山喷出物为主的地层，并因造山运动产生褶皱，富含硅和铝的结晶岩花岗岩也掺入其上层。到古生代初期的寒武纪，地球的海面上升，生物种类急剧增加。阿拉伯半岛的盾状地壳也略有倾斜，其高原地势由西南向东北倾斜，又由东北向东徐徐倾斜，形成一个向远处延伸而又较浅的大陆架，并开始在局部地方堆积为水成岩。到古生代中期的泥盆纪（约 4 亿～3.5 亿年前），世界范围内的海面上升，阿拉伯半岛除其西部露出的盾状地带外，其他包括阿联酋的大部分地区都被古地中海吞没。在霍尔木兹地区有外露的前中新世（第三纪）岩层，属寒武纪的霍尔木兹系，其岩石常常包括含有大量铁质的页岩和泥灰岩。此类岩石在阿联酋的锡尔·巴尼亚斯岛和达尔玛（Dalma）岛也有。直到第三纪末，该海域缓慢持续下沉，在沿海逐渐堆积起由石灰岩、白云岩、石膏、砂岩、灰岩、页岩等形成的浅海性的地层。这种经历了几百万年堆积起来的水成岩的厚度约有 4000 余公尺。据此看来，阿拉伯半岛下沉的速度是很缓慢的。阿联酋及其邻近沿岸国家开采的石油，大部分是以侏罗纪—白垩纪（中生代后半期）的石灰岩、白云岩为母层的。在阿拉伯半岛上被称为阿曼背脊的古老的哈贾尔山脉，向北伸展到哈伊马角，其最高峰阿达耳山（Jebel Akhdar，阿拉伯语，意谓绿山）海拔 3352 米，在其 70 米高度的地方有一"沙滩"，类似地中海的沙滩结构。这说明在第四纪新生代时期，在这个高度上的整个地区都处于海平面之下。

在第三纪，与哈伊马角相连的哈贾尔山西坡，由于岩层风化，剥落成砂砾结构，被冲刷成从哈伊马角到阿布扎比的沿海地带及其沙漠地区出现冲积砂砾层，形成冲积平原。在沙迦和迪拜等地形成小海湾，在阿布扎比以西 20 公里形成向内地伸展 15 公里的露岩与盐岩相交错的平坦地带。受涨潮和强烈而持久的西北风作用的影响，它逐渐形成港湾，使海湾隆起，在沿海露出海面1～3米的贝壳石灰岩。它是由海湾的软体动物群、节肢动物的石灰质骨头以及这些有机体的碎骨化石所构成的。在迪拜西40余公里里的沿海地带形成阿里山，其岩层为石膏、贝壳石灰岩、碎砂岩及页岩，构成油气层结构。同时，这些地方可以从石灰岩、白云岩以及砂岩等透水性较好的岩层中汲取水分，并在其周围地区形成一片绿洲。例如阿联酋艾因地区的许多绿洲和著名的布赖米绿洲等便是。到第四纪新生代，从沙漠地区到沿海地带，出现风成细粒砂岩，以及盐岩、沙丘、石灰岩和贝壳层。海湾悠久而广阔的海域，是各种贝类和鱼虾的生长场所，也是采取珍珠及捕鱼的好地方。古代人类在阿联酋地方留下的遗迹，可追溯到旧石器时代。

二　矿产

1. 石油和天然气

公元前3000年代，美索不达米亚平原的巴比伦人就开始利用从地层下流渗出的黑色半固体软泥物质沥青，作为建筑粘胶建造城墙，用作药物治病，当作燃料、照明物质和进攻性武器。巴比伦人使用沥青的方法后来传到了阿拉伯半岛。

阿联酋所在的海湾地区石油储油层较厚，埋藏不很深，地层较一致，油层驱动力较大，大多数属自喷井，单井产量高，故开采成本较低。

阿联酋已探明的石油储量达981亿桶（约合130亿吨），约占世界总储量的9.5%，成为世界第五位石油储量大国。天然气储量也很丰富，约6.06万亿立方米，居世界第五位。阿联酋的油、气资源，主要分布在阿布扎比酋长国，其储量分别占阿联酋总储量的约94.3%和92.5%。其次是迪拜、沙迦和哈伊马角3个酋长国。

2. 其他矿产资源

锰矿，分布在阿联酋北部地区；铜矿，分布在富查伊拉和哈伊马角；铬矿，分布在沙迦、阿治曼、富查伊拉和哈伊马角；石膏矿，分布在艾因地区；石灰岩，分布在哈伊马角，特别是哈贾尔山脉地区；云母矿，分布在富查伊拉；岩盐，分布在阿联酋东部和西部。

三　植　物

阿联酋境内自然条件恶劣，大部分地区为沙漠、荒原；气候炎热干旱，年均降水量仅 68~100 毫米，地下水源不足，绿洲稀少。全国可耕种土地面积 32 万公顷，已耕地面积 27 万公顷，占总面积约 3.5%。全国有传统的椰枣树 3500 万株，占可耕地面积的 70%，是世界上最大的椰枣生产国之一。此外，主要农产品有玉米、蔬菜、柠檬、柑橘、石榴、香蕉、芒果等，有果树 100 多万棵，树木 15 亿棵。民用和工业用木材几乎全靠进口，从而保存了阿联酋的大批林地。

阿联酋主要天然植物是沙漠小树丛。与哈伊马角相连的哈贾尔山脉西坡及其平原上，树丛稠密；在迪拜西边的沙丘上也有沙漠小丛林和树木。每年 11 月到来年 4 月为雨季，沙漠植物生长较快，绿得可爱，供贝都因人（Bedouines，阿拉伯语，指阿拉伯半岛的游牧阿拉伯人，以氏族部落为基本单位）逐水草放牧而生。

四　动　物

从阿联酋一些酋长国的名称可以看出当地自古以来的动物种类情况。例如，阿布扎比一词的意思是"羚羊之父"，指该酋长国自古是羚羊聚集地带。迪拜的意思是"熊屯"，传说曾是熊的出没地。哈伊马角的意思是"帐篷之顶"，是牧畜最多的地方。乌姆盖万的意思是"两种力量之母"，意指渔、牧两旺。

阿联酋的动物品种主要有：单峰骆驼、阿拉伯马、野牛、羚羊和熊等。人民传统饲养的家畜主要有骆驼、牛、印度瘤牛（红牛）、绵羊、马、狗、鸡等。它们是居民所需肉、奶、毛、皮等物资的重要来源。

海湾拥有很丰富的渔业资源。阿联酋沿海居民，自古以来靠捕鱼、采集珍珠和从事海运为生。从阿布扎比到沙迦沿海的沙滩、岛屿、暗礁，相互犬牙交错，从海岸到 40 米水深之间的海域有许多著名的采珠场。鱼、虾、贝等海产品，自给有余，出口量不小。当地人对海龟、海牛等物种，采取捕养、研究和保护的办法。

阿联酋是一个爱鸟国家。收录记载的鸟类，多达 169 种。阿联酋把面积达 220 平方公里的锡尔·巴尼亚斯岛辟为中东最大的自然保护区，护养着不少珍稀的、濒临灭绝的鸟类和动物。这个昔日的荒漠沙岛，历 30 多年经营，变成一个绿岛。岛上种树 200 多万棵，建 22 个农场，培植 30 万棵果树、1.5 万株橄榄树，还建有鸟诊所。主要鸟类有野雁、鹰、猎隼、红鹤、非洲鸵鸟、鹧鸪、珠鸡、乌鸡、松鸡等 86 种。

在阿联酋除了有著名的锡尔·巴尼亚斯岛自然保护区，还有类似的其他一些自然保护区，例如：萨马利亚岛自然保护区、查尔宁岛自然保护区等。

第三节　居民与宗教

一　人口

阿联酋是一个阿拉伯伊斯兰国家，人口 508 万（2008 年），本国人口少，缺乏劳动力，外来移民多。2005 年普查人口 410 万，其结构中本国国民只占约 20%，外来人口占 80%（在海湾合作委员会六国中是外来人口所占比例最高的）。外来人口中，其他阿拉伯国家（如埃及、约旦、叙利亚、巴勒斯坦、也门、伊拉克）的人约占 13.5%；此外，主要来自伊朗（约占 17%）和印度、巴基斯坦、孟加拉、斯里兰卡、菲律宾、印尼、越南、中国等亚洲国家（约占 60%），还有不少俾路支人、非洲人以及西方人（约占 1%）。外国移民在当地谋生居留或长住，必须得到一个当地雇主或介绍人的担保，并领取地方当局的工作许可证。

自古以来，阿拉伯人分为定居的"哈德尔（Hader，阿拉伯语音译，即定居的意思）人"和"贝都因人"两大类。阿联酋的哈德尔人大多定居在沿海城镇，一般在东部山区和北部沿海及内地绿洲的城镇和林泽地区，这类人的数目日益增加，居住区域在扩大。而贝都因人则在广阔沙漠地区，逐水草游牧为生。

阿联酋人口的增长率在世界各国中属最快的一类国家。独立建国前，1968 年，7 个酋长国人口总数为 17.9 万。1971 年各酋长国联合后，全国人口迅速增长。1975 年全国人口为 55.8 万，较 1968 年增加 37.9 万人，增长率为 211.7%；1980 年人口 104.2 万，较 1975 年增长了 86.8%；1985 年人口增加到 162.2 万，5 年内增长 55.7%。1992 年即建立联邦 20 年后的人口为 201.1 万，较 1968 年增加 183.2 万人，为 1968 年的 11.23 倍，较 1985 年增长了 24%；1995 年人口为 237.7 万，较 1968 年增加 219.8 万人。1985～1995 年的 10 年间，全国人口平均年增长率约为 4%。此后，人口增长速度趋缓，1998 年全国人口 285 万，1999 年为 293.8 万人，增长率降为 3.1%。2000 年人口约 310 万，增长率再升为 5.5%，这一年全国平均每平方公里 37 人。1995～2005 年十年阿人口增长 74%。2005 年人口普查数为 4106427 人（男占 50.7%，出生率约 1.87%，死亡率约 0.43%），5 年增了约 100 万人，平均年增长率 6.45%，总生育率 2.5，平均每平方公里人口增为 41。2006 年，阿人口 422.9 万较上年增加 12.3 万，增幅 3%。2007 年阿人口 448.8 万，较上年增加 25.9 万，增幅 6%。2008 年阿人口增至 508 万人，较上年增加 59.2 万，增幅 13%，不足 4 年增加近百万人，每平方公里人口增为 61 人。

阿人口增长中，外来人口增速是本土人口增速的近两倍。2007 年本土人增幅 2.9%，外来人增幅 6.9%；2008 年本土人增幅 3.2%，外来人增幅 6.8%；2009 年本土人增幅 3.4%，外来人增幅 6.9%。

在阿联酋的人口结构中，历史上男高女低的两性比例关系已逐渐缩小。1975 年时人口 557887 人，其中男性 386427 人，占 69.3%。1980 年时，人口 1042099 人，其中男性 719712 人，占 69.1%。到 1985 年，人口 1622464 人，其中男性 1052577 人，占 64.9%，缩小比率为 4.2 个百分点。到 1992 年人口 201.1 万人，其中男性 120.8 万人，占 60.06%，较 1985 年男性比例缩小近 5 个百分点，使阿联酋人口的两性结构趋向平衡。1995 年人口 2377453，其中男性 1579743 人，占 66.4%，男性比例再度回升。2005 年人口 410.6 万，其中男性 280 万人，占 68.3%。2006 年人口 422.9 万，其中男性 289.5 万，占 68.45%。2007 年人口 448.8 万，其中男性 308.4 万，占 68.71%。

阿联酋 2007 年人口为 448.8 万，按地区具体分布如下：
阿布扎比酋长国 149.3 万人，占总人口的 33.2%；
迪拜酋长国 147.8 万人，占总人口的 32.9%；
沙迦酋长国 88.2 万人，占总人口的 19.6%；
哈伊马角酋长国 22.2 万人，占总人口的 5%；
阿治曼酋长国 22.4 万人，占总人口的 5%；
富查伊拉酋长国 13.7 万人，占总人口的 3.1%；
乌姆盖万酋长国 5.2 万人，占总人口的 1.2%。

二 民族

阿 联酋的民族结构是比较单纯的，主体是阿拉伯半岛的闪族后代阿拉伯民族，他们主要来自阿拉伯半岛西南部的古国也门。古代也门地区是雨水最丰沛的地方，年平均降雨量约 500 毫米，气候温和，适宜农耕，自古被称为"绿色的也门"、"幸福的也门"。古代也门的萨巴王国（公元前 8 世纪~前 115 年）的农业曾经很发达，有著名的巨大灌溉工程马里卜水坝，其首都马里卜还是东西方贸易的一个交通要地。萨巴王朝末期，国内动乱，水利失修，马里卜水坝毁坏，经济衰落，人民向周边四散，有的向北到两河流域之肥沃的新月地带（今伊拉克、叙利亚、巴勒斯坦、约旦和黎巴嫩地方，因地形呈弧形，故称新月形沃地），有的往西南经丕林岛过曼德海峡去非洲的厄立特里亚、埃塞俄比亚等地，也有不少人朝东北迁徙至海湾沿岸，其中有的就留在今阿联酋地方生息，与当地的贝都因人共存。后来波斯人、阿比西尼亚人、罗马人等入侵阿拉伯半岛。哈伊马角、迪拜、沙迦的卡西米人曾在海湾南、北两岸大搞运输通商，极为活跃，并在波斯的阿巴斯港聚居。波斯人中也有到海湾南岸诸酋长国一带生活的。

三 语言

阿 联酋主要使用阿拉伯语。阿拉伯语属闪语系。在基督纪年之初，阿拉伯语主要在阿拉伯半岛使用。当地居民都说阿拉伯半岛母语纯阿拉伯语，使用正规的阿拉伯文。随着阿拉伯半岛居民的迁徙，特别是 7 世纪时伊斯兰教的传播和阿拉伯人的对外征服，阿拉伯语在两河流域、北非成了主要语言，影响不断扩大，成为整个阿拉伯民族的母语。海湾地区由于曾处于英国的殖民统治下一百多年，英语在阿联酋城镇是比较通用的外语。阿联酋的学校，一般从中学也有从小学三年级开始设英语课。独立后，特别是成立联邦后，规定政府文件和正式文本必须用阿拉伯文。

　　四　宗教

阿拉伯半岛是世界三大宗教之一伊斯兰教的发源地。阿联酋奉伊斯兰教为国教。7世纪初，伊斯兰教由"安拉的使者"穆罕默德（约570～632年）创立和传播于沙特阿拉伯的麦加城。628年，他派使者到阿拉伯半岛各部落游说传教。630年初，他率兵10万，打败对手多神教古莱什人和崇拜偶像者，使之接受伊斯兰教义（指经文："顺从唯一主宰安拉的意志"），承认穆罕默德的权威。接着阿拉伯半岛各部落大多顺服伊斯兰教。

　　在伊斯兰教产生以前，阿拉伯半岛的人信仰过拜物教，以及外来的犹太教、基督教。阿联酋各部落人过去信仰多神，有拜火的，有拜日月星辰的，后来有信基督教的聂斯托利教派（Nestorian，也称景教）的。自伊斯兰教在半岛传播后，这些人纷纷皈依。在阿联酋的穆斯林中，绝大多数为逊尼派；约有1/5属什叶派，他们大多集中在迪拜，与迪拜隔海相望的伊朗的主要教派也是什叶派。

　　在阿联酋，宗教信仰是自由的，有少数人信基督教，印度移民则信仰印度教。

　　阿联酋成立后，联邦政府中设有伊斯兰事务和宗教部。1998年5月25日，该部与司法部合并为一个部，改名为司法、伊斯兰事务和宗教部，它在伊斯兰事务和宗教领域的主要任务是：通过清真寺、文教指导机构和其他宣传手段来强化穆斯林坚持伊斯兰教义原则的觉悟，防范因向世界开放而可能渗入的外来丑陋风气对阿联酋社会的不良影响。1997年底，全国清真寺（含在建的）有2638座。其中要数阿布扎比的扎耶德大清真寺最为宏伟，该寺耗资约 4.1 亿美元，占地 40 万平方米，内设有伊斯兰中心、伊斯兰传统遗产博物馆、伊斯兰艺术展览馆、历史文献馆和古兰经教学馆等机构。该部根据内阁的两项决议，举办朝觐活动：（1）1997 年起执行承办大朝觐（伊斯兰教每年一次的穆斯林正式朝觐圣地麦加，一般在伊斯兰教历的 12 月 8~10 日）和小朝觐（除 12 月的大朝觐外的任何到麦加圣地的朝拜，也称副朝）的组织安排和收费优惠事宜；（2）成立大、小朝觐事务的协调常设委员会。1974 年，该部开始举办背诵《古兰经》比赛，人称扎耶德计划，旨在强化青年和下一代心灵中的伊斯兰价值观。至 1998 年，已有 38 万人参加该计划，其中 4000 人已毕业成为教师。这种在职教师全国已达到 1.7 万人，分别在 145 个夏、冬季活动中心和 250 个常设中心进行活动。

阿联酋的伊斯兰活动还延伸到国外。主要有：（1）同外国有关组织建立联合机构进行合作。如与利比亚、伊斯兰感召组织、亚洲国家的合作，以及在非洲的布隆迪、卢旺达、多哥、尼日尔、马里、苏丹等地建立伊斯兰文化中心。1997 年 11 月 15 日，在阿布扎比召开了该联合机构的第 35 届会议，回顾了机构 20 多年来的工作和今后发展规划。（2）与摩洛哥合作成立了阿拉伯伊斯兰遗产保护基金，共同对伊斯兰教珍贵遗产进行发掘和保护，以防流失。该基金已出版了大量关于阿拉伯和伊斯兰遗产的书籍。

第四节　民俗与节日

一　民俗

1. 服饰

男性。阿联酋本地的男子，传统上一年四季基本上都穿一种白色的阿拉伯长大袍。头顶缠着名叫"固特拉"

的白色或白底小红方格大布巾，用黑色编织绳制成的头箍加以固定，可挡风沙和虫扰，也可防烈日照晒。传说先知穆罕默德认为，对于穆斯林来说，"缠头巾是区分开不信与真信的樊篱"。有的人，特别是未成年的男孩，可以头戴白色无檐小帽，对在祈祷时必须遮头覆帽以示尊敬的穆斯林来说，这是个方便的穿戴。男子身穿白色大袍，可阻隔阳光和热气，能保持身体清凉。男子穿戴上白大袍和头巾，难以认出其人身份的高低贵贱，但从大袍外的披风的质量和做工上能区别出其人的贫富程度。披风可以是用细的驼、羊绒手工精织而成，也有的用常见的毛条织成，披风的边是否镶有金丝金边，披风扣带是否配有珍宝坠子等物均可看出富贵程度，披风的价值常有相差数倍乃至几十倍的。男人腰间大多系用皮带，佩戴着带鞘套的短腰刀，以示阳刚之气，也可作为自卫武器或舞蹈时的道具，或在用餐时切割烤全羊用的工具。腰刀一般约长 29 厘米，刀宽 7 厘米，刀套弯曲处近似直角，套最宽处约 16 厘米。珍贵的腰刀，刀鞘和刀柄上常镶嵌金银饰品乃至宝石，雕刻着漂亮的有阿拉伯特征的图案，刀柄用牛羊角乃至珍贵的犀牛角、长颈鹿角等制成。双足穿一对套大拇趾的皮制或革制的凉鞋，其精品类的价格常比普通类的高出 10 倍。现在随着社会的发展和工作需要，相当多的男人已改穿西服，或在阿拉伯大袍外面加穿西服上装，显得更加潇洒入时。

女性。阿联酋妇女服饰，本地女子传统上一般外面穿一种叫"萨布"的黑色长袍，戴黑色头巾、面纱，佩戴饰物罩住头脸，不让外人看见面孔。现在多数妇女喜欢戴一条白色纱绸头巾，衣服胸前、领口、袖口及黑袍的边，大多绣饰上金银珠宝，佩戴饰品。在家中或同是妇女场合，她们脱去黑色外袍后，里面却穿着时尚服装鞋物，装扮得五颜六色，光彩照人。她们爱好打扮，涂脂抹粉，喜爱真丝的服装和世界名牌产品。不少妇女喜欢用当地土产的一种黑色染料绘饰自己的手脚，有的把手心脚掌涂上黑纹

15

彩，在手背和脚背上描画一些传统的民族图案。

2. 饮食

日常的传统食物是：烤、煮的牛羊鸡鱼虾等肉类，以及生菜、色拉、牛奶、红茶、咖啡、果汁、坚果等。在富贵人家的重大喜庆日子里，还备有烤幼驼肉、烤全羊、现榨鲜果汁等高级食品。主流食品是阿拉伯传统餐饮食品。现在，西餐、中餐也逐渐在城市中流行。根据伊斯兰教规，禁食自死物、血液、猪肉、未诵安拉之名而宰杀的畜禽。海参、甲鱼、螃蟹等外形丑陋的活物和含酒精的饮料等均在禁忌之列。但在高档饭店包房内常可例外。

阿联酋人一般喝红茶，茶中加白砂糖。此外，当地人还爱喝两种茶：一种叫"赞吉布"的浅黄色茶，放少量薄荷，来源于印度，喝起来清凉爽口，为炎夏解暑佳品；另一种叫"里高哈"的椰枣精滋补茶，无色，甘甜，喝后身体暖热，可驱寒治感冒。椰枣精取自雄性椰枣树。当雄树开花时，人们用小刀在树干上划开一道小口，里面会渗出明胶质汁液，甜似蜜，人称椰枣精，其价格较贵，是海湾地区特有的待客上品。

阿联酋人还喝一种类似土耳其式的苦味咖啡，并用以待客。一般由主人或侍者右手持一把考究的银制热咖啡壶，左手拿数只 1~2 两容量的瓷杯，倒一小口浓黑的苦味咖啡，用手托着送到客人手中。客人喝完后，将杯子在空中摇晃一两下，这就表示谢谢，不用再增添了，然后将杯子交还对方。若客人喝完后手持杯子不摇，则表示还要添加，侍者会再给你添一小口咖啡，直到客人摇晃杯子示谢为止。

3. 居住

阿联酋的传统居住条件是根据当地气候和环境而定的。阿拉伯半岛树林少，木料珍稀，但是有较丰富的动物毛、皮革和椰枣树枝，可作为帐篷和建土屋的材料。土屋通常用芦苇、椰枣树杆和泥土坯垒成，冬暖夏凉，设备和卫生条件较简陋。帐篷布一般用较粗的驼毛、羊毛织成。帐篷通常用一根支柱撑起，子女增多了，可以扩张成两根或三根支柱的大帐篷。帐篷四周的边，白天可以卷起通风。帐篷内室以帘幕分隔为男女起居间，前半部为男子的客厅，后半部是全家睡觉、妇女煮食、看养孩子和招待女宾的地方。帐篷的面积可大可小，一般一户集居一篷，也有大户居多篷的。贝都因人大多住帐篷。住土屋的以定居经商务农的哈德尔人为主。土屋有的单层，有的多层，还配有畜栏小院。青年人成家后大多数分出去单独居住。

1971年联邦政府成立后，随着石油的开发，城市村镇都有较大的发展。联邦政府工程和住房部、各地方政府，进行了数以万计的住房建设。住房分为：普通民房、经济型住房、中等住房、上等住房、公寓套间房、现代化别墅（此类别墅一般均建设有分房间调控的中央空调系统、自动换水家庭游泳池、花园草坪、车库和自备小型发电机等），以及少数封闭式大庄园等。大城市里现代化大楼和高层写字楼拔地而起，规划和实施都很迅速。在山区和沙漠地区也进行了住房和基础服务设施的建设。从而大大改善了不同阶层居民的住房条件。

1998年6月3日开始实施扎耶德住房计划。根据该计划，政府每年为收入有限的缺房者投资约1.75亿美元，发展统建住房。对自建住房户，该计划可为其提供20年期无息贷款。为此，财政工业部长设立了一个房产银行管理委员会，并由工程和住房部负责该计划的实施。

4. 婚姻

在阿联酋，本土人的婚姻大事通常由父母决定，已婚长子对决定此事也常具有发言权。部落为了有助于本部落人力、物力和财力的壮大，常有亲上加亲、"同族通婚"、"家族联姻"的传统习俗。未出嫁的女子必须通过家族的聚会，才能与其他男子交往。现在，人们为了符合现代医学卫生和优生，已不太崇尚这种传统的近亲联姻。随着阿联酋社会的发展和开放，尊重男女青年的个人意愿，已逐渐成为长辈们的共识。按照伊斯兰教义，每个穆斯林男子可以娶4位妻妾。现在，女子受教育者日增，要求男女平等，多妻现象已日渐减少，在青年一代中，绝大多数是一夫一妻。夫妻合不来的，法律准许离婚，各自可以另行结婚。寡妇可以改嫁。

结婚彩礼很重。在阿联酋流行婚前男方定亲聘礼习惯，认为聘金厚薄多寡，关乎门楣身价。习惯上，彩礼包括现金、衣物、首饰和化妆品，价值约合10万美元。据统计，阿联酋男人80%的借款是用于结婚开销的。许多要订婚的男青年为此面临沉重负担，因而有些男青年改娶外国女子为妻的现象增多，涉外婚姻率占到婚姻案件的2/3，但跨国婚姻给阿联酋带来一系列社会问题。对此，政府有关当局设立了"阿联酋结婚基金会"，向娶本国女子的未婚男青年发给每人结婚奖约合2万美元。同时，规定彩礼一般为6000美元，不得超过1万美元；婚礼仪式庆典历时限一天。

婚礼有传统婚礼和新式婚礼两种。

传统婚礼。婚礼上新郎新娘没有机会见面，男女宾客也要分处两个场所，甚至分开时间宴请，历时长达7天。按照部落传统做法，先在沙漠中搭两顶各可容纳百人的帐篷，分别接待男女双方宾客。新郎穿白色阿拉伯大袍；新娘穿黑色镶金女袍，头上手上配饰金银珠宝，蒙着黑色面纱，由其母亲陪伴默坐。人们吹奏各种民间乐器，中青年男人跳剑舞，女青年跳甩头发舞，妇女们发出阿拉伯女人所特有的喜庆尖叫声。大家围着新人夜以继日地欢唱，有的七天七夜，最后大家欢呼着送一对新人进入洞房。这种传统婚礼仪式现已日渐减少。

新式婚礼。新式婚礼类似欧式婚礼。主办人一般在大饭店举行，有的为期两天，首日为男宾，次日为女宾。讲究排场者还要重金聘请乐队、歌唱舞蹈家表演。亲朋宾客到场，先向新人赠礼献花。新人危坐正中，一般穿西式服装，接受祝福、拍照。婚礼由双方父母共同主持，一般不设伴郎和伴娘。婚礼上载歌载舞，妇女们按习惯不停地发出庆贺的尖叫声和口哨声。新人双方的直系亲属可以亲吻新郎新娘。婚礼后，亲属们把新人送入新居，沿途长长的礼车队不断地鸣长笛，女人发出尖叫声。婚礼次日，新郎新娘在报纸上登结婚照片，也登发亲朋的祝贺广告。然后，新人外出旅行，欢度蜜月。

5. 礼节

典礼。阿联酋人无论举行婚礼、葬礼或各种典礼，主持人和发言者一开始都先念《古兰经》，第一句话必须诵："奉至仁至慈的真主之名（In the name of God, Most Gracious, Most Merciful）"，把这视为教规和穆斯林的义务。阿联酋官民、各方人士都很重视以礼相待。宫廷典礼局和外交部礼宾司，现在均按通常礼仪和国际惯例办事。逢酋长国统治家族或领导层的重要成员的出生、死亡、生日、婚嫁，典礼局和礼宾司会向外国使团发出请柬，使节夫妇按要求，分开出席，以示重视。

礼拜。阿联酋穆斯林遵行该教"五功"（即念清真言、礼拜、斋戒、纳天课、朝觐），每天行五次礼拜（分别在晨、晌、晡、昏、宵五个时间内举行），在家中、办公室、旅店、候机（船、车）厅等场所，均十分认真严肃地做，旁人不得与其谈话，更不可说笑。

待客。阿联酋人殷勤好客。有贵客来访，主人必备熏香和香水瓶侍候，亲自迎送，与客人握手、拥抱或贴脸、亲手，告别时目送客人离去。熏香是用一盏铜制小香炉盛有燃着的檀木，冒着缕缕的香烟，由主人或陪客拿到客人面前。客人可用手把"熏香"香烟扇向自身，也可撩开一点自己的上衣，扇入衣内，口中说些赞美和祝福的话。客人告别，主人会再为客人熏香一次，有的向客人手上洒些用精制小瓶或小银壶装着的香水。

　　丧葬。阿联酋人的葬礼比起婚礼来说，要简单朴素得多。穆斯林认为，任何人在真主面前都是平等的，财产和地位都是身外之物，生不带来，死不带去，不讲陪葬或殉葬。穆斯林死后，葬礼分洗、穿、站、埋四步，三天内完成，亲人将遗体先送到清真寺接受洗礼，请主持人伊玛目诵《古兰经》有关章节，用清水洗净遗体，清除眼、鼻、耳的污垢（3 遍），寓意洗去死者生前的过失和罪孽，使其面容身体清洁好看，表示在其离开现世时是干净的，回到真主那儿不应带去尘世脏物，以获得真主的宽恕。洗礼之后为穿，用普通白棉布约 10 米，分 3 层将遗体缠裹起来。裹尸布最里面一层约两米长，开一个口套头，披在遗体上；用中层裹尸及脚跟；外层把尸体从头到脚包住，不捆带，不打结（女性有的要加包住头、胸的白布各一块）。然后站立诵经，将遗体装入一个公用的叫"经匣"的长木盒内。亲人、好友们把该匣抬到墓地，挖坑埋葬尸体，"经匣"取回。墓穴一般深一米余，不用砖砌，也不用水泥。被送入墓穴的遗体，面朝麦加方向仰卧。妇女一般不参加葬礼，不去墓地。死者的亲属不披麻戴孝，也不哭叫，认为人死了是去见安拉，是一件欣慰的事。送葬人面向麦加，由主持人带领为死者祈祷。遗体被安放入墓穴后，亲人、送葬人等用手把干净的细沙土填满墓穴，没有随葬陪葬品。墓高出地面约 10～20 厘米，墓前立一块高 50 厘米宽 20 厘米的小石碑，上面刻上死者姓名（阿联酋习惯：本人名 - 父名 - 祖父名或家族、部族部落名）和下葬日期（阿拉伯人没有记出生年月日的习惯）。

二　节　日

1. 国庆日

　　国庆日为每年的 12 月 2 日。1971 年 3 月 1 日，英国宣布其与海湾各酋长国签订的条约于年底终止。1971

年12月2日，阿拉伯联合酋长国宣告成立，每年此日放假，全国欢庆。

2. 宗教节日

除国庆日外，阿联酋主要节日几乎全与伊斯兰教有关。

开斋节。在伊斯兰教历的10月1日，一般放假3天。其由来是，每年伊斯兰教历9月为斋月，当月由宗教部大法官根据初显的月牙日，正式宣布当日开始斋戒。斋戒期间，半日工作，礼拜照做，从日出到日落，每个穆斯林都要禁饮食。病人、孕妇、哺乳妇女、战士、旅行者等可以例外，但不能在光天化日下公开进食，应在室内饮食。当地非穆斯林一般也不在公开场所用餐，以示尊重穆斯林的教规。斋戒为期1个月，以体察疾苦，锻炼教徒的德性和忍耐能力，富有的教徒勿忘穷人，并夜施斋饭，宽待贫者。斋月期满前，由宗教部大法官根据初显的月牙，正式宣布次日开斋，若看不见月牙，则最迟于教历10月1日开斋过节。斋戒期满后，人们高高兴兴过开斋节，一般都忙着采购首饰、新衣、礼品，穿节日盛装，探亲访友，交纳天课，施舍穷困者，意在表示共享真主所赐福祉。

宰牲节。也叫古尔邦节，在伊斯兰教历12月10日，放假3天。是穆斯林一年一次前往麦加朝觐的好日子。其由来，据传说是真主启示先知易卜拉欣宰杀其子来献祭赎罪，以考验父子对安拉的忠诚。当执行时，真主又启示以羊代替献祭，故古代阿拉伯人依此每年以宰羊献祭。伊斯兰教继承了这一习俗。阿联酋穆斯林每年逢此节，开始朝觐活动，宰羊、牛、驼互相馈赠，以示纪念。

阿联酋2010年的主要节日有：1月1日新年元旦，8月6日阿布扎比酋长国酋长扎耶德登基日，8月10日（估）斋月开始，9月8日（估）开斋，9月9日至12日（估）开斋节。

第二章

历　史

第一节　上古简史（远古至
公元 7 世纪初）

一　公元前 5000～前 3000 年的人类活动遗迹

阿拉伯半岛东部诸酋长国所在的阿曼地带，在一万年前处于后冰川时期，地区环境较好，气候条件不错，因而在公元前 8000～前 3000 年间出现晚期人类活动。在沙迦、乌姆盖万、艾因、阿布扎比西部等地出土的公元前 6000 年文物中，有新石器时代的花岗石制尖刀、箭头和当时居民用于狩猎和防卫的工具。这些可为物证，它与海湾北岸的古波斯在约 1.2 万年前结束旧石器时代并于公元前 6000 年进入新石器时代的居民已开始饲养牲畜、种植作物、使用彩陶和磨光石器等文明对照，是有某些相关联系的。

阿联酋沿海地区发掘出土的来自古代两河流域国家的彩陶器皿，证明公元前 5000 年时它与伊拉克南部人类文明的联系。因为，海湾当地人直到公元前 3000 年代，才开始学会制作土陶器。

在艾因的哈菲特山区，发现并出土了公元前 4000 年代时的数百座圆形坟墓，其墓道和墓室均用石头构成，墓口一般朝东。在乌姆盖万沿海也发现了一处墓葬。沙迦考古局在非陶器地区的巴哈斯山脚下发掘出集体墓葬，并有烧焦的骨架。这些遗迹说明当时已存在人类活动。

二 公元前 3000 ~ 前 2500 年进入青铜时代

阿 联酋在哈菲特山和艾姆勒山，1972 年联邦成立后，首次发现了古代的地面集体墓葬群，它们是用未经研磨的石头砌成的。从中发掘到一些陶器，是纪元前的两河流域国家的制品，以及外来的骨制或象牙制的穿有斜孔的方形念珠串等。

美索不达米亚南部苏美尔奴隶制城邦国家（公元前 3000 ~ 前 2500 年）的建筑物和人类生活中使用的铜、香料、珠宝、木材、石料等，当时主要来自阿拉伯半岛酋长国沿海、波斯、阿曼（古曾称马干，Magan，出自苏美尔语，意思是船，因产铜和锡，故有"铜山"之称），或从印度经过海湾运来，这些正可证明，它们与这一时期已进入铜石并用时期、已有铜制武器和饰物的波斯文明相呼应。

三 公元前 2500 ~ 前 2000 年开始农牧业

这 一时期阿联酋的椰枣树林已很繁茂，人们得以取食。当地有绿洲和洼地，人们可以利用地下水和树荫，进行农耕、定居，或逐水草放牧绵羊、山羊和其他畜禽，以发展农牧经济。其中椰枣树林是很重要的因素，它使阿联酋早期的利瓦、布赖米等绿洲农村得以出现。

为了保护农作物、水源和其他自然资源，阿布扎比的古镇乌姆纳尔（Umm al-Nar，意思是火之母）岛的村民们建造土城堡以自卫。在巴迪耶、伊布尔格山丘和开勒巴等地发掘出的土城

堡，其直径一般约 16 ～ 25 米，而伊布尔格山丘城堡的直径达 40
米。其中，首批建筑属于公元前 3000 年代中叶的文明。其时正
值美索不达米亚国家率先进入青铜（铜锡合金）时代，出现小
镇，小镇周围是森严的高墙和能让人们赖以生存的灌溉农田。这
两者之间的文明呼应关系是比较明显的。在哈伊马角酋长国的萨
马哈发现了类似"石棚"的石桌坟，它是新石器时代晚期和青
铜时代的一种墓葬。

乌姆纳尔时期（公元前 2500 ～ 前 2000 年）的坟墓多呈圆
形，用打制过的方石堆砌而成。1958 年在阿布扎比的一个海岛
上首次发掘出此种坟墓，该岛因此被取名为乌姆纳尔岛。此后，
1995 年在阿布扎比（其沿海和内陆的希利 Hili 地区）、迪拜（萨
芙哈 Sufuhe、哈塔 Hatta）、阿治曼（穆维哈特 Muweihat）、乌姆
盖万（伊布尔格山丘）、哈伊马角（谢迈勒 Shimal、姆尼伊
Munie 谷地）等地也发掘出了乌姆纳尔式坟墓。它们保存较好，
成百上千的墓主均有陪葬品。这些物品有的来自波斯，有的来自
印度的信德地区。

四　公元前 2000 ～ 前 1200 年的食物和金银制品

在阿联酋和阿曼发现的公元前 3000 年代末的出土文物，
互相有许多关联。直到公元前 2000 年代初，阿联酋
一带居民稀少。在哈伊马角酋长国的伊布尔格山丘、苏格
（Sug）谷地等地方的居民点遗址，有持续不断进化的特征。当
地乌姆纳尔时代的大型城堡，沿用到公元前 2000 年代中期，只
是在外墙垛做了修葺，垛墙内增加了一些新建筑。更为明显的
是，当地沿海居民的食物中，鱼和贝类的比重升至 50%。近海
和内地的居民则多食用山羊、绵羊等陆地动物的肉，同时也食用
一些海产品。从当时沿海的古墓中发掘出的人类遗骸的牙齿看，
磨损程度不如内陆死者重。这说明他们已食用鱼、肉、贝类和椰

枣等综合类食品。

在富查伊拉酋长国盖德法（Ghadfa）地区的马蹄形古墓中出土过数百件长剑、弓、箭头、小尖头长矛等铁制兵器和其他器皿，具有不同于阿布扎比城附近乌姆纳尔古代遗址特征的匕首和长矛，还有几百件锋利的青铜箭头。这说明了公元前 2000 年代时当地技术的发展程度已不低。在发掘的陪葬器皿中，有雕刻精美的石碗、石杯和多格石盒，明显区分出公元前 3000 年代末期与初期之间物品的精细程度的差别。

考古发掘出的苏格谷地时期的一些双头兽形金银制品，极为精细美观。当然，这些制品也可能是苏格谷地的人通过巴林与两河流域东南部的乌尔商业城邦国在公元前 2000 年代初进行铜的交易而进口的。因为两河流域国家早在公元前 3000 年就已开始了青铜时代，是世界上最早进入青铜时代的地域之一。在谢迈勒、伊布尔格山丘，还出土了数百件哈拉班（Harapan）时期的陶器。这说明，当时该地与信德河流域有持续不断的交往。

五 公元前 1200～前 300 年铁器时代和古希腊人的进入

公元前 2000 年代末，人们在伊布尔格山丘饲养骆驼，开始用作陆运工具。从水成岩地区通过修建渠道把水引入园地，灌溉耕种的作物，从而在阿联酋和阿曼地方实现安家和定居。

在哈伊马角的萨玛哈古墓葬出土物中，也有铁器时代早期的物品。在阿联酋的其他地方，主要是谢迈勒和伊布尔格山丘等沿海地区出土物中，也有铁器时代早期的文物。在沙迦酋长国的希姆里亚地区的出土物中有连接成堆的贝壳。这些说明在铁器时代早期，当地居民的食物中，鱼和贝类的重要性，尽管他们早已驯养绵羊、山羊，也食用鹿、阿拉伯野牛、儒艮（人鱼）、龟、水老鸦等动物的肉。同时，他们种植小麦、燕麦，并持续种植大量椰枣树。

在艾因地区和现沙迦国际机场周围的沙土地区，都出土了用泥砖建造的多处建筑物。在其他地方和与阿曼苏丹国相邻的地区，发掘出土了近150处类似的坟墓和遗址。因得益于青铜枪、矛的问世，这一时期普遍地进入到开发灌耕技术和使用锄头阶段。同时，在艾因、富查伊拉、高尔谷地等处还发现一些坚固的城堡。它们的作用是保卫农耕区域及人身和财物，并渐渐成为社会、政治的中心。

在伊布尔格山丘出土的细石项链，它的形状类似出自新亚述时期（公元前7世纪~前605年）和新巴比伦（前626~前538年）时期的祛除瘟疫项链。当时人们佩戴这种项链，用以驱除病魔。同时出土的还有一种船形项链坠，其形状为船尾方形，有尖角，挂三角帆，是阿联酋、阿曼地区铁器时代所特有的饰物。这种三角帆阿拉伯船在波斯萨珊王朝（公元226~651年）时期广为使用；而地中海地区也晚至公元900年才有。这既说明该沉船的古老，也说明当时的阿联酋对外交流已较发达。

公元前550年，波斯帝国扩张，征服希腊诸城邦。希波战争（公元前500~前449年）中，波斯败退。公元前4世纪上半叶，希腊诸城邦普遍经受危机，公元前338年终于臣服于马其顿帝国。公元前334年，马其顿王亚历山大大帝东征，公元前330年攻陷波斯，波及海湾两岸。亚历山大开始积极推行"希腊化"殖民统治。亚历山大的史学家研究认为，公元前4世纪，腓尼基人在海湾的贸易非常活跃，他们用一种黑色的液体照明，这是有关该地有石油的最早记载。亚历山大三世任马其顿国王期间（公元前356~前323年在位），他从印度回国后，开发了海湾水域。他命令其将领尼亚尔于公元前324年从恒河的入海口出发，经海湾到达底格里斯河和幼发拉底河的入海口巴士拉（今属伊拉克）。

六 伊斯兰教前时期（公元前 300 ~ 公元 622 年）

公元前 3 世纪，希腊已处于衰落时期。公元前 2 世纪，罗马人开始向东扩张，并于公元前 168 年征服马其顿，希腊被并入罗马版图。继希腊人之后，罗马人又控制了阿拉伯半岛和海湾。公元前 169 年，奈巴特王朝（其势力范围包括公元前 6 世纪阿拉伯半岛的汉志、亚喀巴湾以北至死海的广大地区）的第一位国王叫哈利斯，定都佩特拉（在约旦南部），于公元前 65 年与罗马帝国建立友好关系。公元前 25 ~ 前 24 年，罗马帝国皇帝屋大维（尊号为奥古斯都）利用奈巴特为基地，发兵攻打也门，企图控制东西方交通，特别是通往印度的南方门户，但以失败告终。105 年，罗马帝国皇帝图拉真（98 ~ 117 年在位）把奈巴特北部（在巴勒斯坦）变为其属省，并对其实施统治。但他们在阿拉伯半岛的沙漠中难有作为。图拉真遂效仿亚历山大大帝，向海湾派驻军队（结果同波斯人进行了长达 3 个世纪的对抗和战斗），并于 115 ~ 116 年入侵海湾。他是唯一一位到达海湾沿岸的罗马帝国皇帝，其船队以报复当地人的海盗袭扰活动为由，洗劫阿拉伯半岛海岸。马里卜水坝全部坍塌以后，导致许多也门人纷纷向外迁徙，一部分人经阿曼到达海湾酋长国地区，另一部分人绕过沙漠到阿布扎比的布赖米绿洲定居。249 年，罗马帝国皇帝死后，阿拉美人（古叙利亚和美索不达米亚人）在泰德穆尔（叙利亚中部）建立王国。273 年，罗马帝国皇帝奥勒良借故占领泰德穆尔，奈巴特所属的位于阿拉伯半岛的"利赫扬"和"塞穆德"两国被"希腊化"，直至 306 年，罗马帝国统治中心东移至君士坦丁堡。

4 世纪初，波斯的萨珊王朝袭击海湾南岸阿拉伯部落，以控制其与印度、中国的海运贸易。海湾酋长国和阿曼的水手们熟悉地理，他们的航海能力受到重视，被招聘雇用者甚多，对东通印度、中国，西往东非、红海以北的东西方海上通商和运输业，起了相当大的作用。6 世纪初，萨珊王朝与拜占庭帝国（指东罗马帝国或希腊帝国）争夺小亚细亚安纳托利亚、土耳其的亚洲一些领土，同时入侵阿拉伯半岛，控制阿曼。直到 622 年，"安拉的使者"穆罕默德创立伊斯兰教，在阿拉伯半岛兴起，派出使者到阿曼，与国王阿兹德谈判，使之皈依伊斯兰教。

5 世纪时，东罗马皇帝君士坦丁二世派人到阿曼，劝说当地皈依基督教，在富查伊拉以南阿曼的苏哈尔建立了教堂。其他不信基督教的人则仍崇拜太阳、月亮、星辰等较为原始的信仰。

第二节　中古简史（7 世纪初伊斯兰教产生至 17 世纪）

一　伊斯兰教兴起的社会环境

阿拉伯半岛是伊斯兰教的发源地和拓展基地。阿拉伯半岛，北面有世界最著名的古代文明发祥地之一新月形沃地的美索不达米亚（叙利亚和伊拉克），有犹太教、基督教发祥地巴勒斯坦，有周围极易引发人们浮想联翩的浩瀚荒漠；西面有连接东西方的交通要道红海；西南有古代水利发达的也门；东南濒临海湾、阿曼湾、阿拉伯海和印度洋，沿海有冲积平原，并与古波斯隔海相望。半岛内陆大多为无水的沙漠和高原，间夹少许绿洲和干河谷地。在当时的这种环境中，人们的生存条件是艰难的，令人困惑而又极易遐想。

当时阿拉伯半岛东部的社会特点是：游牧部落为主，家族式的社会结构，逐水草放牧为生，沿海有捕钓生产活动，绿洲地区有定居民众的务农耕种和饲养畜禽，处于部落社会与封建社会阶段之间，人们容易接受外来的影响，但反对外人侵入半岛，又不满足于现状，普遍要求改善经济生活和联合向外。

阿拉伯半岛原来是一片肥沃的土地，是闪族人的故乡。经历若干万年的燥热，许多河道干涸，土地逐渐变成浩瀚的沙洲，大部分人口四散，主要经西线的汉志北上去巴勒斯坦，或经中线的内志去叙利亚，或取东北线经沿海转至美索不达米亚东南部，流向新月沃地一带，剩余的人才成为后来半岛的阿拉伯人。他们中不少也门人向海湾迁徙，成为后来布赖米绿洲、海湾诸酋长国和阿曼居民的祖先。

海湾的地理位置十分重要，是连接东西方交流的通道。公元前 119 年，中国西汉的张骞（公元前？～前 114 年）出使西域，其副使曾至安息（波斯）。波斯曾是古丝绸之路上的要津，彼此互有通商往来，中国丝绸经波斯至欧洲。公元 97 年，中国东汉西域都护名将班超（32～102 年）曾遣其副使甘英出使罗马帝国至条支（在伊拉克），临西海（今海湾）。海湾也是连接印度洋与东非、红海到西亚及地中海、欧洲的中转地。其地理优势形成这一交通要道上许多自古以来就著名的埠头、海港和集散地，如马斯喀特、阿曼、哈伊马角、迪拜、豪尔费坎（在沙迦）、阿巴斯（在伊朗）、乌姆纳尔、阿布扎比、图阿姆（布赖米）、巴林、巴士拉等。它们曾成为当时强国罗马、希腊、波斯等的争夺目标，并受到美索不达米亚平原、波斯西部和信德河谷的早期文明、信仰的影响和熏陶。波斯的萨珊王朝执行集权统治和对外扩张，其势力影响波及南边的海湾诸酋长国，其国教（聂斯托利教派）也随之传播。在信仰上，古代诸酋长国曾受到多神教、祆教、犹太教和基督教等的影响，尤以多神教、犹太教和基督教为甚。

二 伊斯兰教在阿联酋地区的传播

公元 610 年，穆罕默德（Muhammad，570～632）利用当时阿拉伯半岛各部落期盼改变社会状况、实现联合统一和反抗外来势力影响的形势，在麦加创立伊斯兰教，经过22年奋斗经营，派出使者前往也门、阿曼、海湾传播教义。阿曼和诸酋长国部落鉴于该教发源于本土半岛又使用阿拉伯语文传播教义，自然纷纷皈依伊斯兰教，成为最早信仰伊斯兰教的地区之一。

伊斯兰教传入海湾酋长国地区的主要情况如下。

向达巴传教。达巴（Diba）是位于阿联酋东海岸的一个有定居人口的绿洲和大型港口，曾是恒河、印度、中国和东西方商人们经常过往的一个阿拉伯港口。当时，达巴向每年举办5个夜晚展览的主办人吉兰德·本·穆斯台克比尔交纳税款。622年，伊斯兰教在沙特阿拉伯诞生后，穆罕默德的岳父艾布·伯克尔（继穆罕默德之后于632～634年担任哈里发）很看重达巴的贸易地位。630年，穆罕默德派其亲信艾布·宰德和阿慕尔·本·阿斯带信函给吉兰德的后代吉法尔，要求他和达巴人信奉伊斯兰教。632年穆罕默德逝世后，达巴叛乱。艾布·伯克尔派兵平息了以达巴为中心的、以基特·本·马立克为首的反叛运动。此后，他又设立"达巴日"，控制达巴。632年，统一了阿拉伯半岛。

向马祖恩地区传教。伊斯兰教出现后，波斯萨珊人控制的马祖恩连续几十年仍信奉聂斯托利基督教派。基督教在阿拉伯半岛东南部的影响和势力，从7世纪初开始衰退。从676年起，已有大批基督教徒改信伊斯兰教。在聂斯托利主教们致伊朗大主教的信函中，出现对马祖恩人改信伊斯兰教的抱怨。后来，连主教们也不再出席聂斯托利教堂的聚会了。

阿联酋和阿曼是继也门之后最早信奉伊斯兰教的地区。历史学家认为，在穆罕默德归真后，在富查伊拉北部的达巴城发生过大规模战斗。有文物证明，迪拜城附近的朱米拉地区曾是伊斯兰教初期的战略要地。曾经在该地发掘出倭马亚王朝时期的一座位于商道上的伊斯兰古城的遗址，包括有：城市设施，执政者在海边的官邸，小型商贸集市和一些民居点。在现哈伊马角城北沿海地方，还发掘出一座古代聚勒法尔城遗址。从 10 世纪起，该城与中国和东亚其他地方有贸易往来，一直延续到 17 世纪，颇负盛名。该城发掘出许多民居遗址和至少 4 座清真寺，它们相互连接和重叠，还有许多中国瓷器和从周围地区进口来的瓷器的碎片。这说明当时有许多人流动于沿海、绿洲和内地沙漠之间。从 7 世纪到 17 世纪，阿联酋人的祖辈们利用他们制造的木船和掌握的丰富航海经验，远渡印度洋，西去肯尼亚，东往斯里兰卡、越南和中国，进行贸易。海湾丰富的鱼类和大小珍珠，可供出售。因此，聚勒法尔居民变得富有，又是杰出的航海者和批发商人，当时颇受人重视。

637 年，阿拉伯人统一阿拉伯半岛后，开始向外拓展。第二任哈里发欧麦尔（634~644 年在任）于 642 年击败波斯军，并作出规定，被征服地区的当地民政及宗教事务维持原状不变，土地归全体穆斯林所有，交给当地农民耕种，但要缴纳地租和人丁税。从此，这一地区进入另一形式的封建社会。651 年，第三任哈里发奥斯曼（644~656 年在任）灭波斯萨珊王朝，使之成为阿拉伯帝国的一个行省，波斯人逐渐由信仰原来的国教袄教改信伊斯兰教。大批阿拉伯穆斯林去波斯经商，有的通婚移居波斯。伊斯兰教后来成为波斯的国教。

三 阿拉伯帝国统治下的海湾酋长国

海湾是阿拉伯帝国的重要组成部分。海湾地区处于东西方交通枢纽的地理位置，在东、西两大"帝国"时期日显其重要性。当时，东有中国的大唐（618~907），西有阿拉伯帝国（660~1258），它们对海湾地区都很重视。伊斯兰教四大哈利法（文卜·伯克尔、欧麦尔、奥斯曼、阿里）时期

（632～661）之后，661年穆阿维叶接任哈利法位，建立倭马亚王朝，改为世袭制，哈里发实际上是帝国的君主。8世纪初，倭马亚王朝巩固后，阿拉伯贵族发动大规模对外扩张战争，东边到达印度的信德、临近中国唐朝边境，西临大西洋，成为地跨亚、非、欧三大洲的庞大的封建军事帝国。695年，帝国进行货币改革，用阿拉伯第纳尔和迪尔汗（Dirham 阿联酋现货币名称，又译迪拉姆）取代原来通用的拜占庭金币和波斯银币。751年，阿拉伯帝国军队，在中亚的恒罗斯附近击败中国唐朝安西节度使高仙芝的军队，控制了中亚的大部分地区。从此，中国造纸术西传。中国的丝绸、芦荟油等，印度的香料、宝石，东非的象牙、龙脑和奴隶，都是当时海湾地区的主要流通商品。海运和贸易主要集中在3个海湾城邦进行，它们是：西拉弗（今伊拉克巴士拉一带）、卡伊斯（今阿布扎比与伊朗之间的小岛）和霍尔木兹（主要指今哈伊马角酋长国的朱尔法和沙迦酋长国的豪尔费坎等地）。1055年，卡伊斯取代了昔日繁忙的西拉弗。1100～1300年间，卡伊斯人靠替客商当经纪人为生，卡伊斯又是阿曼君主的驻跸地，曾经是海湾一枝独秀的宝岛，一直延续到13世纪。后来，它为后起的霍尔木兹所取代。

阿拉伯人统治霍尔木兹城邦王朝（1100～1507）。霍尔木兹城分新旧两个，旧城指霍尔木兹海峡北岸波斯大陆上古霍尔木兹城，新城指其南边的海中一同名小岛，两者都能控制海湾的入口。由波斯萨珊王朝的创立者阿尔达布尔·帕帕克（224～241年在位）所建的旧霍尔木兹城，到10世纪时，还只是基尔曼的地方贸易海港，并无名气。从约1100年起，海湾南岸的阿拉伯统治者谢赫·穆罕默德·迪勒姆·库伯酋长在旧霍尔木兹建立王朝，到1246年第十二代统治者鲁根·丁·穆哈马德继位时，已不再受法尔斯和基尔曼的波斯统治者控制。1258年，成吉思汗之孙旭烈兀率领蒙古军攻陷巴格达，杀死哈里发；阿拉伯帝国灭

亡后，阿拉伯人放弃了霍尔木兹城。1320 年，新霍尔木兹的第
十四位统治者库特希·丁夺取了卡伊斯岛并征服了巴林。第十五
位统治者密尔·巴丁·阿耶兹·赛芬定都新霍尔木兹。1355 年，
新霍尔木兹已是一个商业繁荣兴旺的海港城市，主要依靠同印度
和非洲的贸易，通过转口贸易获得经手费和利润，比较牢固地统
治着海湾南北两侧。到 1507 年葡萄牙人入侵时，霍尔木兹的埃
米尔早已在整个酋长国阿曼（1835 年后改称特鲁西尔（休战）
阿曼）和巴提纳海岸建立起政权，统治了较长时间。

四　葡萄牙人的入侵

早在 15 世纪，葡萄牙人就抵达海湾，后来在沿岸修建
城堡，进行殖民掠夺，控制海湾长达两个世纪。

1498 年 7 月 8 日，葡萄牙殖民主义扩张时期的航海家法斯
科·达·伽马，从葡萄牙起航，经过好望角，到达非洲东海岸当
时阿曼的殖民地莫桑比克。起初，阿拉伯当局热情地接待了他，
但他们很快就意识到葡萄牙人不仅是异教徒，而且还是阿拉伯人
同印度贸易的竞争对手和潜在侵略者。因而，阿拉伯人对葡萄牙
人的态度变为冷漠而警惕。但法斯科说服了朱尔法（属哈伊马
角）的著名领航员艾哈迈德·本·马吉德给以指引而获得了成
功，改变了阿拉伯人操纵大部分印度洋贸易的状态。葡萄牙国王
曼诺尔一世派弗朗塞斯科·阿尔梅达到印度任葡萄牙在东方殖民
地的总督。1506 年，阿拉伯和奥斯曼土耳其帝国（1300 ~ 1680）
的舰队到达了印度外海，帮助穆斯林反抗葡萄牙，未果。

1506 年，葡萄牙皇家派阿方梭·阿尔布奎克接替阿尔梅达
任东方殖民地总督和地方长官。他指挥一支由 5 艘船组成的舰队
到印度洋，征服了虽有要塞防护但未作抵抗的苏哈尔，劫掠了豪
尔费坎（属沙迦），杀了很多人，把年轻俘虏分配到各条船上服
劳役，把年老无劳动力的，割掉鼻子和耳朵后释放，并进而袭击

了当时控制海湾贸易的霍尔木兹。霍尔木兹年轻的酋长赛义夫·
丁不肯屈服，但其保安舰队遭到阿尔布奎克舰队的进攻而败北，
被迫成为葡萄牙国王的一名封臣。葡萄牙人随即建立了其在海湾
的第一座名为维多利亚圣母的要塞。阿尔布奎克还亲自替赛义夫
酋长复信波斯国王，拒绝波斯提出的要酋长按惯例缴纳贡税的要
求。1515 年，葡萄牙人利用海湾口的居高临下的位置，控制着
经霍尔木兹至巴士拉及海湾其他港口的贸易和运输。这引起阿拉
伯人、波斯人、英国人、荷兰人、法国人和土耳其人的强烈反对
并与之争夺。1522 年，葡萄牙派驻苏哈尔、霍尔木兹、巴林等
地的官员，遭到酋长们的联合抵制，但未成功。1523 年 7 月 23
日，霍尔木兹的新酋长被迫在米纳布签订条约，接受葡萄牙的
"保护"。当时，霍尔木兹酋长享有对海湾诸酋长国的宗主权。

当阿曼的伊玛目纳赛尔·本·穆尔什德·叶拉比宣布把本地
区从葡萄牙殖民主义统治下解放出来而进行圣战时，雅西部落和
哈伊马角的卡西米部落与阿曼一道参加圣战，最终，将盘踞在哈
伊马角北部的吉勒海尔城堡的葡萄牙人驱逐出去。

为反对葡萄牙人企图封锁红海航线，1538 年，奥斯曼土耳
其帝国治下的埃及派舰队到马斯喀特近海，与葡萄牙人继续争夺
海湾。1550 年，奥斯曼帝国企图为争取卡提夫人接受奥斯曼的
保护，拒绝归顺霍尔木兹的努力未果。1581 年，阿里·贝格指
挥的奥斯曼军队侵占了沿海的马斯喀特，葡萄牙人被迫暂时逃往
内地，不久葡萄牙人又返回，恢复了统治。1581 年，葡萄牙被
西班牙吞并。当时荷兰也正处在西班牙国王统治下，荷兰及其商
人正在发展海军和商船队，以拓展向东方的贸易。1587 年，波
斯萨非王朝的阿拔斯一世执政，他对葡萄牙人对霍尔木兹的控制
十分忌妒。与此同时，英国对东方直接贸易的兴趣也在上升，并
于 1600 年成立英国东印度公司（1492 年哥伦布发现美洲，误认
为是印度，后来欧洲殖民者就称南北美洲大陆之间的群岛为西印

度，同时含糊地指称亚洲南部的印度、马来群岛及印尼等为东印度。16～19 世纪，葡、英、荷、丹、法等国政府为加强对东南亚的殖民事业，分别特许成立各自的殖民事业组织——东印度公司）。1602 年荷兰人成立了荷兰东印度公司。英国人、荷兰人和波斯人为了各自的图谋，联手反对葡萄牙人控制海湾一带。葡萄牙在东方的一些重要殖民地，便渐渐落入英国和荷兰手中。

第三节　近代简史（17 世纪至第一次世界大战）

一　英国与荷兰争夺海湾

16 22 年，波斯人从葡萄牙人手里夺占了豪尔费坎（在沙迦酋长国）。1631 年，葡萄牙人在朱尔法港口（在哈伊马角酋长国）建造了一座要塞，目的是为了从那里向霍尔木兹发起攻击。1660 年，葡萄牙人在阿曼人的压力下被迫全部撤离马斯喀特。在整个 17 世纪中，葡萄牙人对阿拉伯海岸的控制逐渐减弱。

1602 年，荷兰商人成立了荷兰东印度公司后，与英、葡等竞相争夺霍尔木兹。1625 年，荷兰人和英国人联合，把葡萄牙人赶出霍尔木兹北边的阿巴斯港。此后，阿巴斯港成为英国、荷兰和法国在海湾进行贸易和政治活动的中心。在阿巴斯港，荷兰人较英国人活跃并且有成效，荷兰公司还能得到本国政府的大力支持。1680 年，荷兰人在巴士拉和阿巴斯港都站住了脚。17 世纪上半叶，英国和荷兰联合，同西班牙作战。战胜西班牙后，英、荷之间开始争夺霸权，在 1652～1674 年期间进行了三次战争。结果英国夺取了荷兰的一部分殖民地，打破了荷兰垄断海上贸易的局面。1664 年，法国东印度公司组成，并在阿巴斯港建立了贸易代理处。1759 年，德斯坦伯爵指挥下的法国海军中队，夺得了英国东印度公司在阿巴斯港的财产。1765 年，荷兰在海湾地区的势力基本终结。

直到 17 世纪末，英国东印度公司一直还保持其商业企业的特点。根据海湾形势的发展需要，1688 年，英国政府和东印度公司达成协议，由公司承担某些政治和军事的责任，公司被允许招募部队和保有民政管理权。1763 年，英国根据御批在布什尔（波斯在海湾的港口）开设一个新的贸易站，受英国驻扎官领导，赐予向波斯出口毛织品的垄断权并免除全部捐税，不让别的欧洲国家在那里设贸易站。1778 年，英国在海湾设立政治驻扎官处。1784 年，英国向海湾派驻总督，积极经营，支持英国东印度公司的管辖权。随着葡萄牙人、荷兰人、法国人（特别是1798 年拿破仑侵略埃及败退后）在海湾的政治、商贸地位的崩溃，英国人在海湾的势力则占优势。

二　雅西族和卡西米族两大政治力量

阿曼摆脱葡萄牙殖民主义统治之后，海湾沿岸地区稳定，民族部落发展。1749 年，阿勒（AL，音译自阿拉伯语，意指宗族或朝代，下同）布·赛义德（Al bu Said）在马斯喀特建立统治王朝。在其邻近的海湾沿岸出现两股新的独立的政治力量。一股力量以陆上为主，由雅西族部落为主的一些部落组成，由雅西族的阿勒布·法拉赫（Al bu Falah）掌权；另一股力量以海上为主要根据点，由卡西米族为首的部落联盟组成，以哈伊马角为中心，由拉希德·本·马塔尔（Rashid bin Mattar）领导。

1. 雅西族（Yas）

雅西族性格坚强，似一群雄狮，被描写成"是在马背上出生，在马鞍上长大的"人。他们大多居住在北部干旱的希利地区。其中内地人拥有良种骆驼；沿海的人拥有能载 4 人的轻便小船，从事出海打鱼并运往沙特阿拉伯边城伊哈塞出售。他们还拥有椰枣林，以椰枣、鱼为食；冬季放牧，逐水草而居；也采集珍珠，用来进行贸易。雅西人购买从印度或东非运来的大米、食糖、衣物等生活用品。雅西族群规模较大，由许多分支和家族组成。其中有：

（1）阿勒布·法拉赫，是雅西族的一个主要分支，她养育了阿勒·纳哈扬家族，使之成为阿布扎比的统治家族，出了 15 任统治者，有 200 多年历史。这一分支曾多次拿起武器，同殖民主义进行斗争。其第三任统治者沙赫布特（Shakbut，1793 ~ 1816 年在位），以坚决的行动参加了阿曼反抗外国殖民主义入侵的斗争，同马斯喀特的执政者阿勒布·赛义德家族结成联盟，开创这两大家族的亲密友好时代。他将阿布扎比市建设成为阿布扎比酋长国的政治中心。1816 年起，他让位后，3 个儿子先后执政。其次子塔赫农（Tahnoun，1818 ~ 1833 年在位）执政时，与英国签订了"总和平条约"，与当时驻海湾的英国海军上尉盖伊有交往，英国人称赞他骁勇好武，统领着 400 名训练有素的骆驼兵。晚年时，其三子哈利法（Khalifa，1833 ~ 1845 年在位，为阿布扎比的第六任统治者）与其弟苏尔坦（Sultan）争权闹矛盾，以至发生阿勒布·法拉萨（Al bu Falasah）家族在马克图姆（Maktoum，迪拜的统治家族）的影响下离开阿布扎比迁往迪拜定居的事件。沙赫布特理智地处理了他小儿子与法拉萨家族的冲突。扎耶德（1918 ~ 2004.11.2）是阿布扎比第 14 任统治者（1966 ~ 2004，即酋长），同时他又是阿联酋成立以来首位总统；其长子哈利法是阿布扎比现任酋长，又是阿联酋弟二任联邦总统。

（2）阿勒本·法拉萨是雅西族的另一分支，他们原本漂泊在阿布扎比地区，后来迁徙到迪拜，成为迪拜酋长国的执政家族，以拉希德的名号著称。

（3）卡比萨特（Gbisat）家族也是雅西族的分支之一，是阿拉伯著名的"萨哈尔"部落的后裔。卡比萨特家族成员以采集珍珠和狩猎出名，并在阿布扎比西部地区的扎法拉和利瓦绿洲占有一些椰枣林，在仲夏时节收获椰枣当食粮。

（4）苏尔坦家族也是雅西族的一个分支，是阿拉伯骑士米格达迪·本·阿斯瓦德的后代。原来生活在内地，在利瓦、布赖米绿洲占有一些椰枣林。靠采集珍珠为生。也有学者认为他们属于今生活在伊拉克的达西尔部落的后代。

属于雅西族的家族还有：阿勒布·姆希尔，哈米勒，马拉尔，拉米萨特，阿勒布·希尔等。另外还有一些属于雅西族的小分支，如阿勒布·艾敏，阿里法特，扎希拉特，哈马拉，萨米拉等。

此外，还有一些在雅西族庇护下的分属其他部落的较小部落，如阿勒古拉卜，穆萨吉拉，哈达拉迈，哈卜拉特，萨瓦里等。

2. 卡西米族（Qassimi）

卡西米族属于另一较大的卡瓦西姆部落。

从11世纪起，随着东西方商贸的发展和竞相争夺，作为东西方交通枢纽之一的海湾地区日益动荡，不太安宁。早在公元2世纪罗马帝国图拉真借口报复海湾海盗袭击，于115～116年率舰队远征海湾。此后，欧洲列强以及印度人、波斯人、侵占了美索不达米亚地区的奥斯曼帝国人、沙特阿拉伯和也门一带的阿拉伯人，他们都在海湾地区你争我夺。阿曼人和海湾内酋长国阿曼的阿拉伯人，对外来势力是不满的，但又无力抗拒。为了生存和利益，他们也不得不"以牙还牙"。他们中的沙迦酋长国和哈伊马角酋长国的统治者卡西米人，是颇负盛名的。卡西米人自称是先知穆罕默德之女法蒂玛（Fatima，605～632，约623年与其父的堂弟阿里结婚，育有三男二女）的后裔，他们的祖辈拉希德·本·马塔尔的祖父是卡西米族的酋长。卡西米人是哈瓦拉（Hawala）阿拉伯人的一个分支，发迹于阿拉伯半岛中部，后逃离沙漠，迁往半岛东南部海湾，他们后来信奉伊斯兰教的瓦哈比派（Wahhabis），该教派创始人是沙特阿拉伯的一神论者瓦哈布（Wahhab，1703~1790）。他认为，瓦哈比人和波斯人是卡西米人的领主。沙特阿拉伯第一代酋长穆罕默德（1745~1765年在位），于1742年皈依了瓦哈比派。卡西米人一直居住在海湾的两岸，控制着哈伊马角、沙迦和锡尔等地区，以及北岸的伦格、格什姆岛、昆治和路夫特。卡西米人在阿曼也有一些。

18世纪20年代，海湾北岸的阿巴斯港地区的形势，像波斯其他地方一样，由于内忧外患而陷于分裂混乱状态。卡西米人的酋长，在格什姆岛的巴赛杜建立港口，把阿巴斯港的贸易吸引过去，从而使东印度公司的收入下降，以致引起冲突。卡西米人当时主要以经营海运贸易为生。18世纪末，他们和科威特、巴林一起，向阿曼的海上统治权进行挑战。阿曼的赛伊德苏丹（Saeed Sultan），是一位强有力的和富于冒险的统治者。1787年，卡西米人及海湾其他阿拉伯人同阿曼人打仗，主要是为了经济利益，也有部族和教派方面的分歧因素。18世纪末，卡西米人试图从阿曼人手中夺取海湾、印度洋和非洲贸易中的更大的份额，并且也是针对在该地区的英国船只的。1797年5月18日，哈伊马角的船队截获了英国驶往巴士拉的三角帆船"巴辛号"，两天后，酋长命令把该船释放了。1797年10月，卡西米人的一位酋长，名字叫萨利，率领一支船队在布什尔一带待机截击从巴士拉驶往苏哈尔去的阿曼船只。当时，英属孟买的海军巡洋舰"毒蛇号"停泊在布什尔港外。萨利酋长要求英国人不要保护阿曼船只，不向阿曼运送任何英国货物，而应向酋长的船提供补给和弹药。该船指挥官确实满足了这些要求。但萨利酋长却乘"毒蛇号"指挥官上岸及水手们进早餐时，袭击了该舰，打死一海军上尉。英国人对此提出抗议。萨利的伯父哈伊马角的萨格尔酋长申辩说，是"毒蛇号"首先开火。此时萨利去波斯同一妇女完婚，此事也就不了了之。1798年，阿曼的统治者赛伊德为了解决与巴格达帕夏的争执而与卡西米人暂时讲和。但事后不久，很快又与卡西米人对峙，从海上进攻卡西米人的达巴港，但未果。1799年，阿治曼的纳伊姆部落和齐塔布朗部落，在迪拜的雅西部落分支援助下，进攻了阿曼的苏哈尔，但被阿曼的赛伊德和卡伊斯部落击败。1804年，阿曼企图获得保护海湾航运的专有权，以使马斯喀特成为外来货物的唯一集散中心，赛伊德除求助于英国人和奥斯曼土耳其人外，于9月开始率其14艘战船，扫荡了海湾。但在归途中遭到哈伊马角的袭击而身亡。乘此机会，卡西米人的一位首领侯赛因·本·拉赫马（Hussein bin Rahmah）夺取了阿巴斯港。英国感到不安，遂派英国前驻马斯喀特政治代表戴维·西顿上尉去援助阿曼伊玛目巴德尔以夺回该港。

1805年7月5日，阿曼伊玛目和一支英国军队在戴维·西顿上尉率领下，乘巡洋舰"莫明顿号"到格什姆附近，封锁萨格尔酋长指挥的卡西米船队。为担心过火行为可能得罪卡西米人的领主波斯人和瓦哈比人，西顿设法同卡西米人于1806年2月6日在阿巴斯港签署了一个和约。其主要内容是：萨格尔酋长同意尊重东印度公司的旗子和财产，并向停泊卡西米人海岸的该公司船只提供帮助；卡西米人可以经常来往于苏拉特至孟加拉一线英国人控制的港口。和约第五条规定，如果瓦哈比人迫使卡西米人违反和约，卡西米人应向英方事先通报。沙特阿拉伯的瓦哈比人，当然对这一限制性条约不满。1807年，英国一支海军中队进驻海湾。时值法国拿破仑一世（1769~1821）对外不断发动战争、扩张，与英、俄争夺势力范围，法国人也在海湾和巴士拉—孟买航线上与英国竞争。为了防备入侵和在陆上对抗阿曼人，卡西米人在豪尔费坎修建了一座要塞。1808年，英国拒绝了卡西米人提出的要孟买政府缴纳其船只通过海湾应该缴的进贡。英国上尉西顿主张支持阿曼，以反对卡西米人。英驻印度总督明托勋爵认为，还需要扩大英国在阿曼的势力，以阻止阿曼苏丹赛伊德·赛义德（Saeed Said）靠拢法国人。由于哈伊马角的卡西米族酋长苏尔坦·本·萨格尔在海湾活动上反对瓦哈比人，1809年，瓦哈比人设法废黜了该酋长，并将其投入监狱。后又任命兰姆斯的酋长侯赛因·本·阿里（Hussain bin Ali），代替萨格尔主政和征税。

3. 在阿布扎比另外有3个较大的部族

（1）阿瓦米尔部族，与阿勒纳哈扬家族（现是阿联酋最大执政家族）的关系世代友好。

（2）扎瓦希尔部族，原居住在布赖米绿洲，后迁徙到艾因地区的村郊定居。与执政的纳哈扬家族友好结盟，并共同团结纳伊姆等部族，同外国殖民主义者进行斗争。

（3）莫纳西尔部族，以骁勇善战著称，很早以来就是雅西族的同盟者。莫纳西尔族有6个部落生活在中东地区，主要分布在伊拉克、阿拉伯半岛阿西尔地区、约旦和苏丹等地，他们之间没有什么联络。

三 英国攻打哈伊马角

公元1809年，英国驻印度总督明托勋爵授权孟买政府，伙同阿曼苏丹赛伊德·赛义德采取联合行动，以摧毁卡西米人的势力。于是，英国准备了一次海陆军的联合军事远征，攻打被英方称之为"海盗海岸"的卡西米人在海湾的一些根据地；对瓦哈比人则声称，这是为了保障1806年和约的执行而采取的行动。

1809 年 11 月 11 日，英国远征舰队靠近类似半岛形状的哈伊马角城，发现该城东线有壕沟和炮兵连防守，城南有一道横贯半岛的很高的城墙和四座碉堡，有约 5000 个阿拉伯人扼城固守。11 月 12 日，英国舰队炮轰该城要塞，遭到阿拉伯人勇敢而熟练的回击。11 月 13 日夜一两点钟，阿拉伯人阻击未果，英主力部队登陆。英军遂攻下城墙和碉堡，海军则在港口烧毁了阿方 50 多艘船，占领了酋长的宫殿。后来，英军转攻北岸的伦格，摧毁阿战船 20 艘，接着攻打路夫特，未克。卡西米族酋长侯赛因，在英军指挥官史密斯保证其人身安全的情况下，为减少战争伤亡，也为了顾及同阿曼苏丹赛伊德的关系，而将该要塞让给了英方。英巡洋舰则在沙迦附近海域游弋，摧毁一切可能摧毁的船只。英国人想利用这一获胜机会，与卡西米人签订一项"和解公约"，来代替 1806 年的和约，但没能实现。英国人尝试禁止向海湾输入木材，以阻止卡西米人用来兴建新的船队，但这又违反了商贸谋利的目的，因而没能实行长期禁运。

1812 年，萨格尔酋长从瓦哈比人的监禁中出逃后，积极活动复位，但因遭到阿曼苏丹的反对而放弃。英国在布什尔的驻扎官伍·布鲁斯上尉，为争取赔偿，开始与哈伊马角事实上的酋长哈桑·本·拉赫马（Hassan bin Rahmah）打交道。卡西米人颇具瓦哈比人（当时已在沙特阿拉伯执政）的好强不屈的性格，继续扩展实力，在哈伊马角已组织有作战能力者 3000 人，拥有大船约 60 艘，每艘船可运载 80~300 人，还有属于沙迦、伦格等地的小船 40 艘。卡西米人同英国和阿曼人的斗争一直延续多年。

在英国的支援下，奥斯曼帝国击退了侵入埃及的拿破仑军队后，恢复在埃及的统治，并令埃及总督穆罕默德·阿里于 1811 年出兵，要从沙特酋长（属于瓦哈比派）手中夺回对阿拉伯半岛的统治权，特别是从瓦哈比人手中夺回伊斯兰教圣地麦加和麦地那，以便可自封为"两个圣地"的保护者称号。经过多年胜败交替的反复战斗，1818 年 9 月 11 日，沙特酋长阿卜杜拉被迫投降，被押往埃及，后在伊斯坦布尔被斩首。穆罕默德·阿里被授权占有希贾兹（汉志）和阿拉伯半岛其他地区。埃及在阿拉伯半岛的势力延伸到海湾地区。英国对此极为关注。卡西米人对瓦哈比派在沙特阿拉伯失势也感到非常不安。哈伊马角的哈桑·本·拉赫马酋长，主动向英方表示寻求和解，但遭到拒绝。英驻孟买总督伊文·尼培恩爵士，设想应对海湾问题有三种选择：一是进行一次惩罚性征讨，然后撤退；二是在海湾建立一个英国基地；三是通过让阿曼苏丹赛伊德·赛义德统治特鲁西尔海岸来建立英国的间接控制，因为赛伊德对特鲁西尔海岸具有世袭的宗主权。英国人认为，可能无须英国干涉，由埃及势力进入海湾去打垮卡西米人。但后来改变为，英国人从海上发动进攻，埃及从陆上围攻哈伊马角。英国舰队于 1819 年 12 月 3 日对哈伊马角进行总攻登陆。该城由哈桑酋长率领 7000 人防守。12 月 6 日晚，卡西米人夜袭英军，占领了英迫击炮连阵地。英军大炮齐轰两天后，进入该城。在此战中，阿曼苏丹赛伊德乘自己的船，跟随英国舰队，派出水手帮助英军登陆及运送武器装备，攻占该城后撤回，赛伊德本人于 1820 年 1 月 7 日撤离。英军除留 800 名印度兵组成的驻军和一些大炮外，远征军继续追击敌方撤逃人员，摧毁了在乌姆盖万、阿治曼、沙迦、迪拜等地的要塞和较大的船只。

四 英国迫签不平等条约

19 世纪初，英国通过与海湾诸酋长国签订以下一系列不平等条约，使英国与海湾诸酋长国之间，在实质上成为宗主国与被保护国的关系。

1. "总和平条约"

"总和平条约"是英国与海湾五酋长签订的一系列条约的总

称。该五酋长分别来自阿布扎比、巴林、乌姆盖万、迪拜、哈伊马角与沙迦（1866年沙迦老酋长逝世后，才由其4个儿子分别统治沙迦、哈伊马角、迪巴和卡尔巴4地）。1952年迪巴并入沙迦，富查伊拉加入此条约。19世纪初，英国与海湾卡西米人因海运、商贸、奴隶买卖等方面的利益矛盾，双方争斗持续，历时已久。英国为确立对海湾的统治并使英国东印度公司贸易不受损害，于1806、1809、1819年命令英国控制的孟买海岸陆战队，攻打卡西米人的哈伊马角诸城镇要塞，虽获胜，但未能赢得安全保障。在英国的压力下，经阿曼苏丹赛伊德的说和，英国做出不再侵犯的保证后，酋长们先后与英国陆军少将威廉·格兰特·基尔爵士在1820年1月8日至3月15日签署了"停止掠夺和海盗行为的总和平条约"。该条约共11项，主要内容为：阿拉伯人停止在海上和陆地的"抢劫与海盗行为"；要求阿拉伯人之间彼此不发生战争，并均与英国政府保持和平；友好的阿拉伯人的船只，均可进入英国港口并允许在那里进行贸易，如有任何攻击行为，英政府将予以关注；从非洲海岸或其他地方用船只带走并转运奴隶、男人、妇女或儿童，都是劫掠和海盗行为，友好的阿拉伯人绝不做这种事情等。英国借执行条约之名，又续订了一些有关协定。1820年2月6日，英军上尉汤普森奉命率一支守卫部队留驻哈伊马角。英国驻扎官基·麦克劳德海军上尉于1823年访问了各签约酋长国，在沙迦设立了一个"本地人代表处"。英海军发现萨格尔酋长在沙迦构筑了一座高约10米的堡垒，声称这有违1820年条约，即令予以拆除。就这样，英国逐步确立对海湾东南沿岸的控制，并使诸酋长国渐渐沦为被保护国地位。1820年"总和平条约"宣布后，由于宗派矛盾、争夺布赖米地区和外国的介入，酋长国之间时常发生不和及争斗。阿布扎比酋长和迪拜酋长同属希那威派，与阿曼马斯喀特的苏丹关系较密切。而沙迦、哈伊马角的酋长萨格尔与阿曼马斯喀特对立。故阿

44

布扎比与沙迦不和，妨碍采珠业，影响经济。后经迪拜、阿曼苏丹和伦格酋长的调解，各方才实现修好。

2. 首次海上休战协定

海上休战协定是英国同海湾诸酋长签订的第一个关于在海上采集珍珠期6个月（5月21日至11月21日）内不得进行海上战争的协定。后因阿布扎比内部矛盾闹分裂，有的部落出走迪拜，阿布扎比不满，迪拜遂转而与萨格尔和卡西米人和好。最终，沙迦、迪拜、阿治曼和阿布扎比的酋长们保证，在采珠期间不破坏休战。英国利用此时机，为加强对海湾地区的控制，防止各部落间经常在海上的争夺，于1835年8月21日，由其代理驻扎官斯·亨内尔上尉与海湾诸酋长签订海上休战协定。其主要内容有：各酋长保证在每年的采珠季节遵守海上休战，中止敌对行为；各酋长对因其臣民的违法行为所造成的损失提供赔偿；假使各酋长国臣民发生攻击行为，不得进行报复，而应向英国政治驻扎官或其海军当局报告情况；任何对休战协定的破坏都将被视作海盗行为论处。英国借此协定，俨然成了海湾地区的警察。"休战"一词的英语Trucial音译"特鲁西尔"，稍后也就成了对该地区的另一称呼"特鲁西尔阿曼"。此后，英国又与该地区的酋长们（分别于1838年、1839年、1847年、1856年）缔结了4个单独的条约或协定，以强化英国对海湾的监控。这4个文件是：

（1）特鲁西尔阿曼与英国条约。1838年4月17日，英国与哈伊马角、阿治曼、迪拜及阿布扎比诸酋长签订了授权英国搜查从非洲贩运奴隶的特鲁西尔诸国和马斯喀特的船只的条约。条约规定：英国政府的巡洋舰在海上无论何时何地均有权扣留和搜查被怀疑是贩运奴隶的属于签约国或其臣民的船只；英国巡洋舰可查封和没收那些经证明确实从事过抢夺和运载奴隶的船只。

（2）特鲁西尔阿曼与英国协定。双方签订1838年条约后，英国为了强化管制，与特鲁西尔阿曼诸酋长于 1839 年 7 月再次签订协定。其主要内容为：索马里人是自由的，不受奴役，禁止贩卖索马里部落人口；若酋长国臣民涉及此种行为，即被视作海盗行为论处。此协定使英国可借口"反贩奴"，公然干涉诸酋长国的内政。

1838 年条约和 1839 年协定签署后，英国不愿处于休战协约的担保人处境，而宁愿居于较超脱而又能监控的地位。当时，迪拜酋长为对付萨格尔酋长的干涉，已与阿布扎比合作，保护迪拜。卡西米族酋长萨格尔曾提出和平共采珍珠，英国顺势接纳这一意愿，遂与雅西族（阿布扎比）酋长哈利法·沙赫布特、法拉萨家族（迪拜）酋长马克图姆、乌姆盖万酋长阿卜杜拉·拉希德、阿治曼酋长阿卜杜拉·阿齐兹·拉希德于 1843 年 6 月 1 日共同签署海湾诸酋长海上 10 年休战协定，以保障采珠业安全和打击海上侵略。协定主要内容有：自 1843 年 6 月 1 日起，各酋长下属及臣民停止敌对行动 10 年，建立不受侵犯的和平；一旦酋长们的任何下属或臣民在海上侵犯参加协定的任何人，将立刻惩罚攻击者，补偿受害者；一旦酋长们的任何下属或臣民遭到海上侵略，不要立即报复，而应通报英国驻扎官或其分遣舰队指挥官，由其即刻采取必要措施为受害方索赔。

（3）英国与哈伊马角（含沙迦）、阿治曼、迪拜、阿布扎比、乌姆盖万和巴林酋长国的取缔奴隶贸易的协定。英国于 1847 年 4～5 月分别与上述诸国签订取缔奴隶贸易协定。协定主要内容有：禁止用签字国的船只从非洲海岸和其他地区贩运奴隶；否则，根据早期条约给予英国人的权力，英国将有权进行搜查、扣留和没收。这样，英国在海湾的地位变得更加牢固。

（4）英国与巴林等六酋长国关于禁运奴隶的协定。英国于 1856 年 5 月 10 日先与巴林酋长签订禁运奴隶协定，随后其他 5 国酋长也与英国签署类似的协定。协定规定，酋长们应封禁运载奴隶到他们地区的任何船只，并把奴隶转交给英国当局，听从英国驻布什尔指挥官的发落。

3. 海上永久休战协定

自从英国与海湾诸酋长签订 1835 年首次海上休战协定后，各酋长于 1843 年一致同意将休战协定延长 10 年。1846 年，卡西米人酋长萨格尔（沙迦）计划并吞乌姆盖万和阿治曼以及削弱迪拜。这引起整个海湾的纷争。迪拜反抗，并拉拢阿布扎比联合抵制。在英国驻扎官的调处下，迪拜与沙迦和解，但迪拜与阿布扎比新酋长的关系又对立起来。在该协定延长 10 年截止日前夕，英国在海湾的政治驻扎官阿·埃·肯博尔上尉与阿布扎比、迪拜、乌姆盖万、哈伊马角、阿治曼诸酋长于 1853 年 5 月 4 日就实现海上永久和平问题签署协定。协定共三项条款，主要内容有：酋长们同意完全停止海上敌对行为；一旦发生海上侵略行为，他们立刻惩罚攻击者并要其对受害者给予全部赔偿；如果他们之间发生侵犯，不得进行报复，而是报告英国驻扎官或驻巴塞杜的英国分遣舰队指挥官，以便及时采取措施惩办肇事者，取得赔偿。

由于印欧电报线路的敷设和在豪尔沙姆岛（属沙迦管）建立了电台，1864 年，电报这种文明传到了海湾。英国为保证线路安全，要从诸酋长那里获得一项书面保证，遂在 1853 年签订的"海上永久休战协定"中再增加一项条款。其主要内容是，宣布"鉴于英国政府从商业和一般事务的长远利益考虑，拟在海湾地区或附近各地建立电报线路和电台"，诸酋长国对此应予尊重并禁止对电报设施的一切干扰，惩罚那些破坏电报线路和电台的任何国民。作为回报，他们的国民可以与英国国民以同样的价格使用电报通信。

4. 特鲁西尔阿曼—英国引渡协定

特鲁西尔阿曼—英国引渡协定是 1879 年 6 月 24 日英国政府

与特鲁西尔阿曼诸酋长签订的关于引渡潜逃债务人的协定。当时在海上发生的一般事件主要原因是从事珍珠采集业的债务人为了逃避债务而从一个管辖区域迁移到另一个管辖区域。通过 1853年"海上永久休战协定",解决了海上大部分纠纷问题,此后,债务人的迁移流动就成了珍珠贸易的主要危险。他们通常盗用预支给采珠队的钱,然后潜逃到不受其管辖的邻近国家。为此,英国政治驻扎官刘易斯·佩利上校在 1868 年采取了强制措施来实行引渡,但未成功。当时,曾发生阿布扎比酋长与沙迦酋长(属卡西米族)决斗事件,阿布扎比得胜,卡西米人被削弱。1869 年,哈伊马角脱离沙迦酋长国成为一个独立酋长国。1879年 6 月,诸酋长国的统治者们还特别针对潜水员和海员达成一个正式协定,一致同意将潜逃债务人相互引渡。诸酋长在英国委任代表面前签订了引渡协定。其主要内容有:同意对可疑的潜逃者立即捉拿;如不交出潜逃的债务人,窝藏主应付罚款 50 美元;如果潜逃者被允许继续进入采珠场,窝藏主应付罚款 100 美元;执行时若有争论,交各方代表会议或由仲裁国民会议解决;未经英驻扎官批准,各酋长不能强制征收任何罚款。

五 19 世纪列强对海湾的争夺

1. 特鲁西尔阿曼与英国专有权协定

19 世纪中叶,英国以有船从非洲运走很多奴隶为由,借口"反贩运奴隶",获取搜查特鲁西尔阿曼诸国和马斯喀特的船只的权利。英国在海湾势力影响的加强和扩大,引起法国、俄国等强国的极大关注和争夺。法国派出驻马斯喀特代理领事,开始登记法国被保护人的名册,准许阿拉伯船只挂着法国旗帜从吉布提(当时被法国占领)起航。这给那些想躲避英国船舰搜查的商人以机遇。商人们遂向法国申请登记,以便他们的船只挂法国的旗帜航行。俄国也与法国合作,试图削弱英国在海湾的统治地位，由法国负担在海湾东部或南部对抗英国的任务。为此，英国政治驻扎官塔尔博特少校与阿布扎比、阿治曼、迪拜、沙迦、哈伊马角及乌姆盖万诸酋长在 1892 年 3 月分别签订专有权协定。此协定有三项条款：酋长们同意，除英国外不再与任何国家签订任何协定或建立关系；未经英国政府同意，不允许其他政府的任何代表进驻；除英国政府外，他们绝不割让、出卖、抵押领土的任何部分，也绝不以其他方式让其任何领土被占领。协定于 1892 年 5 月 12 日由印度总督批准并经伦敦女皇政府通过生效。此后，由于各酋长国纷纷独立，协定遂被废止。从该协定内容清楚地看到，在 19 世纪末，英国政府首次从诸酋长方面获得干涉签约酋长国内政的优先权，控制了诸酋长国的外交和防务，具有明显的排他性和自私性，并反对法国、俄国等对海湾的拓展，以保证英国从印度至海湾一线的权益和海上交通线，反映出当时英国与法国、俄国、德国、奥斯曼帝国等在海湾争夺的尖锐态势。

1903 年，英属印度总督寇松勋爵访问特鲁西尔阿曼，同年 12 月 21 日在沙迦发表了演说。1906 年，英方向诸酋长提交了用阿拉伯文和英文编印的诸酋长国与英国政府之间有效的重要协定汇编，把寇松 1903 年的演说置于协定汇编之首。英方甚至还向各酋长提供了酋长国国旗式样，但遭到拒绝。

2. 法国、德国、俄国在海湾的拓展

17 世纪，法国势力进入海湾。1664 年，法国东印度公司组成，并在海湾设立代办处。18 世纪中叶，英国在海湾势力的扩展，以及法国在拿破仑东进时侵入埃及败退回国后，法国在海湾的地位崩溃。19 世纪末，面对英国与海湾诸酋长国的专有权协定，法国和俄国合作，以削弱英国在海湾的统治地位。

1891 年，法国人查普伊和特拉米埃到特鲁西尔阿曼，并卷入当地的政治事务，为法国当局在乌姆盖万设立了一个据点。法国驻英国大使抗议英国政府干涉特鲁西尔阿曼内政。英国则对法国在马斯喀特向阿拉伯人开展船只"登记法国被保护人"申请一事进行国际诉讼。而沙迦酋长则想让其船只使用法国旗帜。1899 年，有约两万支外国步枪输入阿曼并转入特鲁西尔阿曼诸酋长国，牟取暴利。主要受益者为法国人。

1902 年，英国设法与特鲁西尔诸国的统治者谈判达成一项制止贩卖武器的协议，使他们同意禁止进口或出口企图贩卖的武器。1903 年，有一艘悬挂法国旗帜的当地船只在迪拜失事。法国驻马斯喀特副领事称，该船是遭到劫掠，并且直接（绕开了英国）通知迪拜酋长。为此，英国遂向法国副领事搬出特鲁西尔阿曼与英国"专有权协定"。法国政府只得同意由英国当局来调处此事。最后，由迪拜和伊斯兰教法庭判决向船主赔偿作为了结。

3. 奥斯曼土耳其等地区大国在海湾诸酋长国的拓展活动

（1）1874 年，阿布扎比统治者就其边境地区豪尔奥台德的管辖权被侵犯一事，指控奥斯曼土耳其驻卡塔尔（曾被奥斯曼帝国并吞 300 年）的地方官员。英国承认阿布扎比的立场。1878 年奥斯曼政府宣布该地是奥斯曼的领地，并抗议英国的立场。1889 年，奥斯曼帝国统治下的巴士拉（伊拉克）长官瓦利致函阿布扎比，主张把此争议交给奥斯曼仲裁，但因遭到英国极力阻止而搁置，后来在协商解决布赖米绿洲问题时，作为交换条件得到政治解决。

（2）1856 年，波斯趁英国卷入与俄国对抗的克里米亚战争之机，发兵收复赫拉特。英国遂向波斯宣战，占领受英控制的布什尔、阿瓦士等地。1857 年，波斯与英国签订和约，放弃领土要求。该地区开始沦为英国的半殖民地。1887 年，波斯企图在特鲁西尔阿曼建立一个据点，遂派其前驻布什尔的代理总督萨梯·汗到阿布扎比、迪拜等酋长国，游说诸酋长与波斯政府建立密切关系，排挤英国势力。1888 年，萨梯率波斯舰队到特鲁西尔阿曼。英国驻德黑兰公使馆就萨梯行动一事控告波斯政府。波斯政府立刻予以否认。英国在海湾的驻扎官罗斯上校经过努力活动，从诸酋长处获得了一份书面保证。各酋长保证除英国外，不与任何他国政府建立联系或签订任何协定，并保证没有英国的同意，不允许任何其他政府的代表驻节诸酋长国。

（3）18 世纪末，沙特阿拉伯的瓦哈比人和阿曼人分别进驻布赖米绿洲，导致后来的布赖米绿洲问题（本书第七章第五节之二"布赖米绿洲问题"有专门阐述）。

（4）1911 年，一个希腊商人在海湾活动，想与当地达成有关采集海绵或珍珠的交易。1914 年，英国在海湾的驻扎官担心海湾的传统珍珠业受到不利影响，遂向诸酋长写了一封劝告式的信。信中称：如果你们中间任何人在有关珍珠和海绵采集业方面给予外国人特权的话，那么对你们所有的酋长来说将是不利的。显然，这信件充满着威胁性的语言。

六　19 世纪末英国统治下的海湾诸酋长国

在迪拜居统治地位的卡西米人，在海湾北岸的波斯，特别是伦格、霍尔木兹以及霍尔木兹海峡外的阿曼，均有他们的同部落人群，他们与沙特阿拉伯人、波斯人（伊朗）、阿曼人（马斯喀特和阿曼苏丹国）、英国人等的交往较频繁，在海湾的交通、运输、贸易等方面，占有明显优势。他们的萨格尔酋长有 30 艘船，每船运载 50 ~ 100 人。而海湾其他各国酋长当时每人只能征集到三四艘船。阿布扎比在统治者塔赫农·本·沙赫布特（1818 ~ 1833 年在位）的治理下，势力日增，有 400 名纪律严明的陆上战士。因而，巴林的哈利法和阿曼的赛伊德这两位相互竞争的统治者都争相借用阿布扎比的兵力。英国对沙迦的地理位置和政治地位是颇为重视的，在海湾诸酋长国中，英国早在 1823 年首先向沙迦派驻了一位驻扎官代表，随后又在沙迦酋长的管辖区设立了电报线路和电台。

1847 年，迪拜的马克图姆酋长与相邻的沙迦酋长实现了和解。而阿布扎比的新酋长对迪拜的拓展颇有反感。这位新酋长反对阿拉伯半岛的瓦哈比派人自 1800 年以来多年占领布赖米地区。乘瓦哈比派的纳依布（即总督）赛义德·本·穆特拉克不在布赖米的机会，阿布扎比夺取了瓦哈比派在那里的要塞。这件事吓坏了沙迦、迪拜和阿治曼的酋长们，把他们推向瓦哈比派。他们计划策动阿布扎比的雅西人中的古拜萨特派造反，未果。在 1833 年的分裂事件中，有一部分雅西人迁往迪拜，后来成为当地的一个统治家族。迪拜酋长因鼓动卡西米酋长的儿子在沙迦闹独立而与沙迦交恶。卡西米酋长遂策动迪拜居民逃往沙迦或阿布扎比，并欲吞并阿治曼和乌姆盖万。到 19 世纪 70 年代，受沙迦控制的阿治曼，在纳伊米贝都因人的帮助下袭击了迪拜，破坏了迪拜的林园。后来的事态发展，以沙迦与迪拜和好告终。此后，迪拜发展成了海湾地区的主要海港城市，一度超过了阿布扎比。但当时在特鲁西尔阿曼诸统治者中，仍然要数扎耶德·本·哈利法（1855～1909 年在位）酋长的阿布扎比势力最强。

19 世纪末至 20 世纪初诸酋长联合起来抗外。当时，由于阿拉伯半岛中部内志的沙特家族内讧和面对奥斯曼帝国苏丹的压力，半岛北方沙马尔部落的拉希德人族乘机兴起，占领了中部首府利雅得。信奉瓦哈比派的执政者沙特家族因而丧失统治地位，1892 年起流亡科威特达 10 年之久。拉希德人则日益强大，欲入侵特鲁西尔阿曼海岸。这使阿布扎比和迪拜的辛那威族酋长们又联合起来。沙迦和哈伊马角的卡西米人酋长们也结为联盟。乌姆盖万和阿治曼的祖上与北方部落拉希德人曾有联系，两国的酋长因而试图置身事外。1902 年，创建沙特阿拉伯王国后成为第一任国王的阿卜杜勒·阿齐兹二世（1902～1953 年在位）夺回了

利雅得，1905 年致函特鲁西尔诸国酋长，他建议在 1906 年春天
访问特鲁西尔诸国。这使辛那威部族的阿布扎比、迪拜的酋长们
十分惊慌。5 位特鲁西尔酋长（阿布扎比、迪拜、乌姆盖万、沙
迦和哈伊马角）首次由扎耶德·本·哈利法酋长主持，聚会阿
布扎比，共商国是。英国为了稳住其沿海保护地，进行了干预。
经科威特的穆巴拉克酋长劝阻，沙特阿拉伯国王的这次访问未能
成行。1915 年，已占领了埃及的英国，强迫沙特阿拉伯签订
"友好同盟" 条约，使沙特承诺不侵犯英国在阿拉伯半岛的 "保
护地"。

第四节　现代简史（1920～1971）

一　海湾酋长国发现石油

海湾诸酋长国在历史上曾受葡萄牙人、阿曼人、波斯
人、英国人、土耳其人等的诸多方面的影响。在现代
史中，在海湾石油因素的驱使下，英国在对海湾的操纵和控制方
面扮演着最主要的和根本性的角色。海湾石油的发现，强化了大
国在海湾的争夺和当地多种矛盾的演化，使海湾的发展出现了非
常复杂的变化。

英国对海湾最感兴趣的是运输（包括海运、空运和通信）
和石油两大问题。通过 1820 年的英国与海湾诸酋长国的 "总和
平条约"，英国开始确立其对诸酋长国的保护者地位，又通过此
后的一系列英国与它们签订的条约、协定和协议，毫不掩饰地表
现出英国对海湾政策的利己、自私、排他性的特点。英国为加强
控制，不断挑起部落纠纷，使他们长期不和；借口 "和平、安
全"，让诸酋长国与英国签订由其设计的 "休战协定"，干涉诸
酋长国的内政；打着 "反贩运奴隶" 的旗号，用英军海上优势，

摆布海湾诸酋长国，搜查、扣押它们的船只。1902 年，英国曾考虑将特鲁西尔诸酋长国的统治改为正式保护国。后来，改变做法，以亲善的形象支持各统治者，逐渐形成阿布扎比、迪拜、沙迦、阿治曼、富查伊拉、乌姆盖万、哈伊马角等相对独立的酋长国。

海湾于 1908 年发现石油，1913 年从阿巴丹（伊朗著名石油城）输出石油。随着世界对石油需求的不断增大，石油对经济、军事和政治的影响力日益增强。石油意味着一个新时代的开始和对新时代的控制权。这种政治的、军事的和经济的因素，使在英国控制下的海湾酋长国的隔绝状态改变了。英国把所有舰船改为用油后，更使英国对海湾地区有了新的企图。

第一次世界大战时，奥斯曼帝国通过其在埃及（1517 年奥斯曼帝国占领埃及）和伊拉克（1639 年沦为奥斯曼帝国的属地）的统治，对阿拉伯半岛施加影响，主要针对汉志、内志和也门。16 世纪至 18 世纪初，阿拉伯半岛沦为奥斯曼帝国的属地，也门并入奥斯曼帝国版图。英国作为协约国成员，当然要对抗德奥意同盟国及支持德国作战的奥斯曼土耳其。英国在"一战"中，曾利用了其在阿拉伯半岛的兵力和基地。战争以同盟国失败告终。奥斯曼帝国投降。1918 年也门独立。在"一战"后签订的《色佛尔条约》中规定，奥斯曼承认汉志等独立，伊拉克等地划为英国委任统治地。从此，英国对海湾的统治也就更加强化、更加巩固了。

二 英国从海上控制海湾发展到陆上统治

20 世纪 30 年代，航空旅行时代到来之后，英国一直在海湾地区寻求飞机的合适着陆地点。先是英国向哈伊马角的统治者提出要求，遭到拒绝。迪拜的统治者则对此比较热心，但因其内部争吵而未果。1932 年 7 月，英国与沙迦的统治者签订了一个民航协定，使英帝国航空公司（英国海外航空公司的前身）获准在该地建一候机室。这是英国在海湾陆地上的第一座永久性设施。1939年，因民航业的发展，英又向沙迦派驻一名英国政治官员，英国驻特鲁西尔诸国的政治代表处也设在沙迦。此后，阿布扎比的发展较快，与沙迦形成一对竞争对手。迪拜则正好处在两者之间，成了可起缓冲作用的调解者角色。英国遂于1953年把原设在沙迦的政治代表处迁往迪拜，后又于1957年向阿布扎比派驻一位政治官员，归驻迪拜的政治代表领导。由于阿布扎比开发了石油，英又在1961年决定把原设在该地的机构升级为正式的政治代表处。

三　第二次世界大战对海湾酋长国的影响

1933年，美国控制的阿拉伯美国石油公司获得沙特阿拉伯的石油开采权。1935年4月沙特政府宣称，其对阿布扎比—卡塔尔交界的豪尔奥台德及其入海口、布赖米地区（蕴藏着石油）等拥有主权。1937年，英国控制的伊拉克石油公司的一个股份公司——石油特许权有限公司，从阿曼酋长国统治者那儿获得了特许权许可。但两大公司的勘探工作，均因第二次世界大战而受阻中止。

继英国沙迦民航协定之后，1937年，英国与迪拜的统治者也签订了民航协定，使英帝国航空公司得以在迪拜港建立一个供飞机降落的基地。1938年，迪拜和沙迦之间曾因难民袭击事件及该两国的内部纠纷导致战争危机，并于次年宣战。这威胁到英帝国航空公司和使用沙迦机场的其他飞机的安全。英国驻巴林的政治代表（同时负责特鲁西尔海岸政治事务）进行了干预，经哈伊马角统治者的斡旋，双方休战。第二次世界大战期间，英国将沙迦机场改由皇家空军使用。英国为了自身的利益，不仅要求稳定，而且还需要同特鲁西尔诸国建立更紧密的联系。为此，英国于 1939 年向沙迦委派了一名政治官员。由此英国不断增强了在该海湾的政治和军事实力。

英、法、以三国于 1956 年发动的苏伊士运河战争失败后，英国被迫把它在中东地区的军事中心从地中海转移到阿拉伯半岛，在也门的亚丁设立司令部。1957 年英国当局拨款 80 万英镑在迪拜修建一个大型军用机场。当时，英国每年从海湾地区约有 6 亿英镑的收入。1960 年，英国的政治代表与迪拜统治者交换了关于民用航空协定和军用航空协定的照会，由英国负责批准其他外国公司飞机的通航权。

四　英国对特鲁西尔阿曼海湾酋长国的"保护"统治

1. 特鲁西尔阿曼诸酋长国理事会

以石油为主要燃料动力的时代开始后，各国及其大公司纷纷进入海湾，分别与尚未开发的诸酋长国以"租让制"形式，以极低廉的代价获取开发石油的地域。各酋长国之间的矛盾因而进一步发展。英国当局考虑到仅用过去一些不平等条约、协定来维护其利益和对"被保护"的诸酋长国继续进行管理和干涉已不很够，应采取新的政策，使诸酋长必须接受英国政治代表的指导，从而按英国的意志办事。作为英国这项新政策的一部分，1952 年成立了特鲁西尔阿曼诸酋长国理事会，以协调共同的政策，逐步走向联邦国家，并决定征集一支特鲁西尔阿曼部队。这样，使诸国酋长维系在英国周围，在政治和经济上紧密合作，为英国当局的政治代表充当工具。

特鲁西尔诸国理事会没有成文的宪章，是一个协商和咨询机构，由各酋长国的统治者和其家族中的近亲组成。英国政治代表主持该理事会会议，会议主席则由一位统治者担任。首届主席是哈伊马角的酋长萨格尔·本·穆罕默德。会议于春、秋两季各举行一次，常在英国政治代表的办事处召开。通常由英国驻海湾的政治驻扎官在会上发表演说；讨论议案和颁布条例。理事会经费由英国的特鲁西尔诸国发展基金提供。阿布扎比的统治者曾建议，任何一国如发现石油，应将其石油收益的 4% 捐献给特鲁西尔理事会作为理事会基金。此建议虽经通过，但谁也没有执行。1964 年，理事会第 18 次会议责成由每个成员国出两名代表组成审议委员会，审查和草拟要提交理事会决断的建议。1965 年后，理事会有了自己的房子，成立了理事会的专设秘书处，但理事会最终并没有发展成为一个联邦组织。

2. "二战"后英国继续控制诸酋长国的对外事务

英国政府通过与海湾阿拉伯诸酋长签订的"总和平条约"、"专有权协定"等一系列不平等条约，长期以来管理着酋长国之间的关系和他们的对外关系事务，并实际控制着各酋长国的内政。"二战"后，英国仍然实际控制着诸酋长国的外交和对外事务，甚至代签对外协定，时有不征询酋长们的意见而擅自替各酋长国做主参加国际协定和组织的举动，如 1945 年的百慕大电信协定、1946 年的芝加哥航空协定、1949 年的关税及贸易总协定、国际货币基金组织等。1966 年，英国政府与阿布扎比达成航空协议，协议明确规定由英国代表当地统治者控制通航权和民航在国际上的其他权利。

阿拉伯国家联盟早在 1945 年 3 月 22 日在开罗成立，特鲁西尔诸酋长国也参加了阿拉伯联盟的一些委员会。20 世纪 50 年代以后，诸酋长国统治者出国旅行较多，增长了见识，逐渐倾向于自己做主来处理对外关系。对此，英国采取了十分严格的控制。直到 1969 年，特鲁西尔诸国还没有正式申请个别或集体加入联合国或阿盟。阿联酋于 1971 年才加入阿盟和联合国组织。

英国邮政总局的分支机构——英国邮政代办处自 1948 年起经营整个海湾地区的邮政事业，并于 1949 年发行了特鲁西尔诸国邮票，通过迪拜的邮局出售，从中获利。1963 年后，迪拜、阿布扎比、沙迦、乌姆盖万和阿治曼 5 国才先后开设自己的邮局。英国邮政代办处在巴林的一所邮局，继续负责与国际邮政系统的联系。阿布扎比起初使用的是加印"阿布扎比"字样的英国邮票。为了增加岁入，前述 5 国和富查伊拉等国，通过与中东邮票公司、巴鲁迪邮票公司达成协议，签订印刷和出售邮票的合同。

3. 英国在诸酋长国搞治外法权

诸酋长国成为英国的保护国后，各国除当地统治者的伊斯兰法典法庭外，还有由英国女王为诸国设立的法庭。英国以"外国裁判权法案"为根据，于 1946、1949 和 1950 年制定特鲁西尔诸国敕令，使英国的领地裁判权合法化。该敕令明确规定除当地国民外的所有人，均须服从英国法庭的裁判。英国政治代表是英国女王为特鲁西尔诸国设立的法庭的审判官，政治代表助理是助理审判官。英国在巴林设有专业地方法官，英国女王为海湾设有最高法院和全权法院。英国王室法律顾问汤姆斯·克里德和西里尔·海因斯爵士于 20 世纪 50 年代初拟订的刑法和刑事诉讼法，适用于英国在海湾享有治外法权的地方。英还根据特鲁西尔诸国敕令，制定了有关酒类、火枪等问题的英国女王法规。

1960 年 12 月，特鲁西尔诸国司法条例转移法案做出明确规定，下列各类人移交给当地统治者进行审判，他们是来自：阿富汗、印度尼西亚、伊朗、伊拉克、约旦、黎巴嫩、摩洛哥、马斯喀特和阿曼、苏丹、突尼斯、阿拉伯联合共和国（1958 年由埃及和叙利亚合并而成）、也门等国的侨民以及科威特、巴林和卡塔尔统治者的臣民；出生于巴勒斯坦地区的无国籍者。除此之外，一切没有明确移交的人，仍受英国裁判权管辖。

诸酋长国的统治者对英国的治外法权表示愤慨。如 1957 年在审判一名被控在达斯岛（属阿布扎比）上违反交通规则的英国人时，阿布扎比的统治者沙赫布特酋长声称他有权审判这个案

件。英国政治代表为了部分满足当地统治者想收回司法权的正当
愿望，于 1960 年建议成立一个联合法庭来管理一切混合的民事
和刑事诉讼案例。联合法庭一般由英国法庭的一名助理审判官和
有关的当地统治者指定的一个人组成，遵循英国法庭民事诉讼案
相同的法律和诉讼程序。此后，当地统治者与英方交涉，进一步
讨论裁判权问题，结果达成设立一个阿布扎比交通法庭，以审判
所有的交通案件，而不论被告是何国籍。该法庭于 1966 年根据
特鲁西尔诸国司法条例转移法案，开始受理案件。随后迪拜和沙
迦也设立了同样的交通法庭。约旦人艾哈迈德·比塔尔被任命为
特鲁西尔诸国的法律顾问。他曾建议：设立特鲁西尔国家法院，
设一个初审法庭，一个刑事巡回审判法庭，一个上诉法庭；起草
了一批法令；提出一部刑法草案。1966 年，迪拜颁布了一部规
定民事和刑事裁判权的法令。因侵略埃及的苏伊士运河战争失
败，1968 年英政府宣布英国将在 1971 年撤出海湾地区。在此背
景下，迪拜和沙迦都任命了自己的职业法官。

五　独立前夕海湾酋长国的政坛变化

1965 年 6 月，沙迦酋长谢赫·萨格尔·本·苏尔坦被
废黜，其堂兄谢赫·哈利德·本·穆罕默德出任沙迦
酋长。

　　1962 年，阿布扎比开始出口石油，但人民还是过着贫困的
生活。而科威特、沙特阿拉伯等国随着石油的开采，那里的人民
已逐渐摆脱贫困，走上了繁荣富裕的生活之路。阿布扎比人民的
不满情绪在增长，强烈要求改变自己所处的社会生活状况。一些
同雅西部落结盟的部落纷纷离开阿布扎比，迁移到其他酋长国或
附近的阿拉伯国家。1965 年底，阿布扎比出现政局危机。酋长
沙赫布特的弟弟扎耶德在忧患中，尽力劝说各部落的首领和人民
要忠于阿布扎比酋长国，并希望执政的兄长沙赫布特改变不肯合

理分配石油收入的观点。但他的努力没有奏效。纳哈扬家族的谢赫（意指长老、首领）们取得几乎一致的意见，要物色人选取代沙赫布特。扎耶德的父亲苏尔坦（1922～1927年执政）是被弟弟萨格尔谋杀篡位的。对此，扎耶德的母亲萨拉玛要求她的四个儿子发誓决不互相谋杀。得益于母教，扎耶德对家族会议提出：第一，如果没有足够的权力他将一事无成，无所作为。第二，政局的改变必须有秩序地进行，由家族会议通过决定，而不采取暴力行动。后来在英国的坚持下，1966年8月6日，家族会议一致决定由扎耶德取代沙赫布特执政。当时，该家族的谢赫们聚集在距希斯尼宫附近不远的警察司令部里。扎耶德遂请英国驻阿布扎比政治代表前往希斯尼宫，于当日中午将家族会议的决定通知沙赫布特。谢赫们聚集在司令部，等待他尽快答复。沙赫布特接到通知时，宫殿已被包围。他权衡利弊，按所提要求打电话给他的弟弟扎耶德，扎耶德劝他光荣隐退。2点50分沙赫布特被送上专机飞往伦敦。纳哈扬家族会议一致决定请扎耶德·本·苏尔坦·阿勒纳哈扬执政。扎耶德于同年8月16日登基。他宣布：必将石油财富用于国家的改革和人民的幸福；现在一切从头做起，一切革故鼎新，均要有序进行；反对使用暴力；联合是力量之所在。

第五节　当代简史（1971年以来）

一　英军撤出，海湾酋长国宣告独立

英 国自1956年发动苏伊士运河战争失败后，内外交困，在中东的势力逐渐衰退。1965年4月，英国自由党元老格赖德温说，英国的苏伊士以东的政策有必要彻底清算，英国的军事基地应该尽快地从这些地方撤出。而英国工党更甚，认为英国政府必须从海外收缩、削减军费，以应付国内经济危机。威尔逊工党政府（1964～1970）上台后不久就下了从苏伊士以东撤离的决心。1966 年，英国国防部发表《白皮书》，主张收缩。英从苏伊士以东逐渐撤退，已是历史必然。这是"二战"后英国外交上的一个不得已的重大转折。它必然也反映到英国在海湾的军事和政治的存在问题上。在南也门独立前夕，英国把其在中东的军事基地总部于 1966 年从亚丁撤往沙迦，1968 年使之成为英国在海湾的主要基地，直至 1971 年底英国军队从该地区整体撤出。驻扎在沙迦由英国军官指挥的特鲁西尔监察部队，曾被建议作为英国撤离后的联合安全部队的核心力量。但是，有些酋长国特别是阿布扎比，已经建立了自己的国防武装力量。

1968 年 1 月 17 日，英国宣布，愿在 1971 年底结束它与海湾诸酋长国签订的休战条约、协定。同时，呼吁阿布扎比、迪拜、沙迦、哈伊马角、富查伊拉、乌姆盖万、阿治曼 7 酋长国的统治者们举行会议，研究他们的未来和面临的挑战，并达成建立一个联邦国家的协议。1971 年 12 月 1 日，是英国结束其长达 151 年与特鲁西尔诸国自 1820 年以来所有现存条约的限期。

二　筹建酋长国联邦

19 58 年，沙迦和富查伊拉的执政者曾尝试建立联邦并达成协议，但流产了。1968 年出现一个英国撤出后建立联邦的原始建议，它包括巴林、卡塔尔及 7 个特鲁西尔酋长国。1971 年 3 月 1 日，英国宣布其同海湾诸酋长国签订的所有条约年底终止。那些较大的和比较发展的酋长国，最终选择了分开独立建国。

阿布扎比酋长国执政者扎耶德倡导联邦，主张团结联合。他宣称，联合是力量，是实现共同尊严、利益和幸福之路；分裂只会衰弱，瘦弱的实体在当今世界上是没有地位的。这就是历史的经验教训。1968年2月18日，扎耶德在布赖米地区与迪拜执政者谢赫·拉希德·本·赛义德·阿勒马克图姆会晤，并于2月19日发表了宣布两国建立联邦的联合公报。公报宣布由将建立的联邦来监管两个酋长国的外交、国防、治安、卫生和教育；同意邀请沙迦、哈伊马角、阿治曼、乌姆盖万、富查伊拉和卡塔尔、巴林等酋长国的执政者聚会迪拜，共同商讨建立阿拉伯9个酋长国联邦事宜。2月27日，9位酋长聚会，商讨摆脱英国保护国地位、实现独立、成立联邦等事宜；决定组成联邦最高委员会、执行委员会和秘书处。3月30日，扎耶德访问马斯喀特和会见阿曼苏丹时，曾为采取走向地区合作步骤发表联合公报。扎耶德强调，建立联邦是民族的需要，它能保障稳定和安全，它是阿拉伯兄弟们乃至世界各国朋友们的助手和支柱。1969年10月21～25日，召开了第二次最高委员会，选举阿布扎比酋长扎耶德为联邦总统，任期两年；选举迪拜酋长拉希德为副总统，选择迪拜为临时首都。但有些人认为阿布扎比的潜在财富和其面积、人口之大之多，应更合适作为首都。随后进行了一系列会晤，商讨细节问题。但是，这一进程由于以下情况而改变：伊朗在历史上曾占领巴林和卡塔尔；19世纪巴林沦为英保护国；1957年伊朗宣布巴林为伊朗的第14省；伊朗不同意巴林包括在酋长国联邦内，除非经公民投票表明他们愿意脱离伊朗而独立。同时，美国对巴林的石油也垂涎欲滴。1970年，卡塔尔通过临时宪法，并组成了第一届临时政府。卡塔尔和巴林两国分别于1971年9月3日和1971年8月14日各自成立了独立国家。

根据当时的情况，1971年7月17日，扎耶德在7酋长国执政者迪拜会议专门讨论建立联邦有关事项的会上宣称，只有联邦，别无他途，联邦必将组成并将会繁荣，因为联邦是诸酋长国人民的最高目标；他誓为其成功而献身。

三 阿拉伯联合酋长国诞生

1. 通过联邦国家方案

19 71 年 7 月 18 日，7 个酋长国的执政者们，怀着坚强的统一信念，在迪拜举行重要会议，并通过了联邦国家方案。该方案称：为响应本地区人民的愿望，决定建立联邦国家，取名"阿拉伯联合酋长国"，使之成为本地区全面联合的核心。联邦最高委员会通过了临时宪法。但是，当天哈伊马角没有宣布加入联邦。

1971 年 12 月 2 日，6 个酋长国的执政者们举行会议，宣布临时宪法开始生效，并发表历史性宣言。宣言称：1971 年 12 月 2 日，阿布扎比、迪拜、沙迦、阿治曼、乌姆盖万和富查伊拉诸酋长国的统治者们作为阿拉伯联合酋长国临时宪法签署人，在他们情同手足般信任和坚持实现人民意志的气氛中举行会议，并宣告该临时宪法自即日起生效。

联邦国家一建立，扎耶德即下令阿布扎比酋长国政府尽其一切可能为联邦国家效力，使之尽快完备履行职权，同时希望哈伊马角、卡塔尔和巴林也能加入阿联酋；并宣称，统一不得强加于人，允许有不同见解，这才是民主，是统一的民主。后来，哈伊马角于 1972 年 2 月 10 日加入联邦。但巴林与卡塔尔仍维持自己独立国家的地位。

2. 阿联酋最高领导的产生

各酋长国执政者组成联邦最高委员会，并开会选举出阿布扎比酋长国执政者扎耶德·本·苏尔坦·阿勒纳哈扬为阿拉伯联合酋长国总统，任期 5 年；迪拜酋长国执政者拉希德·本·赛义德·阿勒马克图姆为副总统，任期 5 年。任命迪拜酋长国王储马克图姆·本·拉希德·阿勒马克图姆为联邦政府总理。从此以后，虽人事变更，但总统出自阿布扎比，副总统、总理来自迪拜的格局未变。

最高委员会宣布：具有主权的独立的阿拉伯联合酋长国成立，她是大阿拉伯祖国的一个组成部分；其使命是维护阿联酋的国家独立、主权、安全和稳定；抵御任何针对阿联酋及其任一成员国生存的侵犯，保障其人民的权利和自由；实现各成员国之间共同利益的紧密合作，努力实现国家在各个领域的进步繁荣事业，为全体公民开发更美好的生活；支持阿拉伯、伊斯兰的事业和利益，在阿盟宪章、联合国宪章原则和国际道德准则的基础上，致力于和所有国家及人民的合作，并加强他们之间的友好联系。

阿联酋根据临时宪法行使自己的主权，各成员国对各自的领土享有主权，履行各自的不属于联邦的全部内部事务。为此颁布了一项法令，成立联邦执行内阁和全国立法联合委员会。为确保社会公正，各成员国的司法独立。联邦设最高法院。

3. 阿联酋参加的主要国际组织和条约

阿联酋作为一个新生的阿拉伯联邦国家，自宣告成立后，1971 年 12 月 6 日成为阿拉伯国家联盟成员国；1971 年 12 月 9 日成为联合国第 132 个会员国。他还是海湾阿拉伯国家合作委员会（1981 年 5 月 25 日成立）、伊斯兰会议组织（1970 年 3 月成立）、不结盟运动（1961 年 6 月成立）、世界穆斯林大会（1926 年成立）、阿拉伯石油输出国组织（1968 年 1 月 9 日成立）、石油输出国组织（1960 年 9 月 14 日成立）、国际原子能机构（1957 年）、世界贸易组织（1995 年 1 月 1 日成立）、77 国集团（1964 年成立）等的成员国。

阿联酋参加的主要国际条约有：1951 年种族灭绝公约；1954 年禁止石油污染海洋国际协定；1956 年日内瓦第四公约；1969 年外空条约；1969 年石油污染民事责任国际公约及其 1986 年附件议定书；1969 年干预石油污染公海事件的国际条约；

1970 年核不扩散条约；1971 年关于建立石油污染损失赔偿基金的协定；1972 年禁止海上冲突国际协定；1975 年禁止生物武器公约；1987 年核材料和核设施的实物保护公约；1989 年关于开发利用大陆架造成海洋污染的协议；1990 年管制运送危险垃圾的巴塞尔协定；1990 年关于保护海洋环境不受海中污染议定书；关于保护海洋环境不受陆地污染危害议定书；1991 年禁止生化武器公约；1996 年全面禁止核试验条约；以及 3 个保护工业资产巴黎协定（1996）、3 个人权公约（1996）、通信卫星国际条约（1996）、联合国海洋法公约、消除一切形式种族歧视国际公约、公民权利和政治权利国际公约、消除对妇女一切形式歧视公约、联合国儿童权利公约、阿拉伯人权宪章等。2009 年 1 月，阿联酋经国际选定，成为新成立的国际再生能源署总部所在地，是国际组织总部设在地的第一个发展中国家。

4. 阿联酋始终支持巴勒斯坦人民及其他国家和人民的正义斗争

阿联酋主张，阿拉伯民族只有联合自强、团结一致，才有力量恢复阿拉伯的权利和面对以色列的威胁，才能使以色列的支持者要顾及"公正"，或至少也要为了他们自身在阿拉伯的利益而保持"平衡"。阿联酋支持巴勒斯坦人民争取民族权利和建立独立国家的要求，呼吁联合国、国际社会和各国人民支持包括巴勒斯坦人民在内的遭受压迫和不公正待遇的人们。

阿联酋主张在经济领域实现发展中国家与发达国家之间的公平合理原则。石油生产国要照顾到石油消费国特别是其中的发展中国家的利益。阿联酋一直向巴勒斯坦人民提供财政援助，仅 1997 年 8 月 26 日，扎耶德总统就决定向巴勒斯坦人民提供 1500 万迪尔汗（约合 400 万美元）的援助。1971 年 7 月成立阿布扎比阿拉伯经济发展基金会（1993 年 11 月更名为阿布扎比发展基金会），以贷款、赠款和技术援助等方式，不断向阿拉伯、伊斯兰和亚非发展中国家提供援助。2002 年，阿联酋宣布提供 3000 万美元用于阿富汗战后重建；2003 年 10 月，在马德里援助大会上，阿联酋宣布向伊拉克提供 2.15 亿美元的人道主义援助。2002 年 11 月，在巴黎援助黎巴嫩会上阿联酋给黎财政贷款 3 亿美元（5% 息，为期 15 年可延）。此外，扎耶德决定捐款 36.71 亿迪尔汗（约合 10 亿美元），建立了扎耶德慈善机构，向国内外捐款，1997 年扎耶德本人捐了 3500 万美元。截至 2005 年已向 55 个国家提供 54 亿美元的援助。

阿联酋是石油输出国组织中首先使用石油武器的成员国。1973 年中东十月战争（第四次中东战争）中，该组织的阿拉伯产油国成员，运用石油资源作为斗争武器，采取石油禁运、减产、提高石油标价、国有化、增加本国在国际石油垄断企业中的股权等一系列措施，并加强同发展中国家其他产油国的联合行动，共同反对以色列及其支持者帝国主义和霸权主义。扎耶德带头并呼吁各成员国一起使用石油武器，他是第一位决定切断对美国石油供应的总统。10 月 8 日，他首先宣布向埃及和叙利亚两个前线国家捐款 1 亿英镑。捐款是以石油作抵押从外国金融界借贷来的。

阿联酋谴责宗教极端行为和恐怖主义活动，坚持伊斯兰的博爱、宽恕、容忍和仁慈。1993 年 3 月 22 日，扎耶德总统向阿拉伯和伊斯兰世界的宗教界和学术界发表演说，重申上述立场，并呼吁反对恐怖主义和屠杀。1994 年 1 月 30 日，扎耶德总统会晤梵蒂冈教皇特使时，重申各种宗教应交流与共存，主张伊斯兰教—基督教对话，认为各种宗教的真诚对话是抵抗极端主义的"铜墙铁壁"。2004 年，阿联酋颁布了《反恐法》。

四　阿联酋的和平发展

阿联酋自 1971 年成立以来，经历了近 40 年的建设发展，成了阿拉伯世界国家联合统一的成功例子。阿联酋开国总统扎耶德认为，钱如果不用于人民的利益就毫无意义。为此，他改变陈旧的统治方式，在联邦事务上，尊重各酋长国的自主权，加强各酋长国的团结，稳定联邦的作用；在经济政策上，充分利用石油资源，实行经济多样化，努力发展民族经济和文化教育，重视发展农牧业、水利和绿化；在对外政策上，奉行中立、不结盟的对外决策，重视加强阿拉伯国家、海湾国家和发展中国家的团结与合作。建立联邦第十年即 1981 年，阿联酋国民人均年收入达 2.6 万美元，排名居全球之冠；2006 年达 3.6 万美元；2009 年人均 GDP 达 5 万美元。阿联酋的内政外交都取得显著成果。扎耶德总统被国际名人机构评为 1988 年"世界伟人"。1976、1981、1986、1991、1996 和 2001 年的联邦最高委员会选举中，扎耶德 6 次蝉联总统，至 2004 年 11 月 2 日病逝，其长子哈利法被推选为联邦第二任总统。1990 年，阿联酋副总统、迪拜执政者拉希德·本·赛义德·阿勒马克图姆病故，其子迪拜王储马克图姆·本·拉希德·阿勒马克图姆被选为副总统，2006 年 1 月马克图姆副总统逝世，其弟穆罕默德王储接任。

阿联酋联邦最高委员会 1972 年第一号决定，宣布确认沙迦选举的苏尔坦·本·穆罕默德·卡西米为沙迦酋长国执政者，并任联邦最高委员会委员。

阿联酋联邦最高委员会 1972 年第二号决定，同意哈伊马角酋长国加入阿拉伯联合酋长国，成为该联邦第七名成员。阿联酋联邦最高委员会 1974 年第一号决定，宣布哈迈德·本·穆罕默德·沙基就任富查伊拉酋长国执政者和联邦最高委员会委员。

阿联酋联邦最高委员会于 1971 年 12 月 2 日发布决定，任命迪拜王储马克图姆·本·拉希德·阿勒马克图姆为阿联酋联邦政府首届内阁总理。他连任两届至 1979 年。1979 年 4 月 30 日，联邦最高委员会决定改由联邦副总统、迪拜执政者拉希德·本·赛义德·阿勒马克图姆兼任总理，组成第四届内阁；1990 年病故，其长子马克图姆继任。2006 年马克图姆逝世，其弟穆罕默德被选继任。

第六节　阿联酋的著名人物

一　伊萨·本·纳哈扬

伊萨·本·纳哈扬（Isa Bin Nahyan，18 世纪末～?）是名门望族阿勒纳哈扬家族的第一任执政者。阿勒纳哈扬家族，是阿布扎比地区雅西人部落的一个重要分支，一个名叫阿勒布·法拉赫的部落家族。18 世纪末，该家族的长老伊萨·本·纳哈扬将雅西人团结在自己的旗帜下。伊萨被确认为是阿勒纳哈扬家族的第一任统治者，治国又齐家。在他精心培养下，其子泽亚卜为人公正，长驻扎法拉北部的哈姆拉平原地区，经常深入各地视察，成为阿布扎比沿海地区市镇的奠基人，并善吟诗作词，后来泽亚卜成为第二任统治者。

二　沙赫布特

沙赫布特（Shakhbut，1793～1816 年在位，1833 年逝世）是伊萨之孙，泽亚卜之子，纳哈扬家族的第三任执政者。1793 年，担任雅西人纳哈扬家族的分支法拉赫部落的酋长。1795 年，他挫败了家族内部成员希扎伊的分裂活动，确立了纳哈扬家族对雅西人的统治地位。对外参加了阿曼反抗外国殖民者入侵的斗争，同马斯喀特的执政者赛义德家族结成联盟，开创了纳哈扬家族和赛义德家族的亲善时期。为了政治和经济发展的需要，他把祖上最初设在内地利瓦的政权总部迁移到阿布扎比沿海，兴建新城阿布扎比市，鼓励人民开发海洋资源，鼓励居民分别到属于阿布扎比酋长国的 200 多座岛屿上居住。沙赫布特与布赖米绿洲和艾因地区的扎瓦希尔部落结盟，在卡塔拉村的东北修建了"马里卜"堡，在艾因创办了纳哈扬农场。

1816 年，沙赫布特主动提前让位，由几个儿子先后执政，自己则从旁观察，指点帮助。先由其长子穆罕默德继位为第四任统治者（1816～1818 年在位）。后由其次子塔赫农于 1818 年任第五任统治者，在位 15 年，热心工作，统领 400 名训练有素的部队，并使阿布扎比市从小村镇逐渐发展成一个港口。1833 年 4 月沙赫布特逝世。

三 大扎耶德

扎耶德·本·哈利法·阿勒纳哈扬（Zayed Bin Khalifa Al Nahyan，1835～1909）是阿拉伯半岛有雄狮美称的雅西人的后代，是纳哈扬家族第五代孙，1855～1909 年他任阿布扎比酋长国执政者，是第八任执政者。人们尊称他为"大扎耶德"。

1855 年 7 月，纳哈扬家族会议一致推举时年仅 20 岁的大扎耶德继其堂兄赛义德之后接任阿布扎比酋长国执政者。家族会议认为他不仅勇敢，而且品行端正，有独立见解，与人融洽，有利于改善诸部落之间的关系。大扎耶德执政后，坚持大胆使用有才智、有能力、忠实可靠的人才。加上他自己聪明能干，能团结各部落，取得他们的支持和拥护，实现了与在迪拜掌权的马克图姆家族的合作关系；他促使雅西人部落和卡西米部落之间建立起了友好关系；巩固了阿布扎比在布赖米绿洲的势力，恢复当地卡比萨特部落的个人财产，劝阻了该部落外迁。在经济上，他大力发展珍珠采集业，为采珠基地达勒迈岛修造采珠人和船只栖息地，使当时的阿布扎比拥有数百艘船只，比任何一个海湾酋长国都多，还培养了不少专职采珠人。同时，巩固和发展了其珍珠在欧洲和印度的市场；使阿布扎比与马斯喀特和阿曼之间的传统关系得以巩固，统治者之间相互访问，发展了阿布扎比酋长国与阿曼的关系。

大扎耶德发扬纳哈扬家族重视农业和水利的传统，维护贾希利的"法拉杰"（类似坎儿井），并使之互相连通，以浇灌农场。1898 年修建的贾希利城堡，至今仍存。大扎耶德令其长子哈利法，在希利村西部创办了"马斯欧迪"农场，用互相连通的法拉杰网实现连灌，进行农业耕作。大扎耶德生有 8 个儿子，于 1909 年逝世。

四　扎耶德·本·苏尔坦·阿勒纳哈扬

扎耶德·本·苏尔坦·阿勒纳哈扬（Zayed Bin Sultan Al Nahayan，1918 ~ 2004. 11. 2），阿联酋开国总统兼武装部队总司令，阿布扎比酋长国第 14 任酋长。生于阿布扎比市希斯尼宫，是第 11 任酋长苏尔坦·本·扎耶德（1922 ~ 1927 年在位）的第四子。当时，阿布扎比的石油尚未被开采，人们仍受困苦。他未受过正规教育，仅在 7 ~ 9 岁时学习过《古兰经》，并能熟记背诵。扎耶德自幼坚毅刻苦；能背诵《古兰经》、《圣训》等经典文章，并善于骑马奔驰各地；随父兄出行，喜广交亲友百姓；为人宽厚合群，慎思善言；对国家的过去、眼前和未来都有自己独特的看法。20 世纪 40 年代初，他从首府阿布扎比移居艾因市。在那里的丘陵、山区和旷野中度过了他的青年时代。他爱好那里游牧环境中的猎鹰，骑马、骑骆驼，更精于射击；爱好民间文学、诗歌和阿拉伯历史和文化，常与年老长者聚谈，听他们讲述故事、传说和祖辈先人们的英雄事迹。这一时期培育了他的哲理思维和胸怀大志，他决意要发展自己的国家，改善人民的生活状况。1946 年，扎耶德被任命为阿布扎比酋长国东部地区长官，统领艾因及其周围地区的管辖权。他很快进行了基本的经济和社会改革，以改善和提高人民生活的环境和条件。

水是人类生存和发展之本，他致力于打井找泉，开发水源，打破民间霸头的水垄断，克服困难，发展农业。他处事断案公正严明，颇得人心。由于他的努力，艾因市、布赖米绿洲和周围地区很快发展起来，人民生活得到提高。他努力推行睦邻政策，解决了与迪拜酋长国的边界冲突，签订了停战协定。这使他在纳哈扬统治家族中享有颇高威望。但他不满足于这些，他想得更远，想到全国和外部世界。1953 年，扎耶德出访英国，随后访问了美国、伊拉克、埃及、叙利亚、黎巴嫩、伊朗、瑞士、法国和其他亚洲国家，从中得益匪浅，决心要使祖国赶上现代世界文明，实现美好梦想。1966 年 8 月 6 日，英国驻阿布扎比政治代表受托把纳哈扬家族会议一致决议将黜免执政者沙赫布特（扎耶德之兄，1928～1966 年执政）38 年的阿布扎比统治者之职的决定通知了本人。同年 8 月 16 日扎耶德正式接任纳哈扬家族第 14 任阿布扎比执政者。扎耶德在阿布扎比酋长国执政近两年时，提出了组建酋长国家联邦的想法。这使他得以实现富民强国、团结联合的理想。

1971 年 3 月，英国宣布废除同海湾诸酋长国签订的保护条约，阿布扎比酋长国摆脱了英"保护国"地位，实现国家独立。在扎耶德的倡议和努力下，海湾诸酋长国于 1971 年 12 月 2 日宣布成立了阿拉伯联合酋长国。扎耶德当选为总统，任期 5 年，于1976、1981、1986、1991、1996 和 2001 年连选连任，任总统 33年。扎耶德对内加强联邦的统一和团结，制定永久宪法，大力发展国民经济，不断提高人民生活水平；对外奉行中立不结盟政策，维护阿拉伯和海湾国家的团结和合作，支持巴勒斯坦人民的正义斗争，遵循伊斯兰路线发展地区事业。联邦建立 10 年，他领导的阿联酋人均年收入达 2.6 万美元，居世界排名首位，他被国际名人机构组织誉为 1988 年"世界伟人"。他建立了扎耶德慈善机构，向国内外捐款颇多。在执政晚年，他自知年事已高，体力不济，遂逐步放手对日常国务的控制但仍是国内外重大事务的决策者，并被尊为国父式的领袖。他曾经访问过许多国家，1990 年 5 月，他首次出访远东，首站对中国进行了国事访问（5 月 8 ~ 13 日），说是应了先知穆罕默德的训语："为了求知，哪怕远到中国。"2000 年，他被《福布斯》杂志评为世界 10 位最富有的国家元首之一，拥有 230 亿美元，名列第二，仅次于沙特阿拉伯国王法赫德（有 300 亿美元）。2004 年 11 月 2 日病逝，享年 86 岁。

五　哈利法·本·扎耶德·阿勒纳哈扬

哈利法·本·扎耶德·阿勒纳哈扬（Khalifa bin Zayed Al Nahayan，1948 ~ ），阿联酋现任总统（2004. 11. 3 ~ ），系阿联酋首任总统扎耶德长子。1969 年 2 月 1 日被立为阿布扎比酋长国王储，曾任阿布扎比酋长国东部地区代表、东部地区法院院长、阿布扎比酋长国总理兼国防部长、财政部长以及联邦政府副总理等职。1976 年 5 月，任联邦武装部队副总司令。他还兼任阿布扎比最高石油委员会主席、阿布扎比投资局董事长、阿布扎比发展基金会董事长。2004 年 11 月 2 日其父扎耶德总统病逝，他继任阿布扎比酋长、联邦最高委员会成员，11 月 3 日他被联邦最高委员会推选为新任总统。他说，从父亲身上学会了"对所有事情都必须耐心和审慎"。他主持了联邦政府和阿布扎比酋长国政府的重组工作，继承管理"扎耶德慈善基金会"，创建新部门，精简政府事务，重点搞社区发展，通过新成立的联邦国民议会事务部向政治改革迈出重要步骤。他巡察全国各地，了解下情和需求，作出一系列与住房、教育和社会服务相关项目的指示。领导阿布扎比政府大力改革，提高面向公众的服务效率和降低服务成本，开展多样性经济建设，扩大直接私人投资和公私合作规模，认为此时的地方和联邦政府应该从建国初期政府所扮演的角色中退出，将工作重心集中在政府职责的核心领域上面，并继续确保国家对外奉行积极的外交政策，坚定地参与和支持 GCC（海合会）的工作。2006 年访问了科威特。2008 年 3 月 29 日在叙利亚大马士革出席了阿拉伯首脑会议。2009 年 12 月 14 日，决定由阿布扎比向迪拜提供 100 亿美元资金，援救同年 11 月 25 日引发的"迪拜世界"金融债务危机，舒缓了事态。

六 穆罕默德·本·拉希德·阿勒马克图姆

穆罕默德·本·拉希德·阿勒马克图姆（Mohammed bin Rashid Al Maktoum，1948 ~ ），阿联酋现任副总统兼总理、迪拜酋长（2006.1 ~ ）和国防部长，系前副总统兼总理、迪拜酋长马克图姆的二弟。1966 年在迪拜中学毕业后，留学英国剑桥大学和英国皇家军校。1968 年 11 月被任命为迪拜警署署长。1971 年被任命为联邦第一任国防部长。经常受命陪同扎耶德总统理事、出访，同时主持迪拜酋长国的政务和发展建设。1990 年连任联邦国防部长。1990 年 5 月陪同扎耶德总统访华。1995 年被指定为迪拜王储。2006 年 1 月 5 日，阿副总统兼总理、迪拜酋长马克图姆逝世，穆罕默德继任迪拜酋长，并就任阿副总统兼总理和国防部长。2006 年访问了卡塔尔、阿曼和巴林。2008 年应习近平副主席邀请访华。2010 年 1 月 4 日，主持世界最高塔（828 米）"迪拜塔"酒店落成，并宣布改名"哈利法塔"。

第三章

政　治

第一节　国体与政体

一　国体

阿拉伯联合酋长国是由 7 个酋长国组成的。根据 1971 年临时宪法的规定，阿联酋是一个君主立宪制国家，是在各酋长国基础上建立起来的联邦国家，实行总统负责制，7 位酋长组成联邦最高委员会，是阿联酋最高权力机构。联邦最高委员会成员，分别兼任其各自酋长国的酋长（或称统治者）。

二　宪法

1971 年 7 月 18 日，联邦最高委员会通过临时宪法；12 月 2 日，联邦最高委员会宣布临时宪法生效。1975 年联邦最高委员会第一号决定，任命阿联酋创建委员会报告人负责拟制国家永久宪法草案。最高委员会 1981 年第二号决定、1986 年第一号决定和 1991 年第一号决定，三次延长使用修改后的临时宪法。1991 年最高委员会第三号决定，组成国家临时宪法研究委员会。至 1991 年 10 月，该临时宪法已修订过 5 次。直至 1996 年 12 月，最高委员会决定，将 1996 年修订后的临时宪法删去"临时"两字，将持续了 25 年的临时宪法修订为正式宪法，并确定阿布扎比市为阿拉伯联合酋长国永久首都。

三 政体

阿联酋国家的最高机构由联邦最高委员会、联邦政府、联邦国民议会，以及联邦最高法院组成。伊斯兰教是阿联酋国教。除外交和国防相对统一外，各酋长国具有相当的独立性和自主权。1972 年成立的联邦国民议会，是全国协商性咨询机构，不是立法机关。联邦国民议会由参加联邦的 7 个酋长国按比例分配的名额所选举产生的 40 名议员组成，每届任期为两年。

四 国家元首

联邦总统是阿联酋国家元首，是最高行政首脑，也是国家的宗教精神领袖。总统兼任武装部队总司令。总统由联邦最高委员会从其组成成员中选举产生，任期 5 年，可连选连任。副总统一名，也从联邦最高委员会成员中选举产生，任期 5 年，可连选连任。总统职权包括：行使最高委员会主席权力，召集最高委员会会议；签署联邦法律、法令和决议；对内、对外代表联邦；任免联邦总理、各部部长及驻外使节等；根据宪法行使大赦、减免刑期、核准死刑的权力。总统根据联邦最高委员会决定发布命令，批准组成内阁。

第二节 国家机构

一 联邦最高委员会

联邦最高委员会是阿联酋的最高权力机构，由组成联邦的 7 个酋长国的酋长组成，任期 5 年。联邦最高委员会定期举行会议，讨论并决定联邦基本国策及国内外重大问题，包括：批准预算和各项法律、法令；选举总统、副总统；决定联邦总理、最高法院大法官的人选和批准对各部部长的任免等。最高委员会做出的决定必须由包括阿布扎比和迪拜两个酋长国在内的多数赞同方可生效。自1971年成立以来，最高委员会已就国家主权、国家行政和政治机构，以及外交、财经、条约、法令等方面做出一系列决定；选举产生过7任总统、副总统；任命过7届内阁；决定1992年后，过去各酋长国享有的各自领土主权归联邦最高委员会所有。

联邦最高委员会现任7位成员是：

联邦总统、阿布扎比酋长哈利法·本·扎耶德·阿勒纳哈扬（Khalifa bin Zayed Al Nahayan）；

联邦副总统兼总理和国防部长、迪拜酋长穆罕默德·本·拉希德·阿勒马克图姆（Mohammed bin Rashid Al Maktoum）；

沙迦酋长苏尔坦·本·穆罕默德·阿勒卡西米博士（Dr. Sultan bin Mohammed Al Qassimi）；

哈伊马角酋长萨卡尔·本·穆罕默德·阿勒卡西米（Saqr Bin Mohammed Al Qassimi）；

富查伊拉酋长哈马德·本·穆罕默德·阿勒沙基（Hamad Bin Mobammed Al Sharqi）；

阿治曼酋长胡迈德·本·拉希德·阿勒努艾米（Humaid Bin Rashid Al Nuaimi）；

乌姆盖万酋长沙特·本·拉希德·本·阿勒穆阿拉（Saud bin Rashid Al Mu`alla）。

二 联邦政府及地方政府

1. 联邦政府

联邦政府也称部长会议或内阁，由联邦最高委员会决定、总统任命组建，是阿联酋的中央权力执行机构，由总理、副总理和各部部长组成。一般情况是每个酋长国在联邦政府任部长的人数不得少于 1 人。总理和各部长在政治上集体向联邦总统和最高委员会负责，执行国内外重大政策。联邦政府成员向总统和最高委员会负责各自的和部门的职责。联邦政府以联邦执行机关的名义，在联邦总统和最高委员会的监督下，负责处理联邦宪法与法律规定的权限范围内的一切事务，如：起草联邦法律、法令、决议及条例；编制预算、决算；监督联邦各部行使职能，监督执行联邦法院的判决和联邦通过的国际条约、协定，以及其他被赋予的使命、职权等。1971 年建国之初，内阁部长按如下比例分配，其中 6 名部长来自阿布扎比，出任外交、内政和新闻部长等职；迪拜、沙迦各出 3 名，来自迪拜的 3 名部长任国防、财政和工业、经贸部长；阿治曼和乌姆盖万各出 2 名；富查伊拉出 1 名。此后，根据政务的发展和情况的变化，内阁成员数目增加，并提出任人唯贤，分配比例有所变化。联邦政府的经费开支按各酋长国的国情不同加以分摊，主要由石油资源丰富、收入较丰的阿布扎比和迪拜两个酋长国负担。联邦的各个酋长国有自己的地方政府，除国防和外交相对统一于中央外，各酋长国政府仍保持其相当的独立性，在行政、经济、司法等方面均享有相当程度的自主权。

联邦最高委员会 1971 年 12 月 2 日决定，任命迪拜王储马克图姆·本·拉希德·阿勒马克图姆为首届政府总理。

首届政府由 1971 年 12 月 9 日公布的 19 人组成，任命迪拜的哈姆丹·本·拉希德·阿勒马克图姆为联邦政府副总理。其他部长有：财政经济工业部长（副总理兼），内政部长穆巴拉克·本·穆罕默德·阿勒纳哈扬，国防部长穆罕默德·本·拉希德·阿勒马克图姆中将，外交部长艾哈迈德·哈利法·苏维迪，以及卫生、工程、教育、交通、农业渔产、新闻、财经国务、联邦海湾事务、电力（联邦海湾事务部长兼）、计划、住房（计划部长兼）、最高委员会事务国务、内阁事务国务、司法、青年体育、劳动社会事务、国务等部部长。

第二届政府于 1973 年 12 月 23 日由迪拜王储马克图姆继任总理，由阿布扎比王储哈利法·本·扎耶德·阿勒纳哈扬任副总理，以及其他 25 人组成。增设了经贸、石油矿产、伊斯兰和宗教、内政国务、外交国务、新闻国务等部部长。

第三届政府于 1977 年 1 月 3 日由迪拜王储马克图姆继任总理和其他 22 名部长组成，由阿布扎比的哈姆丹·本·穆罕默德·阿勒纳哈扬任副总理。

第四届政府奉最高委员会命令，于 1979 年 4 月 20 日改由副总统、迪拜酋长拉希德·本·赛义德·阿勒马克图姆兼任总理和其他 23 人组成。设两名副总理：迪拜的马克图姆（曾任第 1～3 届联邦政府总理）和哈姆丹·本·穆罕默德·阿勒纳哈扬（前届副总理）。第四届政府于 1983 年 7 月 8 日做了较大调整，免去两名部长（即教育部，司法、伊斯兰事务和宗教部），新任命 7 名部长（即经贸、教育、劳动社会事务、司法、伊斯兰事务和宗教基金、财政和工业国务、计划）。1989 年又把司法部和伊斯兰事务和宗教基金部合并为一个部；补上教育部长辞职的空缺，调整了个别部长。本届副总统兼总理、迪拜酋长拉希德于 1990 年 10 月逝世，其职务空缺由迪拜王储马克图姆继任（有的把本届政府视作两届）。

奉扎耶德总统 1990 年 11 月 20 日命令，第五届政府由联邦副总统、迪拜酋长马克图姆兼任总理和其他 21 人组成。阿布扎比的苏尔坦·本·扎耶德·阿勒纳哈扬为副总理。增设高等教育部。本届政府至 1997 年 3 月 16 日辞职。

1997 年 3 月 25 日，扎耶德总统发布联邦命令，第六届政府由联邦副总统马克图姆·本·拉希德·阿勒马克图姆（Maktoum bin Rashid Al Maktoum）兼任总理和其他 22 人组成，改高等教育部为高等教育和科学研究部。

2006 年 1 月，副总统兼总理、迪拜酋长马克图姆逝世后，其弟穆罕默德王储升任酋长，被任命为联邦副总统兼总理和国防部长，组成 24 人联邦内阁，2009 年 5 月 12 日，阿联酋宣布内阁作出部分调整，第七届政府调整后现任名单如下：

副总统兼总理和国防部长穆罕默德·本·拉希德·阿勒马克图姆上将（Mohammed bin Rashid Al Maktoum）

副总理赛义夫·本·扎耶德·阿勒纳哈扬中将（Saif bin Zayed Al Nahyan）；原副总理苏尔坦·本·扎耶德·阿勒纳哈扬（Sultan bin Zayed Al Nahyan）任至 2009 年 5 月 12 日改由内政部长赛义夫中将担任副总理兼内政部长

副总理曼苏尔·本·扎耶德·阿勒纳哈扬（Mansour bin Zayed Al Nahyan）；原副总理哈姆丹·扎耶德·阿勒纳哈扬（Hamdan bin Zayed Al Nahyan）任至 2009 年 5 月 12 日改由总统事务部长曼苏尔担任副总理兼总统事务部长

财政工业部长哈姆丹·本·拉希德·阿勒马克图姆（Hamdan bin Rashid Al Maktoum）

内政部长赛义夫·本·扎耶德·阿勒纳哈扬中将（Saif bin Zayed Al Nahyan）（兼）

总统事务部长曼苏尔·本·扎耶德·阿勒纳哈扬（Mansour bin Zayed Al Nahyan）（兼）

外交部长阿卜杜拉·本·扎耶德·阿勒纳哈扬（Abdullah bin Zayed Al Nahyan）

高教部长纳哈扬·本·穆巴拉克·阿勒纳哈扬（Nahyan bin Mubarak Al Nahyan）

公共工程部长哈姆丹·本·穆巴拉克·阿勒纳哈扬（Hamdan bin Mbarak Al Nahyan）

经济与计划部长鲁卜娜·阿勒卡西米（女）（Lubna Al Qasimi）

内阁事务部长穆罕默德·阿卜杜拉·阿勒高尔卡维（Mohammed Abdullah Al Gargawi）

能源部长穆罕默德·本·扎安·阿勒哈米利（Mohammed bin Dhaen Al Hamili）

经济部长苏尔坦·本·赛义德·阿勒曼苏里（Sutan bin Saeed Al Mansouri）

社会事务部长玛丽娅姆·阿勒鲁米（女）（Maryam Al Roumi）

教育部长胡迈德·穆罕默德·奥贝德·阿勒卡塔米（Humaid Mohammed Obaid Al Qattami）；原部长哈尼夫·哈桑·阿里博士（Hanif Hassan Ali）任至2009年5月12日改任卫生部长

卫生部长哈尼夫·哈桑·阿里博士（Dr Hanif Hassan Ali）；原部长胡迈德·穆罕默德·奥贝德·阿勒卡塔米（Humaid Mohammed Obaid Al Qattami）任至2009年5月12日改任教育部长

文化青年部长阿卜杜·拉哈曼·穆罕默德·阿勒奥瓦斯（Abdl Rahman Mohammed Al Owais）

司法部长哈迪夫·本·朱安·阿勒达希里博士（Dr Hadef bin Juaan Al Dhahiri）

环境和水源部长拉希德·艾哈迈德·本·法赫德（Rashid Ahmed bin Fahad）

劳工部长萨格尔·古巴希·赛义德·古巴希（Sagr Ghobash Saeed Ghobash）

外事国务部长穆罕默德·安瓦尔·加尔加什博士（Dr Mohammed Anwar Gargash）

财政事务国务部长奥贝德·胡迈德·阿勒泰耶（Obaid Humaid Al Tayer）

国务部长迈扎·萨利姆·阿勒夏姆希博士（Dr Maitha Salem Al Shamsi）

国务部长雷姆·易卜拉希姆·阿勒哈希米（Reem Ibrahim Al Hashimi）。

2. 地方政府

阿联酋的 7 个酋长国均各设有行政机构，酋长也称统治者，对他的酋长国地方政府拥有绝对权力。根据宪法规定，联邦政府不得干预各酋长国的内部事务。除外交和国防外，各酋长国在其他方面有自主权。各酋长国保留家族统治的方式。设有酋长（或称统治者）、王储、副酋长（副统治者）。由家族委员会或长老会会议推选继承人，实际上为世袭。

各酋长国现任王储、副统治者是：

阿布扎比王储、联邦武装力量副总司令穆罕默德·本·扎耶德·阿勒纳哈扬（Mohammed bin Zayed Al Nahayan）；

迪拜王储哈姆丹·本·穆罕默德·本·拉希德·阿勒马克图姆（Hamdan bin Mohammed bin Rashid Al Maktoum）；

沙迦王储兼副统治者苏尔坦·本·穆罕默德·本·苏尔坦·阿勒卡西米（Sultan bin Mohammed bin Sultan Al Qassimi）；

哈伊马角王储兼副统治者沙特·本·萨卡尔·阿勒卡西米（Saud bin Saqar Al Qassimi）；

富查伊拉王储穆罕默德·本·哈马德·阿勒沙基（Mohammed bin Hamad Al Sharqi）。

阿治曼王储阿马尔·本·胡迈德·阿勒努艾米（Ammar bin Humaid Al Nuaimi）；

乌姆盖万王储沙特·本·拉希德·阿勒穆阿拉（Suad bin Rashid Al Mu`alla）。

三 联邦国民议会

联邦国民议会是阿联酋全国协商性咨询机构，亦称全国协商议会。1972 年 2 月 13 日建立，有议员 40 名，任期两年，可连选连任，但不得兼任联邦公职。国民议会按照伊斯兰教法和阿拉伯传统，深化民主协商进程，加强社会的沟通和联络，同政府进行建设性合作，参与国家的发展和建设。议员可以自由表达各自的意见，不受任何外力的左右。

议员由各酋长国酋长按联邦所分配的名额分别提名。7 个酋长国按大小比例分配如下：阿布扎比 8 名，迪拜 8 名，沙迦 6 名，哈伊马角 6 名，乌姆盖万 4 名，阿治曼 4 名，富查伊拉 4 名，共 40 名。议员由公开选举产生，分别由各酋长国酋长批准，总统任命。议会的职权是：审议联邦政府提出的法律草案，并有权提出修改意见或予以否决；有权对联邦政府缔结的条约和协定提出咨询。内阁部长有义务出席国民议会有关的会议，听取议员的意见和解答议员的质询。议长、副议长由议会选举产生。议会下设 8 个法案研究委员会，即：内政和国防事务委员会，财政、经济和工业委员会，法律、法规事务委员会，教育、青年、新闻和文化委员会，卫生、劳动和社会事务委员会，外交事务、计划、石油、矿产、农业和渔业委员会，伊斯兰事务和宗教基金委员会，监督资格审查和申诉委员会。

联邦国民议会在 1996 年 6 月 18 日的历史性会议上，一致通过了对临时宪法的修订案，从而使其成为永久宪法；确定阿布扎比市为联邦国家首都。1997 年 12 月 14 日，召开了第 11 届议会，选出穆罕默德·本·哈利法·阿勒哈卜图尔（Mohammed Bin Khalifa Al Habtour）为新一届议长，到 1998 年 6 月，联邦国民议会 26 年来共通过了 380 部法律，讨论了 193 项提案，向政府部长提出了 110 项质询。2000 年 1 月 31 日，议会第 12 届会议召开，选举穆罕默德·本·哈利法·哈卜图尔（Mohammed bin Khalifa Al-Habtour）连任新一届议长。选出两名副议长和两名督察，设秘书处。议会机关有：由议长、两名副议长和每届议会选出的两名督察组成的常设局；由议长任主席的议会执行委员会，成员有副议长、秘书长和每届议会选出的三名委员组成。2003年2月，议会第13届会议召开，选举赛义德·穆罕默德·肯迪（Saeed Mohammed Al kindi）任新一届议长。

2006年8月，阿联酋颁布新的议会选举法，规定联邦国民议会成员为40名，其中20名由各酋长国酋长直接任命，20名由各酋长国选举产生。11月，阿举行国民议会选举，被视为阿在民主改革道路上迈出的重要一步。2007年2月，阿补杜·阿齐兹·格利里当选阿国民议会新一届议长。

第三节 立法与司法

一 立法

阿 联酋忠于其宪法规定的社会普遍公正和坚持法律尊严的原则。奉行宪法规定的公正是审判的基础。在审理各种纠纷和案件中，伊斯兰教法是立法和法官判决的主要依据。法官独立行使职责，唯有法律和良心，不受其他任何控制。

联邦政府的司法、伊斯兰教事务和宗教基金部，起草了许多主要的法律，例如：环保法、住房法、水产资源的利用、保护和发展法、兽医行医法、特殊教育组织法、高等院校重组法、新的民法，原子能和光的利用法、文职官员退休奖励法、民生和社会保障机构法，等等。根据全国的案件发生和执行办案状况，1998年成立了修订刑法法典和惩罚治罪法的专门委员会。

制定的联邦单项专门法令、法规，主要有：

1975年的联邦医生行医法、出生死亡管理法，1981年的收容医治精神病人法、传染病防治法，1983年的药剂药业管理法，1992年的人体器官移植管理法，1993年的环保机构法，1994年的卫生服务税法，1995年的联邦交通法、医用药品、制剂管理法、禁止麻醉品和精神兴奋剂法，1996 年的私营医疗诊所法、联邦政府种子管理法、育苗、除虫剂、肥料等的生产和进口法、水产资源保护法、劳动法、商业公司法和贸易代理法等。

1996 年 7 月 14 日，扎耶德总统发布联邦移民法，严格管理外国人的入境、居留和求职打工，并于 1998 年实现有关资料的联网核查管理系统。

已制定的法律草案有：放射线利用和防辐射管理法、公共卫生法、卫生职业法、禁烟法、鼓励母乳喂养法、草药和传统医学组织法，环境保护法等。

二 司法

阿联酋的司法机构由两个基本组织构成，即设在阿布扎比、沙迦、阿治曼、乌姆盖万和富查伊拉 5 个酋长国的联邦司法机构和设在迪拜和哈伊马角两个酋长国的地方司法机构。司法机构有 6 个基本组成部分，即：法庭，检察总署，司法监察局，判决、律法、律师和技术局，法官团，财政行政事务局。要求法官"独立审判，只服从法律和自己的良心"。

联邦高等法院是最高司法机构，也就是联邦最高法院。由首席法官和不超过 5 名成员的法官团组成，他们全都由总统任命。最高法院负责审理涉及宪法的案件，研讨关于联邦宪法的诉讼和普遍性的法律和法规，解释宪法等任务。根据宪法，联邦最高法院的主要权限有：①审理联邦各酋长国之间以及各酋长国与联邦政府之间的争端；②审理联邦各酋长国的法律是否与宪法和联邦法律相抵触的问题；③解释宪法条文；④对违法、渎职或受到最高委员会控告的政府高级官员进行审判。最高法院的判决为终审判决，必须执行，不得申诉。各酋长国统治者只能在本酋长国进行民事审判，重大案件需交联邦法院审理。联邦最高法院下设联邦复审（中级）法院和联邦初级法院。

　　各酋长国首府设有初级法院，审理联邦与个人之间的民
事、贸易和行政的纠纷案件，以及除联邦高院已作处理以外
的发生在联邦首都的犯罪案。上述法院还审理个人之间婚姻、
民事、商业等案件以及这些案件被提到联邦中级法院的复审
案件。

第四节　社会团体

阿　联酋没有合法政党，只有社会团体。

一　红新月会

阿　联酋红新月会（RCA），是阿联酋国家对外从事慈善
　　人道工作的一个渠道，1983 年 1 月成立。现任主席
艾哈迈德（Ahmed Humaid Al Mazrouei）2010 年 1 月 19 日他在安
排阿联酋航空包机装运 88 吨物资赴海地救灾时称，海地受震灾
情况很糟，阿必尽力为海地灾民提供最大的帮助。红新月会内设
有一个妇女委员会。名誉主席是故总统扎耶德的夫人法蒂玛
（Fatima bint Mubarak）。

　　红新月会对本国的人道主义事业也提供帮助。1997 年向符
合接受帮助条件者提供了 7000 万迪尔汗（约合 1900 多万美元）
的人道援助。在哈伊马角、富查伊拉两个酋长国和阿布扎比酋长
国西部地区的港口城镇新设立了分会。

　　红新月会在国际人道慈善领域，占有显著地位，自成立以来
已向亚非等 95 国的医院、科学宫、卫生中心、打井工程、赈灾
和发展等项目拨款 5.45 亿美元，粮食 2000 吨。2000 年以来，
对巴勒斯坦的援助资金达 3600 万美元。2008 年向中国汶川地震
提供了物资援助。2009 年 8 月 21 日斋月开始后，RCA 组织 30

辆卡车队，装载 550 吨米面糖茶等食品，从埃及的拉法通道运往巴勒斯坦的加沙地带，救济居民。哈利法总统本人为斋月设有 120 万人份的封斋补贴。

此外，各地还有一些援助组织，如：慈福会（帮助穷学生和急需救助者）、阿治曼关爱社、沙迦人道服务社、乌姆盖万人道服务城、慈善文化、人道服务社等。

二　妇女联合总会

阿联酋建国后不久，1972 年初阿布扎比妇女新兴协会率先成立，接着，迪拜妇女新兴协会、沙迦妇女联合协会、阿治曼母亲协会、哈伊马角妇女新兴协会和乌姆盖万妇女协会等，纷纷建立。1975 年 8 月 27 日，阿联酋妇女联合总会（GWU）成立，法蒂玛任主席，另设两位副主席。1998 年 4 月，新的妇联大楼在阿布扎比建成。2009 年 8 月 27 日，GWU 迎来成立 34 周年纪念。2010 年 1 月 11 日，法蒂玛在阿布扎比妇女会上提出"阿联酋正致力于开发可再生能源，妇联予以坚决的支持"。

妇联总会在保障妇女的政治、社会、经济、健康、教育、文化、家庭和儿童等方面的权利做出了积极贡献。参加了议会、内阁和政府有关部的一些活动。筹办了一些妇女职业培训和扫盲活动。成立了女作家联谊会、社会发展中心、家庭生产计划、手工艺中心和其他妇女机构。在阿布扎比、迪拜、沙迦、哈伊马角开办了女青年俱乐部。1995 年，阿联酋妇女占总劳动力的 5.4%，到 2008 年，升至 22.4%。在联邦各部门的公职人员中，1998 年，妇女占 20%，其中有 27% 担任领导职务；2008 年，妇女占 66%，其中有 30% 担任领导职务。1993 年，在职妇女中的 56.9% 从事医务、药剂和教员工作，在阿联酋大学的教师中，妇女约占 14.7%。在司法界、武装部队和警察部门，也有妇女参加工作。据 2008 年统计，1/2 的学校是女校，女生占学生总数的 3/5，女性劳动力比重占 27.95%；在公共职务中，有女性部长 4 名，女大法官 1 名，女大使 2 名，女飞机驾驶员 4 名，企业女强人 8 名；在外交界工作的女性占 20%，在议会工作的占 22%，在文体界出了不少明星。

阿联酋妇女联合总会是阿拉伯妇女联合会和国际妇女联合会的活跃成员。妇联派团参加了：1975 年在墨西哥召开的首届世界妇女大会；1980 年在哥本哈根召开的第二届世妇会；1985 年在内罗毕召开的第三届世妇会，大会决定了 2000 年妇女新兴战略，对此，阿联酋正在努力实施；1995 年在北京召开的第四届世妇会，并在会后持续通过国家政策，实施《北京宣言》；和 1996 年 6 月在伊斯坦布尔召开的人类住区代表会。此外，还参加了联合国妇女、家庭和发展基金会举办的所有区域性讨论会，人口与发展国际会议和阿拉伯妇联总会常设局的各项会议。

阿联酋妇联作为东道主举办过一些关于妇女问题的国际会议，如：西亚经济社会委员会专家组于 1994 年 12 月在阿布扎比召开的题为"社会变革中的阿拉伯家庭"会议；海湾和阿拉伯半岛妇女第三次区域代表会；1990 年 3 月在阿布扎比召开的加强妇女组织在扫盲领域的作用座谈会等。为了对法蒂玛主席 25 年来在妇女事业和工作中的持续而崇高的贡献，联合国决定予以表彰。为此，1997 年 12 月 18 日，联合国儿童基金会、联合国人口基金会、世界卫生组织、联合国妇女发展组织、联合国妇女志愿基金会和联合国开发计划署驻阿联酋办事处等 6 个国际组织在阿布扎比举行庆祝会，授予法蒂玛奖状。2008 年，3 月在阿布扎比召开了第三届世界女领导人会议，法蒂玛当选为阿拉伯妇联主席，她资助阿拉伯妇联 100 万美元；11 月在阿布扎比召开第二届阿拉伯第一夫人会议。

三　集邮协会

根据阿交通部 1996 年 6 月 24 日决定，成立阿联酋集邮协会，拥有来自 120 多个国家的会员。协会鼓励和开展集邮活动，加强与阿拉伯国家和其他国家的类似协会或俱乐部的合作关系。阿联酋邮政总局 1997 年底已向 2310 名集邮爱好者提供集邮服务。其中本国的 1114 人，阿拉伯国家的 342 人，其他国家的 854 人。

第四章

经　济

　　阿联酋是举世闻名的石油富国，是现代海湾地区最年轻的国家，其经济以石油经济（包括原油及固化物、天然气等碳氢化合物）为主，带动整个国民经济多样化全面发展。独立以前，特别是发掘出石油以前，诸酋长国的经济比较落后，也较传统，主要依靠畜牧、采珠、捕鱼、转口贸易和有限的农林业。从 1962 年开始出口第一批石油起，其经济也开始发生巨大的变化。1971～1975 年，阿联酋国民生产总值年均增长率高达 25%；20 世纪 70 年代后半期的年均增长率为 13%；1980 年得益于国际石油价格上涨，阿联酋国民生产总值增长率高达 26.1%，国民人均收入 2.6 万美元，居世界首位。20 世纪 80 年代初以后，世界油价疲软，阿联酋的经济发展速度减缓，保持 10% 左右的增长率。1997 年阿联酋 GDP（国内生产总值）为 480 亿美元，人均仅为 1.66 万美元。1998 年受到亚洲金融危机冲击的影响，阿联酋的 GDP 降为 464.7 亿美元，出现负增长（-5.6%），财政赤字 6.8 亿美元。1999 年由于油价上涨，GDP 上升至 508.7 亿美元，年增长率 9.5%，财政赤字开始略降为 6.6 亿美元。2000 年，由于受亚洲金融危机冲击影响的国家纷纷走上经济复苏之路，得益于此，阿联酋 GDP 升为约 661 亿美元，平均日生产原油 224 万桶（年产油 1.13 亿吨），石油年收入约 223 亿美元（占 GDP 的 33.7%），GDP 较 1999 年增长 29.9%，人均 GDP 为 2.2 万美元，进出口贸易额约 901 亿美元，转口贸易额约 133 亿美元，联邦财政收入 194 亿美元，赤字率降为 -1.2%，通货膨胀率 1.4%，财政赤字降为 6 亿美元。银行利率 6.1%，阿联酋货币 3.66 迪尔汗 = 1 美元。

2000～2005 年，阿联酋投资 87 亿美元扩充石油天然气产业，提高石油天然气收入，大力发展石化工业、多元化项目和以信息技术为核心的"新经济"、"知识经济"等项目，取得较好的经济回报。据 2009 年阿联酋经济部、央行的资料进行分析，2003 年阿联酋 GDP 为 875.96 亿美元，其中石油收入约 248.6 亿美元（占 GDP 的 28.4%）。2004 年 GDP 为 1049.5 亿美元（较上年增长 19.81%），石油收入约 330.3 亿美元（较上年增长 32.86%，占 GDP 的 31.47%），通货膨胀率升为 3%，财政赤字 5.9 亿美元，人均 GDP 为 2.31 万美元。2005 年 GDP 为 1326.5 亿美元（较上年增长 26.39%），石油收入约 473.2 亿美元（较上年增长 43.26%，占 GDP 的 35.67%），通胀率 6%，财政赤字为 0，人均 GDP 为 3.2 万美元（较上年增长 38.52%）。2006 年日产油 270 万桶，GDP 持续上升到 1637.2 亿美元（较上年增长 23.42%），石油收入约 610.4 亿美元（较上年增长 28.99%，占 GDP 的 37.28%），通胀率 6%，人均 GDP 为 3.6 万美元。2007 年日产油 270 万桶，油价波动走高，GDP 增为 1993.8 亿美元（较上年增长 21.78%），石油收入约 771.6 亿美元（较上年增长 26.41%，占 GDP 的 38.7%），人均 GDP 为 3.8 万美元，财政赤字为 0。2008 年 GDP 增为 2546 亿美元（较上年增长 27.70%），石油收入约 799.4 亿美元（较上年增长 19.23%，约占 GDP 的 31.4%），因 2008 年国际金融危机开始影响阿联酋，阿人员迁出和控制签证，人口大幅减少，GDP 较上年增加 552.2 亿美元，故人均 GDP 增为 5 万美元（较上年增长 31.58%），财政结余 31.8 亿美元，通胀率 12.7%。2009 年 GDP 为 2559 亿美元（较上年增长 0.5%）。海合会（GCC）估计 2009 年受国际金融危机冲击，油价下降近半，GCC 六国日产油也减少 150 万桶，阿联酋石油 2009 年岁入约 783.4 亿美元，通胀率下降至 6.7%。随着一些国家纷纷走出 2008 国际金融危机阴霾，2009 年世界经济开始复苏，油气需求增加，阿联酋将提高原油日产量，预计 2010 年为 330 万桶/日，2014 年为 500 万桶/日。

第一节　概述

一　加强对石油工业的管理和控制

独立以前，1963 年从乌姆谢里夫海上油井出口了第一批原油。当时，诸酋长国受英国"保护"，石油工业控制在外国垄断公司手中，分得的实际石油收入微薄。阿联酋成立以后，根据本国的经济基础差、科技水平落后、管理人才紧缺、成套设备和主要零配件依赖进口的实际情况，没有对外国石油公司立即实行完全的国有化，而是先通过"参与制"的形式，将外国石油公司改变为合营性质，本国掌握至少 60% 的企业股份。1988 年成立国家最高石油委员会，以便政府加强对石油勘探、开采、加工和销售的全面监督，并逐步取得对石油业的自主控制权，对有些已经探明的油区，采取封存缓开发的办法，留给子孙后代享有。外国石油公司渐渐降为应招服务企业的地位。对有些小油田则允许由某些外国公司控股经营，但它们必须遵守阿联酋的有关政策。

阿联酋重视各种产业发展要符合环保标准要求。2008 年 11

月，美国总统布什访阿，提出合作建设阿布扎比市为"零排碳"城市，阿方颇为重视美方的环保产品和技术。阿与英国达成关于未来的清洁能源的研究与开发的协议，关于供油国与购油国的合作关系，以及发展新能源的资源和技术等问题的合作。2009 年 12 月，阿布扎比与韩国签订了 200 亿美元建 4 座核电站的合同，2020 年建成。

二 经济门类单一性结构

进入 20 世纪 70 年代，阿联酋经济门类的过于单一性质突出，石油生产占国内生产总值的 80% 以上，政府财政收入的 85% 以上依靠油气收入。1970 ~ 1980 年中期，国际石油价格上涨，阿联酋石油美元骤增。1972 年其石油收入仅 6.6 亿美元，1980 年则猛增至 195 亿美元，国民经济年增长率高达 23%，人均收入高达 26300 多美元，当时曾居世界之首。1982 年后，国际石油价格开始下跌，阿联酋石油收入连年大幅度下降，1982 年约为 160 亿美元，1983 年降至 128 亿美元，1984 年为 130 亿美元。国内生产总值逐年减少，1981 年为 325 亿美元，1982 年为 310 亿美元，1983 年降为 275 亿美元，1984 年降至 273 亿美元。1982 ~ 1984 年间，经济年增长率降为 6%。财政预算连年出现赤字。人均年收入，1981 年仍高达 25640 美元，1982 年降为 22000 美元，1983 年降为 19287 美元，1984 年降到 18000 美元。1986 年国际油价暴跌后，阿联酋认为必须改变国民经济过于依赖出口石油的单一性经济结构，从而使经济多样化在 20 世纪 90 年代有较大发展。阿经济发展的多样化带来 GDP 的较大提升，从 273 亿美元（1984 年）上升到 1049 亿美元（2004 年），20 年增了 2.8 倍，石油在 GDP 中产值的比例从占 80% 降为 31.5%，非石油生产产值占到 68.5%。石油产值从 130 亿美元（1984 年）增加为 330.3 亿美元（2004 年），20 年增了 1.5 倍。

三 注重经济多样化发展

阿联酋的经济在继续以石油生产和石油化工工业为主的同时，注重发展经济多样化，并已取得成效。阿布扎比、迪拜两个富产石油酋长国在阿联酋的国内生产总值中的比重突出，1997 年两国分别占到 59.1% 和 25.8%，其余五国共占 15.1%，其中沙迦占 9%、哈伊马角占 2.6%、阿治曼占 1.6%、富查伊拉占 1.3%、乌姆盖万占 0.6%。1997 年，泰国金融危机波及许多亚洲国家，虽然阿联酋石油减产 5%，国际石油价格低于上一年，但阿联酋国内生产总值却上升为 1763 亿迪尔汗（约合 480 亿美元，比 1996 年的 429 亿美元增长 1.2%），其中石油生产约 146 亿美元，占 31%，非石油生产约 336 亿美元，占 69%，较 1996 年的 67% 的比重增加了两个百分点。从而表明，持续发展非石油生产和服务性行业的多样化的财经政策，取得效果，改善了投资环境和货币的稳定增加，做到了经济的多样化综合平衡发展。1999 年国内生产总值 1860 亿迪尔汗（约合 509 亿美元），增长 9.5%，其中非石油生产产值达 1275 亿迪尔汗（约合 349 亿美元），占国内生产总值 68.5%。从 2004 年起，阿联酋非石油工业（主要为纺织、食品、工业制品及机械、化工等）的项目数、投资额和工人数发展迅速。2004 年为 3036 项，172 亿美元，23 万人；2005 年为 3294 项，186 亿美元，25 万人；2006 年为 3567 项，192 亿美元，26 万人；2007 年为 3852 项，198 亿美元，29 万人；2008 年为 4219 项，210 亿美元，32 万人。此后，阿联酋经济结构中石油与非石油的比例倒转，石油占 1/3，非石油的其他产业占 2/3。例如在 GDP 中，石油与非石油的比例是：2004 年 31.5/68.5；2005 年 35.7/64.3；2006 年 37.28/62.72；2007 年 38.7/61.3；2008 年 36.1/63.9；估计 2009 年 21.54/78.46。

四　经济有明显的"双重结构"

阿联酋经济具有明显的"双重结构"。在整个经济领域，阿联酋既发展现代市场经济，也保持传统生产方式的经济。前者在石油天然气业、工业、金融业、交通运输业、建筑业、大商业、外贸和服务行业中已占统治地位，大量采用现代科学技术和工艺。后者在农业、牧业、渔业、传统食品、手工艺品等领域仍然占主流，因承袭传统习惯，大多为个体或小规模经营，生产技术还相当落后。2000年以来，出现利用新的科技工艺，进行改良革新的趋势。在地域上，沿海和内地、城市与乡村、富油酋长国与贫油酋长国之间在经济规模、收入和生活水平等方面，有不小的差异，非常不平衡。从阿联酋2003~2007年的GDP数字看，按三大类产业划分占GDP的百分比是：第一大类农业，只占2.3%，很弱；第二大类工业，占56.6%；第三大类服务业，占41.1%，仍不发达。

五　经济对石油和外贸依赖性大

阿联酋的经济对石油和外贸的依赖性非常大。阿工业产值约60%是石油业创造的，主要是石油、天然气和石化工业等。油、气产值连年增加，2003年石油产值248.6亿美元；2004年330.3亿美元，较上年增长32.9%；2005年473.2亿美元，较上年增长43.3%；2006年610.4亿美元，较上年增长29%；2007年771.6亿美元，较上年增长26.4%；此后受金融风暴危机冲击，2008年较上年只增加3.6%，为799.4亿美元；2009年较上年负增长0.2%，减为783.4亿美元。其他非石油工业的基础，比较单薄，产值只占阿工业产值约40%。阿联酋的农业因自然条件差，科技水平偏低，劳动力不足，产值只占GDP的2%，例如：2003年为2.8%，2004年为2.6%，2005

年为 2.3% , 2006 年为 2% , 2007 年为 1.8% 。阿贸易（主要是外贸和转口贸易）产值占第三大类服务业的约 30% , 2003 年为 25.3% , 2004 年为 30.5% , 2005 年为 31.6% , 2006 年为 31.2% 。阿联酋除石油外的其他经济活动领域，自给自足能力较差，自立不够，必须从国外引进商品、技术、设备、劳力和资金。但阿联酋的优越地理位置、比较开放宽松的商贸环境和自古以来重视海运贸易的传统，使其成为中东和东非的主要商贸中心和国际型转口市场。阿联酋不能脱离世界石油市场、国际商品贸易和技术、劳力和资金的引进，否则，其经济将无法较好地运行发展。国际金融的波动和石油价格涨落，对阿联酋的经济有较直接的影响。1994 ~ 1995 年的金融危机、1997 ~ 1998 年的亚洲金融危机、2008 ~ 2009 年的国际金融危机都导致石油价格降、涨波动，直接影响石油美元岁入和阿经济的发展。阿联酋进出口贸易额 1999 年约 727 亿美元（出口 399 亿美元，进口 328 亿美元），顺差 71 亿美元。2000 年，东南亚和东亚受到金融危机冲击的国家纷纷迈步复苏经济，亚洲和世界经济恢复发展，国际石油价格走高，阿石油收入增加，2000 年进出口贸易升为 901 亿美元（出口 546 亿美元，进口 355 亿美元），顺差 191 亿美元。据阿官方称，2007 年，阿外贸总额 2751 亿美元，占阿拉伯世界外贸总额的 22% 。2008 年，阿外贸总额 3587 亿美元，较上年增长 30% 。

第二节 石油

一 石油和天然气工业

石油工业构成了阿联酋经济的主体。阿联酋的油、气储藏量丰富，产量大，在发展本国经济、保障世界能源市场相对稳定、履行石油输出国组织的决定等方面，都具有举足轻重的作用。阿联酋碳氢化合物出口总额（据阿布扎比国家石油公司 2009 年初资料）：2004 年为 379.87 亿美元，2005 年 549.98 亿美元，2006 年为 702.1 亿美元，2007 年为 742.11 亿美元，2008 年上半年为 1076.65 亿美元。油气平均产值约占 GDP 的 39%。

1. 石油和天然气储藏量

阿联酋石油和矿产部 1998 年 5 月的报告称，阿联酋已探明石油储藏量为 981 亿桶（约合 134 亿吨），占世界储量的 9.5%，居世界的第五位。阿联酋已探明石油储藏量的 94% 集中在阿布扎比酋长国。天然气储藏量为 6.06 万亿立方米，约占世界总储藏量的 4%，名列世界第五位，占欧佩克（OPEC，Organization of Petroleum Exporting Countries，石油输出国组织）天然气总储量的 10%。阿联酋天然气储藏量的 92% 在阿布扎比酋长国。阿联酋石油部长称，阿原油尚可持续开采 100 多年，世界上采出的最后一桶原油可能就在阿联酋。

2. 石油产量和石油收入增长迅速

1971～1980 年，阿联酋的石油收入增长了 25 倍。1973～1976 年是其石油工业的繁荣时期，年增长速度 72%。1976～1980 年石油工业持续高速发展，尤其是 1979～1980 年，石油收入成倍增长，1984～2004 年石油产值增加 1.5 倍。20 世纪 80 年代中期国际油价回落，阿联酋根据欧佩克的协议日配额为 110 万桶，而其生产能力已达每天 300 万桶。海湾危机（1990 年）以后，伊拉克和科威特的石油生产出口受到破坏和限制，为了弥补这两个欧佩克成员国的缺额，阿联酋把石油日产量提高到 240 万桶。阿联酋的石油生产和出口数量的多少，直接影响到其整个国民经济和财政状况。1971 年阿联酋成立时，石油日产量约 106 万桶，石油收入仅约 6 亿美元。1977 年，日产量为 200 万桶，几乎翻了一番，石油收入 96 亿美元，是 1971 年的 15 倍。1980
年日产量为 250 万桶，年人均收入从 1976 年的 16562 美元增至
26300 美元，增加了近六成。20 世纪 80 年代下半期，阿联酋的
石油生产配额平均在每天 100 万桶左右，年人均收入降到 2 万美
元以下。海湾战争爆发后，1991 年阿联酋的石油日产量增加到
近 300 万桶，收入 147 亿美元，较 1977 年增长 53%，但年人均
收入没有恢复到历史最高水平，因为全国人口数较 1980 年时增
加了约 73%。阿联酋国内石油消费量，1991 年为每天 11.5 万
桶，约占其产量的 5%。1998 年，阿联酋石油产量为 1.139 亿
吨，可供大量出口。阿联酋原油向约 70 个国家和地区出口，其
中主要出口到日本，约占阿联酋石油出口量的 43%；美国约占
7%；荷兰约占 6%；法国约占 1%；意大利、瑞士、英国约占
3%。1999 年 3 月 23 日，欧佩克石油部长会议达成"削减产量、
提高油价"的协议。根据欧佩克限产保价政策，1999 年阿联酋
实际石油日产量仅 207 万桶。随后国际石油市场上的原油价格节
节上扬，从 1999 年 2 月以前的每桶 11 美元上涨到 26 美元，创
下自海湾战争以来的新高纪录。因此，虽然 1999 年阿联酋生产
原油约 1.1 亿吨（在当年世界排名第九位），较 1998 年减产 400
万吨，但是石油收入反而较上一年增加 10 多亿美元。2000 年，
走出亚洲金融危机的国家迈步复苏经济，欧佩克给阿联酋的石油
配额为日产 222 万桶，而阿联酋准备的生产能力在 280 万桶以
上。2000 年 9 月，世界油价更飙升至 35~40 美元一桶，阿联酋
一度打算日产原油 360 万桶，同年末，世界油价大幅回落，阿联
酋实际平均日产原油 224 万桶。2001 年，国际石油价格趋向下
滑，阿联酋日产原油 233 万桶，只占阿日产能力的约 70%，预
计 2013 年阿联酋日产油将达到 339 万桶。

　　石油是阿联酋经济的重要支柱，是其财政收入的大项来源。
2000~2005 年，阿投入 87 亿美元，用来提高石油产值，以提高

石油业项目的收入，2003 年石油产值 248.6 亿美元，占阿国内生产总值的 28.4%；2004 年占 GDP 的 31.5%；2005 年占 GDP 的 35.7%；2006 年占 GDP 的 37.3%；2007 年占 GDP 的 38.7%；2008 年占 GDP 的 31.4%。

3. 炼油

阿联酋的石油提炼工业始于 1976 年，只有阿布扎比建有炼油厂，利用新技术，尽量减少炼油技术传统上燃烧瓦斯的"天灯"做法，并用新技术处理污水废气，禁止污染浅层地下水。1992 年，阿联酋的原油提炼加工能力为 1092 万吨，约占其原油产量的 9.1%，可满足国内市场需求量的 86%。2000 年，阿联酋总炼油能力可达每天 62 万桶。2004 年日炼油 56 万桶，约占其原油产量的 24%；2005 年日炼油 56 万桶，约占其原油产量的 21%；2006 年日炼油 59 万桶，约占其原油产量的 23%；2007 年日炼油 57 万桶，约占其原油产量的 22.5%；2008 年日炼油约 57 万桶，约占其原油产量的 21.7%。看来阿的炼油能力严重不足，仍然是阿石油生产业大发展的瓶颈式困难。阿已采取国外冶炼、在境外建炼油厂、与外方合作炼油等办法逐步缓解其炼油能力薄弱这个石油业瓶颈难题。

4. 天然气产量

阿联酋的天然气产量 1980 年约 149 亿立方米，出口收入 21.6 亿迪尔汗（约合 5.9 亿美元）；1993 年上升为约 243 亿立方米，占该年世界排名的第十二位。1995 年产量为 216.18 亿立方米，该项出口收入增至 62 亿迪尔汗（约合 17 亿美元），较 1980 年增长 187%。1997 年，年产量 275 亿立方米，较 1995 年增长 27%。1999 年产量又降为 212.17 亿立方米，2006 年回升至 650 亿立方米。

阿联酋的经济发展，对天然气工业的依赖程度日益增加。1999 年，阿布扎比国家石油公司与阿联酋管道集团（UOG，

UAE Offsets Group）达成协议，实施多乐芬（Dolphin）海豚计划的天然气管道项目工程（自卡塔尔北方气田—阿布扎比—迪拜—阿曼的苏哈尔—巴基斯坦），引进盛产天然气的卡塔尔北方气田的天然气，投资总额80亿～100亿美元，成立海豚能源公司（Dolphin Energy），阿布扎比持股51%，法国道达尔公司和美国西方石油公司各占24.5%的股份。日供阿联酋9.29亿立方英尺天然气。根据2005年海豚能源公司与阿曼石油公司签署的天然气销售协议，阿曼从中每天得到2亿立方英尺天然气。UOG与卡塔尔石油总公司达成日供给30亿标准立方英尺（约合0.85亿立方米）卡塔尔北方气田天然气的协议。UOG并与阿曼石油部达成日供气3亿～6亿立方英尺的备忘录，与巴基斯坦石油和矿产部达成通过管道日供气10亿～15亿立方英尺的合约，又与迪拜供应局达成日供气2亿～7亿立方英尺备忘录。据ADNOC（阿德诺克，阿布扎比国家石油公司）资料，阿联酋的天然气出口值：2004年46.64亿美元，2005年57.77亿美元，2006年71.49亿美元，2007年81.45亿美元，2008上半年63.01亿美元。

2008年6月，阿德诺克的CEO与海豚计划的CEO在阿布扎比签署了25年租借合同，可使用阿德诺克的天然气管道网，把天然气从卡塔尔经阿联酋送到阿曼，各方从中得益。

5. 阿联酋石油政策战略目标的基本点

（1）勘探新油田，切实利用好石油资源。阿联酋不断致力于寻找和开发新的油田，有计划地安排使用，为子孙后代封存充足的石油蕴藏量；建立石油工业大型基地，确保充分、有效地利用资源；大量出口石油，推动国民经济高速发展，扩展国民经济门类和规模，拉动国民经济多样化，改变单一的国民经济结构，实现为国家进步和民众幸福服务的目标。

（2）使国民经济收入多元化，减少阿联酋国民经济中依赖

阿拉伯联合酋长国

石油收入的单一性程度。石油收入所占阿联酋国民经济的比重，已从 20 世纪 70 年代的 85% 以上降至 1997 年的 31%。1999 年，世界油价涨落变化较多，阿联酋视情况适当增产石油，并使经济结构多样化，阿联酋油气业收入在 GDP 中所占比重已降为 25.9%，但仍居首位，其他行业在 GDP 中所占比重依次为：制造业 12.6%，商业 11.4%，公务收入 11%，服务业 9.5%，房地产业 9.1%，建筑业 8.6%，金融保险业 6.4%，农业 3.4%，水电气类 2.1%。

经过努力，进入 21 世纪以来，阿联酋的石油产业年收入约占 GDP 的 35%：2003 年为 28.4%，2004 年为 31.5%，2005 年为 35.7%，2006 年为 37.28%，2007 年为 38.7%。2008 年为 31.4%。

（3）减产保价，保护资源。阿联酋非常重视为后代保留资源，积极响应欧佩克的减产保价决议，避免增产不增收的情况。1998 年正值亚洲金融和经济危机，4 月 1 日，阿联酋的原油产量从欧佩克原来每天配给额 216.1 万桶中减少 22.5 万桶。2000 年是危机后的复苏年，欧佩克组织给阿联酋的配额定为每天 229 万桶。阿联酋是欧佩克有多余生产能力的国家，每天还能多生产 50 万桶。2000 年 9 月，世界石油价格飙升至每桶 37.2 美元，9 月 24 日，沙特阿拉伯、阿联酋等十大产油国的代表与国际货币基金组织、国际货币和金融委员会举行了会议，同意在制定合理的油价和稳定市场的同时增加原油产量。2000 年 9 月 27 ~ 28 日，欧佩克第二次首脑会议在委内瑞拉的加拉加斯召开，决定 10 月份开始增加日供应量 80 万桶。阿联酋希望通过微量降低或提高石油产量，保持合理油价，以保护其在美国、欧洲和亚洲的 150 多亿美元的投资。此后，OPEC（欧佩克）同意阿石油平均日产量为 2004 年 266 万桶，2005 年 268 万桶，2006 年 286 万桶，2007 年 276 万桶，2008 年 279 万桶，2009 年 335 万桶（估）。

6. 国有国际石油投资公司在境外的投资与合作

20 世纪 80 年代末，阿联酋已在西班牙炼油厂拥有 20% 股权。1997 年 9 月，阿联酋购买了欧洲最大的聚烯烃制造企业波雷利斯（Borealis）25% 的股权；同时以 8.9 亿美元购买了巴基斯坦木尔坦炼油厂 40% 的股权，2000 年该厂扩建，年炼油能力 450 万吨。1997 年，意大利的斯南波罗盖蒂（Snamprogetti）公司承建了阿联酋 9 亿美元的炼油厂和天然气开发项目。

二　最高石油委员会

1971 年 11 月 27 日，阿布扎比国家石油公司成立。此后，迪拜石油公司和其他酋长国的石油公司也纷纷成立。1988 年 6 月 5 日，扎耶德总统决定成立最高石油委员会（THE SUPREME PETROLEUM COUNCIL），由阿布扎比酋长国王储兼阿联酋武装部队副总司令哈利法·本·扎耶德·阿勒纳哈扬任主席，并由联邦副总理、总统代表、石油部长、公共工程和住房部长、联邦最高委员会事务国务部长等 11 名委员（其中 1 名兼任秘书长）组成，其中扎耶德总统所在的阿勒纳哈扬家族占 5 席。最高石油委员会指导各酋长国的石油机构，开展推动油气开发、提高炼油能力、发展石油化工业、组建石化联合体等工作。1997 年，该委员会决定，在阿布扎比的鲁维斯（Ruwais）工业城投资 40 亿美元，兴建两套大型石化联合体项目。2008 年，鲁维斯炼油厂产聚乙烯 60 万吨、金刚石粉 80 万吨、乙烷 150 万吨。2010 年将启动两组新设备，可提高金刚石粉产量至 200 万吨。

三　各酋长国的油气工业简况

1. 阿布扎比酋长国的油气工业

阿布扎比酋长国是阿联酋油气储藏量最丰富的地方，其已探明石油储量约占全国总储藏量的 94%；天然气储藏量约占全国总储藏量的 92%。

　　石油　阿布扎比国家石油公司称，2004 年日均产原油 217 万桶，占阿联酋日产量的 93.1%；2005 年日均产原油 224 万桶，占阿联酋日产量的 94.1%；2006 年日均产原油 246 万桶，占阿联酋日产量的 95.7%；2007 年日均产原油 242 万桶，占阿联酋日产量的 95.7%；2008 年，日均产原油 254 万桶，占阿联酋日产量的 96.94%，出口量占阿联酋总量的 96.77%。

　　1929 年成立阿布扎比近海石油作业公司。20 世纪 30 年代，在阿联酋发现了石油，后因二战停止勘探。1946 年后恢复，1958 年 9 月在乌姆谢里夫开发出具有商业价值的油井，1962 年开始出口第一批原油。1996 年有产油井 1200 口，日产原油约 195 万桶。2000 年阿布扎比已探明石油储藏量约 922 亿桶，同年日产原油约 185 万桶。阿布扎比 2004 年原油出口额 264.92 亿美元，占阿联酋同类出口额的 89.5%；2005 年原油出口额 392.53 亿美元，占阿联酋同类出口额的 90.3%；2006 年原油出口额 530.86 亿美元，占阿联酋同类出口额的 91.3%；2007 年原油出口额 579.99 亿美元，占阿联酋同类出口额的 95.5%；2008 年上半年原油出口额约 948.91 亿美元，占阿联酋同类出口额的 96.9%。

　　阿布扎比国家石油公司。简称"阿德诺克"（ADNOC, the Abu Dhabi National Oil Company），成立于 1971 年 11 月 27 日，当时是一家有外国资本的集团公司。1972 年 12 月 20 日，阿布扎比酋长国政府与该公司签订合作协定，参与开发，以便逐步控股，并根据情况，部分实行国有。1973 年 1 月 1 日（即联邦成立一年后），阿布扎比政府在该公司的股份已占到 25%。到 20 世纪 90 年代，政府对该集团公司所属企业总数 21% 的企业，实现了占有 100% 股权，再加上政府占有股份 51% 以上的该集团下属其他企业，阿布扎比政府实际控制该集团企业数为 73.6%，政府占一半股份的该集团企业数约为 11%，在其余约 15% 的企业中政府分别占有股份 15% ~ 48% 不等。政府拥有 100% 股权的国有企业包括：负责陆上和海上钻探的国家油井钻探公司，负责全部原油和石油产品运输的公司，统一购销国内石油的储存和销售的公司，以及氯、苛性纳、碱等化工工业的生产和销售企业等重要门类。

阿布扎比酋长国在实现控制石油业方面，采取了非常有效而成功的办法。1974 年 1 月 1 日，该公司用英、法、荷、美等外国资本组成阿布扎比陆上石油作业公司，并于 1978 年 10 月 8 日取得 60% 的股权。1976 年 4 月 27 日，建成乌姆纳尔（Umm al-Nar）炼油厂，日炼油能力 1.5 万桶。1977 年 1 月 1 日，阿德诺克直接出口了其主要油田 60% 的原油；4 月 22 日出口了其控股的阿布扎比天然气液化公司设在达斯岛的天然气液化厂的首批产品。1977 年 7 月 3 日，阿德诺克在由英、法、日三国控制的阿布扎比海上石油作业公司中取得 60% 的股权。1977 年 11 月 10 日在新成立的扎库姆油田开发公司中控股 88%，其余的 12% 股份由日本公司持有。为了加强本国化管理，1978 年 1 月 1 日，阿布扎比国家石油公司开办了人才培训中心，首批培训了 68 名学员，1983 年培训了 314 名学员，从而加强了其下属的子公司和分公司管理，分别负责石油销售、油井钻探、输油管道建设、炼油厂建设、港口建设、天然气加工以及海上运输等业务。1980 年 10 月 15 日，阿德诺克投资 2 亿迪尔汗（约合 5500 万美元）在鲁维斯建立化肥工业公司，控股 66%；1981 年 1 月 5 日增资至 75 亿迪尔汗（约合 20 亿美元）。1981 年 6 月 26 日，鲁维斯炼油厂建成，日炼油能力 12 万桶。1981 年 9 月 1 日，其天然气公司卡斯科的鲁维斯天然气液化气厂投产，每天生产 475 吨，阿德诺克占 68% 股份。1982 年 3 月 10 日，鲁维斯工业联合体项目成立。1986 年 1 月，在达斯岛建成 7 个天然气和液化气储罐，容量达 44 万吨。1987 年 7 月 5 日，萨塔赫（Satah）油田试投产。1990 年 6 月，开始铺设第三条海上天然气管道项目，并发展巴卜（Bab）陆上油田天然气项目。

阿布扎比酋长国的阿德诺克集团下属有七大类 19 家大公司。其中，一是原油和天然气的勘探和生产类 4 家：阿布扎比陆上石油作业公司（ADCO），阿德诺克占股份 60%；阿布扎比海上石油作业公司（ADMA-OPCO），阿德诺克占股份 60%；扎库姆油田开发公司（ZADCO），阿德诺克占股份 50%；乌姆达勒赫油田开发公司（UDECO），阿德诺克占股份 50%。二是勘探和生产服务类 5 家：国家石油建设公司（NPCC），阿德诺克占股份 70%；阿布扎比钻井化工产品公司（ADDCAP），阿德诺克占股份 75%；国家钻井公司（NDC），阿德诺克占股份 100%；阿布扎比油港管理公司（ADPPOC），阿德诺克占股份 60%；国家海运服务公司（NMS），阿德诺克占股份 60%。三是天然气加工类 2 家：阿布扎比天然气工业有限公司（GASCO），阿德诺克占股份 68%；阿布扎比液化天然气公司（ADGAS），阿德诺克占股份 51%。四是石油化工类 1 家：鲁维斯化肥工业公司（FERTIL），阿德诺克占股份 66.66%。五是海运类 2 家：阿布扎比国家运油公司（ADNATCO），阿德诺克占股份 100%；液化天然气运输公司（LGSC），阿德诺克占股份 51%。六是石油产品国内销售类 2 家：阿布扎比国家石油销售公司（ADNOC-FOD），阿德诺克占股份 100%；国家氯化工企业（National Clorine Industries, N.C.I.），阿德诺克占股份 100%。七是境外公司类 3 家：阿拉伯石油管道公司（SUMED），阿德诺克占股份 15%；巴基斯坦阿拉伯化肥公司（PAFCO），阿德诺克占股份 48%；巴基斯坦阿拉伯炼油公司（PARCO），阿德诺克占股份 40%。

阿布扎比开发海上油井后，1994 年 6 月 17 日，国家石油公司在达斯海岛上新建 6 个大油罐，储油能力达 100 万桶。1994

年 9 月，国家石油公司与日本石油公司合股，在海岛开采石油，该公司占有 51% 股份，同年采出第十亿桶海底石油，并成立了阿布扎比液化气公司。

1995 年 9 月成立最高石油管理委员会后，提升了本国公民参加石油公司工作的技术职位和劳务数量。1997 年技术人员本国公民比例达 40%，劳动力本国化比例达 32%。

天然气 阿布扎比酋长国天然气储藏量占世界第五位，1998 年已探明储藏量为 5.35 万亿立方米，约占全国总储藏量的 92%，但其天然气工业较石油工业起步晚。自从阿布扎比国家石油公司决定把海底石油气液化以供出口后，天然气工业有了长足的发展。1977 年在达斯岛建成天然气液化工厂，年加工能力为 40 亿立方米，生产 230 万吨液化天然气和 100 万吨液化石油气。1978 年 12 月，阿布扎比天然气工业股份有限公司成立。1996 年 5 月开始大量出口天然气。1997 年，阿布扎比液化气公司年产 800 万吨液化气，用作发电和淡化海水的动力资源，创利 15 亿美元。1997 年，液化天然气公司生产液化气 7000 万吨（其中 5000 万吨供应给日本东京电力公司），以及丙烷 1670 万吨、丁烷 1730 万吨、戊烷 1600 万吨。2000 年向本国的发电站、淡化水站和工厂、居民的供气量约 8500 万立方米。该公司与英国贝克台勒公司和日本东芝公司签订了在阿布扎比城北 40 公里的塔维拉地方建立新的电厂和淡化水厂项目，耗资 3.56 亿美元。阿布扎比控股的海豚能源公司到 2012 年将可每天供气 9000 万立方米，其中 2830 万立方米供应阿国内，到 2020 年，阿对石油的依赖可减少到目前的 40%，2030 年可减少到 35%。

阿布扎比和迪拜与外国的油气合作。1998 年 2 月 18 日阿布扎比和迪拜两酋长国政府签署了供应天然气协定。阿布扎比国家石油公司（阿德诺克），通过修建阿布巴库希—塔维拉—阿里山（迪拜的大自由港区）160 公里长管道，向迪拜每日供气约 2300

万立方米。该项目耗资 10 亿美元。法国道达尔公司参加了该项目的实施。1997 年，阿德诺克的子公司国际石油投资公司，以拥有 60% 的控股权，同挪威与芬兰两国的一合股公司合作，建立一家年产能力为 30 万吨乙烯、45 万～60 万吨低密度和高密度聚乙烯的企业。阿德诺克于 2000 年建成一年产 54 万吨二氯乙烯和 42 万吨苛性钠的企业，并与一美国公司合建了一个润滑油公司。

阿布扎比的液化天然气公司被誉为是中东地区首家利用海域天然气进行液化的企业。阿布扎比天然气工业股份有限公司是利用陆地油田气进行液化出口的企业。阿布扎比还分两期建立了天然气浓缩项目。1997 年，阿布扎比国家石油公司，与法国和美国两家公司及阿拉伯承包联合公司，共同签订长期项目合作，金额 48 亿迪尔汗（约合 13 亿美元），用以扩大天然气的生产、加工、浓缩和脱硫，以及铺设运输管道、建设大气罐和楼房。1998 年，又签订二期项目合同，与首期金额相同，用以完成首期后续工程。从而实现日出口天然气 2830 万立方米，日产重油 3.5 万～5.5 万桶，硫黄 2100 吨。2001 年整个项目结束，天然气日产量达 5670 万立方米，堪称世界同类之最。

石油化工工业 阿联酋最高石油委员会 1998 年在阿布扎比的鲁维斯工业城兴建石化联合企业，建成该国首个软塑料生产项目，年产二氯乙烯 52 万吨、烧碱 44 万吨，以供出口。1998 年 4 月 26 日，阿布扎比国家石油公司与斯堪的纳维亚公司签订合同，建立生产、销售维尼龙原料股份公司。同年 6 月，以 10 亿迪尔汗（约合 2.7 亿美元）建立一家石油和石化副产品公司，由阿布扎比政府投资 51%，其余由国内外客商参股。此外，还建立了石油投资公司、石油基建公司、煤气罐制造厂（日产 4000 个家用煤气罐）等企业。

炼油工业 阿联酋于 1976 年开始建设提炼石油工业，经过近 40 年已有很大发展和提高，这得益于大量引进新技术，提高炼油水平，科学处理污水废气，立法禁止污染浅层地下水。1995年，最高石油委员会决定耗资 18 亿美元扩建在阿布扎比的鲁维斯炼油厂，兴建一石化联合体，一年后增资一倍，再建一石化联合体，扩建原油蒸馏装置，使其原油加工能力由每年 675 万吨增加到 1350 万吨。2000 年达到每天炼重油 28 万桶、煤油 10 万桶、石油液化气 1.1 万桶、优质重油 2.75 万桶、无铅汽油 2.5 万桶。2008 年，鲁维斯炼油厂生产乙烷 150 万吨、金刚石粉 80 万吨，产金刚石粉 2010 年可达 200 万吨，

2. 迪拜酋长国的油气工业

迪拜酋长国已探明石油储藏量 40 亿桶，约占阿联酋全国总储藏量的 4.1%，天然气储藏量为 1160 亿立方米。

迪拜酋长国是阿联酋仅次于阿布扎比酋长国的第二大产油国，自称约占阿联酋全国油气总产量的 15%，2000 年日产原油约 30 万桶。1966 年 6 月 6 日，迪拜石油公司（Dubai Peterleum Company，DPC）在该国法特哈（Fateh）海域开发石油。1969年 9 月 6 日出油，22 日首批 18 万桶原油出口，迪拜酋长国成了石油输出国。1970 年在法特哈西南约 16 公里处发现第二个海上油田，1972 年 10 月产油。1972 年在拉希德地区发现油田，1979年 3 月产油。1975 年，迪拜政府开始全面监督石油工业。1996年有产油井 210 口，日产油 26.8 万桶。

迪拜石油公司全部股权归迪拜酋长国政府拥有，政府通过该公司与美、法、德、西班牙等外国公司财团合作，进行石油的勘探、开采和销售。1981 年，迪拜政府和加拿大的森宁代尔石油公司合资成立迪拜天然气公司，年加工产气 156 万立方米，主要供给迪拜炼铝厂使用。迪拜石油公司 1998 年获石油利润收入 1.15 亿迪尔汗（约合 3142 万美元）。

炼油 迪拜第一家炼油厂是由私人出资创建的。1996 年 2

月联邦政府决定在迪拜的阿里山自由区建立一个无铅汽油炼制厂，允许国内私人资本参与投资，到 2000 年日加工能力达 1.3 万吨，由印度一家集团公司施工并将大部分石油副产品销往中东和印度。1997 年，迪拜石油公司耗资 15 亿迪尔汗（约合 4.1 亿美元），在阿里山建立一家日炼油能力 12 万桶的炼油厂，由意大利公司以 2 亿美元中标负责设计和施工，1999 年 4 月完工。

3. 沙迦酋长国的油气工业

沙迦酋长国的石油储量约 15 亿桶。石油生产主要由新月、克莱森和阿姆科 3 家外国石油公司负责进行，产量约占阿联酋石油总产量的 2%。沙迦天然气储量约 3032 亿立方米。

1969 年，沙迦酋长国开始授权新月石油公司进行勘探。1972 年 10 月，该公司在其获租地区钻井，打出"穆巴拉克一号井"，日产 13955 桶。1980 年 5 月在陆上萨奇阿地方发现石油，并发现天然气，储藏量约为 240 亿立方米。1982 年 7 月 21 日出口首批原油。萨奇阿油田日产优质原油 8 万桶，日产气约 283 万立方米，并通过油气净化厂和 32 公里输送管道，进入设在哈姆利叶地区的有 60 万桶容量的储油罐。沙迦的天然气工业发展迅速，其产量约占阿联酋总产量的 15%。

沙迦于 1982 年 6 月 20 日开办萨奇阿集团石油企业。同年 7 月开始生产、出口原油；12 月，该企业与迪拜石油公司签订协定，向阿联酋北部各酋长国的淡化水厂、电站、水泥厂等供应天然气，取代原先燃用的柴油，减少污染，并减轻了财政负担。1984 年 5 月已实施。1997 年 11 月 4 日，沙迦酋长苏尔坦博士批准沙迦政府授予新月石油公司在 1018 平方公里的海域和陆地上的开采权。1998 年，萨奇阿集团石油公司与挪威公司合作，并打出 4570 米深井。

沙迦首期耗资 1.5 亿迪尔汗（约合 4000 万美元），在哈姆里耶建立炼油厂，利用本国和海湾其他国家的原油和凝析油提炼汽油、煤油、燃料油和液化石油气等产品。1998 年 2 月投产，日炼油能力 4 万桶，供应当地，并向海湾、东亚出口。

4. 哈伊马角酋长国的油气工业

1964 年，美国加州石油公司获得在哈伊马角酋长国全境的石油勘探权。1972 年放弃勘探。1973 年 5 月，一家荷兰勘探公司和一家澳大利亚石油公司获得在哈伊马角 2200 平方公里海域的勘探许可权，并与其他几家石油勘探投资公司合伙进行勘探。1975 年，哈伊马角政府决定拥有上述公司 50% 股权并开始勘探。1976 年 7 月在距海岸 25 公里处发现石油。

1980 年哈伊马角政府分别与海湾石油公司和加拿大国际石油公司签订海域石油勘探协定。1983 年，海湾石油公司宣布在距哈伊马角海岸 41 公里处发现萨里油田。1984 年 2 月该油田 1 号井开始出油，日产油 5000 桶，气 7.1 万立方米。公司同意哈伊马角政府拥有 50% 股权。1984 年日产油达 5800 桶，1985 年日产油增至 9117 桶。

哈伊马角全面开发油气田。1996 年，哈伊马角统治者与美国公司签订勘探油气协定。哈伊马角石油和天然气公司，开始在哈伊马角陆地和海上勘探石油资源。1997 年 2 月，发现 12 处有商业价值的陆地和海上油田。哈伊马角立即约请有关国际公司，耗资 1300 万美元，打出一口深 5487 米的海上油井。1997 年 9 月 21 日，哈伊马角酋长国与两家外国石油公司签约，授予它们在"比哈"海域的勘探许可权，并于 1998 年底钻了一口 4800 米深的探测井。2008 年，哈伊马角宣布石油储藏量约 1 亿桶，5 月 2 日宣布日产气 9200 立方米。

5. 乌姆盖万酋长国的油气工业

20 世纪 70 年代中期，美国得克萨斯（休斯敦）石油和矿业公司获得在乌姆盖万陆上的 750 平方公里面积的油气开发特许权。另一家联合公司获得在海域的开发特许权。1976 年，开发出乌姆盖万 1 号油井，日产油 475 桶、气 116 万立方米。

1977 年 12 月 14 日，乌姆盖万与迪拜天然气公司签订投资合同，由乌姆盖万油田向迪拜的阿里山工程项目特别是其炼铝厂，每天供应 170 万立方米天然气。

1983 年，乌姆盖万政府修订与得克萨斯公司的协议。由公司放弃试验区（共 425 平方公里）中其所有的全部 212 平方公里的面积。1994 年授予得克萨斯集团和林德集团 780 平方公里面积地域的许可，开发乌姆盖万的油气工业。

2008 年 5 月 2 日，日产气达到 9200 万立方米。

6. 阿治曼酋长国的油气工业

阿治曼曾授予数家外国石油公司开发石油许可权。1983 年授予大陆石油公司在阿治曼石油公司拥有 75.348% 的份额，阿治曼石油公司拥有 24.387%，泛亚公司拥有 0.265%。1985 年，大陆石油公司将其份额全部让予阿治曼石油公司，由后者继续在阿治曼找油。

7. 富查伊拉酋长国的油气工业

富查伊拉地处阿联酋北部霍尔木兹海峡外侧，濒临阿曼湾，海上运输条件优越。从 20 世纪 70 年代初起，富查伊拉授予外国公司 2800 平方公里海域开发油气特许权，后因找油未果而中止。1984 年，又请子午线石油公司、国际咨询公司、工程服务公司、西方地探公司、挪威杰柯公司恢复勘探，在 2629.5 平方公里海域继续找油。

1995 年，富查伊拉酋长国建立了炼油厂，1996 年日炼油 3.5 万桶，1998 年提高至日炼油 8 万桶，2008 年达到日炼油 50 万桶，通过富查伊拉港运出，建有管道 360 公里，每天运量达 150 万桶。

1997 年 4 月 16 日，富查伊拉仓储企业集团宣布建立巨型仓储项目，向包括海湾、印度和东非在内的欧洲及远东地区客户提供石油及其副产品的仓储服务。该项目由富查伊拉政府、迪拜石油公司、荷兰维多利集团、科威特独立石油集团等参股。首期投资 8500 万美元,仓储能力达 47.9 万立方米,二期投资 4000 万美元,将仓储能力提高到 90 万立方米。2008 年与"海豚计划"相衔接,达到日运量 100 万立方米。

第三节 农牧渔业

一 农业

1. 阿联酋的农业不很发达

农业不很发达的主要原因是自然条件不利,气候干热,水源缺乏,雨量稀少,有些地方终年无雨,境内大部分地区为沙漠和盐碱地。其传统农业主要是固定的草场放牧以及散布于绿洲的种植业。作物主要是椰枣和少量谷物。

农业既需要日照,更需要水。阿联酋属热带沙漠气候,夏季气温 40℃~50℃,气候干热,虽然阳光充足,但缺少雨水,平均年降水量仅 100 毫米,有些地方不足 50 毫米,还有的地方甚至无雨。虽有海水,但缺地下水,没有长年河流,还时常有沙暴。这些因素,对阿联酋发展农业有很大的限制。

阿联酋适于耕种的土地约为其陆地面积的 4%,约合 32 万公顷。已耕地面积约 27 万公顷(2007 年),集中在沿海地区、东部平原和不多的绿洲地带,主要是哈伊马角、富查伊拉、阿治曼、艾因、利瓦、布赖米、扎德、法拉治、穆阿拉等地。

阿联酋人民继承自古就有的传统方法"法拉杰"(坎儿井),将地下水渠连接起来,构成灌溉系统。阿联酋政府多年来实施有效的农业计划、造林、改良土壤和进行良种细作,曾使全国的植被面积增长到 25 万公顷,使沙漠面积无增有减。

2. 独立后农业有较快发展

阿联酋政府和人民非常重视农牧渔业、土地改良和水利的开发，想方设法克服困难，扶持鼓励发展农业。农业产量 1985 年比 1972 年增长了 15 倍，1991 年农业产值占国内生产总值（GDP）的 1.7%。12 年后，农业产值年年增加，2003 年农业产值 25.1 亿美元（占 GDP 的 2.8%）；2004 年农业产值 27.6 亿美元（占 GDP 2.6%），较上年增加 10%；2005 年农业产值 30 亿美元（占 GDP 2.3%），较上年增加 8.7%%；2006 年农业产值 33.3 亿美元（占 GDP 2%），较上年增加 11%；2007 年农业产值 35.8 亿美元（占 GDP 1.8%），较上年增加 7.5%。阿致力发展农业，取得上述成绩，其主要做法有：

（1）政府从石油工业收入中拨款支持农业，同时引进现代农业技术，开发地下水源，建造新农村，搞农业大棚，利用滴灌技术，免费提供良种、化肥和无息贷款。政府颁布法令，对种子、化肥、农药、兽药、饲料等的使用和进口都按严格的卫生和环保标准进行监控。

（2）扩大作物种类。1997 年，有农场 23930 个，较 1986 年的 17584 个增加了 36%；蔬菜产量达 67.99 万吨，较 1986 年的 23.23 万吨增加了 193%；水果（除椰枣外）从 2.62 万吨增至 3.92 万吨，增加 50%。为保护农民利益，国家对有些农产品全部实行包购包销。

（3）发展科学种植。政府建立了农业科研中心和农业指导站 300 多个，开发了适合当地种植的大麦、小麦、牧草等 30 余个新品种，特别是每年可收割 14 次的阿尔法草（紫花苜蓿）。

（4）建立水坝 40 个，年储水量达 8000 万立方米，每年淡化海水 4700 万立方米。处理污水 8000 万立方米，处理水达到规定标准，可供生产、生活上重复使用。取缔非法水贸易和水垄断，低价或免费提供种植、绿化用水。

3. 主要农产品

（1）椰枣。阿联酋沙漠地区有大量传统的椰枣树林，现已发展到 3500 万株，已成为世界上最大椰枣生产国之一。1997 年产椰枣 28.82 万吨，满足当地需求量 100%，并有出口。

（2）热带果蔬。依靠现代农业技术，扩大耕种面积，已种有各种果树 1.5 亿棵。果蔬产品有：芒果、无花果、石榴、草莓、西瓜、西红柿、黄瓜、卷心菜、茄子、萝卜、柿子椒、芸豆等。1997 年生产西红柿 54.5 万吨。国产蔬菜已可满足当地需要的 63%，水土适宜于农业生产的哈伊马角已达 80%。国产水果可满足当地需求量的 30%，柑橘可达 78%，并选其优良者出口。

（3）发展耐干旱抗风沙植物的种植业。在加尔夫沙漠地区，广泛种植耐干旱植物 50 万棵，使之成为花园。抗风沙植被已达 30 万公顷，已成功地将约 10 万公顷沙漠改造为可耕地。它改善了阿联酋的生态和生存环境，绿色渐增，气温下降。

4. 农产品的深加工

对增产或销售后剩余的农产品，注重进行保鲜或深加工，以实现增收增值。艾因蔬菜加工厂日加工西红柿罐头 500 吨，快速冷冻或腌制名特优蔬菜每天 15 吨。阿联酋向邻国、也门、黎巴嫩，甚至意大利、土耳其和斯里兰卡等国出口蔬菜类商品。

二 畜牧业

畜牧业是阿联酋广大民众的传统自给性产业，但其发展受到自然条件的制约。传统饲养的家畜有骆驼、羊、牛和马等。通过政府的政策鼓励，进行科学饲养和规模畜牧，以推广良种、增加产量。特别是扩大优良牧草的种植面积，使草产量 1997 年达到 28.8 万吨，较 1986 年增长了 383%。当地对牛羊肉、鸡鸭、鱼虾、奶、蛋等消费的自给率也逐渐提高。1989 年家禽产量已达到 13 万吨，可满足国内需求的 45%，蛋类 1.7 亿个，可满足国内需求的 70%，牛奶可满足需求的 90%。1997年，阿联酋在栏牲畜已达 162.48 万头，产鲜奶 12.44 万吨，均能满足当地需求量的 93%。

与其他阿拉伯人一样，阿联酋人日常爱吃牛羊肉以及鸡鱼等肉类食品。当地红肉年产量约达 2 万多吨，白肉约达 3 万吨，可满足当地此两项需求量的 24%；其他不足部分则从北欧、荷兰、法国和澳大利亚进口鲜活的或冷冻的肉类。20 世纪末 21 世纪初，欧洲发生疯牛病、口蹄疫，阿联酋采取了严密的防治措施。2001 年 3 月，阿联酋屠宰并销毁了 45 头患有口蹄疫的牛。

三　渔业

阿 联酋濒临海湾，海岸线长 734 公里，拥有较丰富的海洋渔业资源，当地人捕捉鱼虾和采集珍珠颇有传统经验。

1. 渔业产量超过海湾其他国家

阿联酋的鱼产量 1997 年达到 10.7 万吨以上，较 20 世纪 70年代产量翻了一番。渔产可 100% 满足当地需求，还有余量可供出口，1996 年鱼产量 10.7 万吨，出口 2 万吨。1997 年阿联酋拥有渔船 6341 艘，比 1986 年的 3050 艘增加了 108%。渔民 13411人，较 1986 年的 10611 人仅增加了 26%。渔业发展，渔民有积极性，这可能得益于先进捕鱼工具的投入使用。哈伊马角、沙迦和富查伊拉等酋长国的沿海居民，大多以捕鱼为主要职业。各酋长国同时也意识到，不能无计划地过分捕捞，要有长远规划，要为子孙后代保留鱼群鱼种，现今已采取保证渔业可持续发展的措施。2006 年，阿渔业捕捞量降为 9.7 万吨，降幅 9.3%。

2. 保护渔业资源，限制捕捞

（1）1997 年 7 月 14 日，内阁组织成立了以农业和渔业部长为首的专门委员会，全面研讨水产的捕捞和商贸问题，采取最佳办法，合理适度捕捞和销售，以利保护渔业资源。

（2）农业和渔业部做出了关于保护渔业资源的规定和措施：渔船主保证每条捕鱼船上必须至少有一名本地公民在现场监督，防止外来渔民滥捕；鼓励本国人掌握渔业；建立渔港，负责生产和向主要城镇的鱼市场发售等。

（3）1998 年 5 月 11 日，内阁做出决定，每年 6～8 月禁止出口鱼类产品，实行休渔期，以利渔业资源的保护，恢复生态平衡，保护海洋环境；同时，也有利于向市场提供新鲜而又价格适当的鱼产品。

3. 建立鱼类养殖场

1984 年，阿联酋在乌姆盖万建立了海洋生物研究中心，不断进行对鱼类和对虾类商业性养殖方法的研究，探讨在本国海域繁殖某些商业性鱼种和贝类，精选优良鱼种，增加浅海植物的生长，保障鱼群数量，以及发展海洋生物的环境项目。

2007 年，阿渔民人数增至 17264 人（净增 3853 人，增幅 29%），而渔船经过更新换代后，数量反而减少 18%（1150艘），为 5191 艘，降低了成本。

四 林 业

阿联酋是一个大部分被沙漠包围的国家，但由于政府当局的重视和努力，在养花种草、植树造林、抵抗沙漠化、美化环境等方面，仍然取得了令人瞩目的成绩。

1. 植树抗沙化

阿联酋采取固土、扩大绿地、造林等办法，以阻止沙漠扩展，防止沙漠化。国家已种植 30 万公顷的树林带，并在继续扩大种植。1997 年，阿布扎比市周围种有 5171.7 万棵树和 162 块林地，植被覆盖面积 358 公顷。还种有 1820 万棵椰枣树。并开始在利瓦地区平整土地，建立 900 个农庄。艾因市农业局拨款

1300 万迪尔汗（约合 356 万美元），在公路两旁和居民点周围建造防护林带。

2. 禁止砍伐树林

国家制定了法令，禁止砍伐树林，禁止打猎捕鸟。同时，鼓励发展传统的椰枣树林，1997 年椰枣树林地达到 34 万公顷，较 1986 年增加 496%。

3. 建立扎耶德农业和环境研究计划中心

农业和环境研究计划中心主要研究沙丘活动和了解沙漠环境及与其平衡共存的方法。联合国粮农组织总干事雅克博士参观该中心后，赞赏阿联酋已取得的非凡成果，并把阿联酋定为国际农研中心阿拉伯半岛地区分部，从事一项筛选 170 种耐高温、抗干旱和盐碱的植物品种科研项目。

第四节　非油气的其他工业

一　其他工业的发展简况

阿联酋在实现国民经济收入多样化、改变单一经济结构状况的方针下，石油工业以外的非油气经济和一般制造业，也因地制宜得到了较快发展。1974 年，制造业产值仅 3 亿迪尔汗（约合 8200 万美元），1975 年为 3.69 亿迪尔汗（较上年增 23%），而石油（含天然气）产值占到国内生产总值的 90% 以上。20 世纪 70 年代中期以后，阿联酋实施经济多样化方针。20 世纪 80 年代以来，陆续建立了一些中小型制造业企业，如炼铝厂、钢铁厂、水泥厂、化肥厂等，特别是电力、天然气液化、海水淡化等工业。1980 年，制造业产值升到 42 亿迪尔汗，较 1974 年增长了 13 倍，约占 1980 年国内生产总值的 4%，石油产值降为占 63%。1985 年，制造业产值又翻了一番，达 89 亿迪尔汗，占国内生产总值的 9%，石油产值降为占国内生产总值的 44%。1998 年石油收入在国内生产总值中比重降为 30%。1991 年，阿联酋非石油工业企业共 1100 多家。迪拜铝锭厂年产量达 23.9 万吨。阿联酋 46% 的工业（不含石油工业）企业集中在沙迦酋长国。2007 年非油气企业产值 1278.4 亿美元（较上一年增加 22.7%），占 GDP 的 64.1%。此后，油气碳氢化合物年产值在 GDP 中约占 1/3。阿联酋工业制造业主要有两大类，一类是石油下游工业和以石油为原料的化工工业，如天然气工业、炼油、石油化工、化肥、冶金、塑料、建筑材料等；另一类是与国计民生紧密联系的炼铝、食品加工、服装、水泥、家具制造、烟草等。

二　其他工业企业情况

阿联酋 1997 年注册的工厂企业为 1527 家，投资额为 130 亿迪尔汗（约合 35 亿美元），职工数为 13 万人。据阿经济部 2008 年底统计，阿工业项目有 4219 项（2007 年为 3852 项），工人 32 万人（2007 年为 29 万人）。

1997 年，工厂企业数在阿联酋居首位的门类是化工、石油产品、橡胶、碳化、塑料等项，达 312 家，较 1996 年增加 10%。

阿联酋职工人数（1997）居首位的是矿业、机械制造业和配件企业，达 2.75 万人，较 1996 年增加 12.6%。除石油业和煤炭业以外，1997 年阿联酋的初级矿业资本额最高，达 38.88 亿迪尔汗（约合 10.6 亿美元），较上年增加 6%。1997 年，纺织业、服装业、皮革业工厂达 175 家，较上年增加 2.3%，其职工人数达 2.69 万人，较上年增加 8%，资本额达 4.84 亿迪尔汗（约合 1.32 亿美元），基本与上年持平，略增 1%。1997 年，新建工厂（主要指食品、饮料和烟草）达 145 家，较上年增加 7.4%，职工数达 1.3 万人，较上年增加 13.7%，新注入资金额 14.5 亿迪尔汗（约合 3.97 亿美元），较上年增加 5%。2005 年，就业人数 259 万人，其中女性占 22.4%。2008 年就业人口中，在私人企业的占 63.3%，在政府部门的占 18.6%，在传统家族企业的占 12.4%，在合资企业的占 4.1%，其他占 1.6%；失业率 3.86%，较上年的 3.45% 高出 0.41 个点。

2008 年阿联酋工业产值 198 亿美元，其中阿布扎比占 53.5%，迪拜占 23.7%，富查伊拉占 8.9%，哈伊马角占 5.7%，沙迦占 5.5%，阿治曼占 2%，乌姆盖万占 0.7%。

2010 年前，阿联酋计划投资 1680 亿美元，其中：用于建筑业 870 亿美元（占 51.79%），旅游业 330 亿美元（占 19.64%），工业 160 亿美元（占 9.5），水电 100 亿美元（占 6%），油气业也分得 220 亿美元（占 13.1%）。阿布扎比酋长国制定了 2008 ~ 2012 五年发展计划；迪拜酋长国制定 15 年规划，投资 1080 亿美元，建设最佳城市，GDP 人均将达到 4.4 万美元，每人日基本消费指数 27 美元。

三 新建的主要工业企业

酋长国基础工业公司 1998 年 7 月 4 日在迪拜成立的酋长国基础工业公司，是该国首家股份制工业集团公司，有 100 位实业界人士参股，投资金额为 10 亿迪尔汗（约合 2.7 亿美元）。同年 9 月 29 日，阿布扎比酋长国政府参股后，使之拥有 40 亿迪尔汗（约合 11 亿美元）资本，成为有阿布扎比、迪拜两酋长国政府注资的阿联酋最大的工业集团公司，主要从事化工、石油化工及其他基础工业，其产值占到国内工业产值的 2/3。1998 年 4 月，该集团公司投资 1 亿美元在阿布扎比建成一个年产 50 万吨钢材的钢铁厂，2007 年产出 170 万吨，供建造"迪拜塔"项目用。2012 年产出可翻一番。

1997 年 12 月，迪拜投资公司投资 7 亿迪尔汗（约合 1.9 亿美元）建成一个建筑预制件厂。1998 年 1 月，迪拜投资公司与美国一家公司（CONOCO）签订合同，投资 1.2 亿美元，建一个年产 40 万吨焦油沥青工厂，1999 年底投产。1998 年 12 月，迪拜铝厂（1979 年产量 13.5 万吨）投资 27 亿迪尔汗（约合 7.3 亿美元），增设第 6 条炼铝生产线，2007 年产量达 89 万吨，2009 年产量达 97 万吨，2010 年可达 140 万吨，2015 年预计 250 万吨，铝主要供应意大利。1998 年 2 月在迪拜阿里山自由区以 500 万美元建一座电瓶厂，年产 50 万个汽车用电瓶。同年 3 月，在阿里山自由区耗资 4000 万美元，分四期建成一个年产 7000 吨的食品厂。同年，迪拜政府投资 7 亿迪尔汗（约合 1.9 亿美元）建成一个年产 250 万平方米的玻璃厂。6 月，在迪拜建设药品药剂厂，首期工程耗资 5200 万迪尔汗（约合 1400 万美元）。8 月，耗资 1.47 亿迪尔汗（约合 4000 万美元）在富查伊拉建成一个日产 1200 吨食用油的葵花油厂。

工业项目公司 1997 年 9 月 4 日，阿布扎比国家工业项目公司成立，投资 1.62 亿迪尔汗（约合 4400 万美元），研究开发三个工业项目：建立一个年产 22 万吨的炼铝厂，一个电厂和一个淡化水厂。在阿布扎比市、艾因市、塔维拉城，建三个新工业区。

酋长国电缆厂 1998 年 3 月，以 1.4 亿迪尔汗（约合 3800 万美元）在迪拜建设酋长国电缆厂，阿布扎比酋长国政府占 35% 股份，迪拜酋长国政府占 35%，美国 BEC 公司占 30%。

四 供水、电力工业

阿 联酋地处干热地带，满足居民用水和电的需要，是很重要很突出的问题。阿联酋政府利用充足的石油和天然气，持续发展电力和水的生产，以满足经济和社会的需要，特别是要适应日益增长的人口和他们生活的不断改善和提高的需要。政府在 80 年代初期已为水电生产投入资金约 480 亿迪尔汗（约合 131 亿美元），建有 15 座大型发电站，日发电 4000 兆瓦；

全国水生产量年达 1200 亿加仑，水生产量中淡化海水占到 72%，其余为开发的地下水。1988 年，阿联酋年人均消费电力 8755 千瓦时，1999 年增至约 1.4 万千瓦时，2005 年电力增长 12%，人均年消耗水约 6.2 万加仑，2005 年水生产总量 1950 亿加仑。2006 年总发电量达 1.6 万兆瓦。为增加水电供应，2007 年政府投资 140 亿美元，2008 年投资 116.2 亿美元。2010 年发电装机容量将为 2.6 万兆瓦。居民一般都能得到水、电、气的保证供应。五年计划（2006～2010 年）安排日产水 6.26 亿加仑。与此同时，水电管理部门与大学、环保、UN 相关机构进行合作，研究在阿开发水资源、利用处理水和普及科学用水方法，装置电子计量终端表，超量多用要多付费；2006 年，阿布扎比耗资 150 亿美元开发清洁能源，与美、澳等国公司合作，利用太阳能、风能、氢、光电等能源。2009 年 6 月，投入 400 亿美元，提高海水淡化产量，使日产量从 12 亿加仑翻一番。

2009 年 4 月，阿联酋政府同意严格的核设施检测，与国际原子能机构、法、美、英、俄、中、日、德、韩等国合作，投资 600 亿美元开发核能，以满足日益增长的电力需求，2009 年 12 月，阿与韩国签署了在阿布扎比建 4 座核电站的合同，造价 200 亿美元，2020 年完成。阿 2020 年需用电 4 万兆瓦，太阳能发电量将占 7%。

1. 阿布扎比酋长国的水电发展

建立联邦后，阿布扎比政府在 80 年代初期为水、电建设投资 310 亿迪尔汗（约合 85 亿美元）。专门设立了"阿布扎比水电局"，负责制定政府的水电政策和有关协调、组织、发展事项；组建具有独立法人资格的阿布扎比能源机构。另外，投资 310 亿迪尔汗，为工业、商业和新居民区发展水电建设。已淡化海水 526 亿加仑，开发地下淡水 94 亿加仑，地下咸水 14 亿加仑。阿布扎比、巴尼亚斯、乌姆纳尔、塔维勒、迈尔法、艾因等

6 个发电站，合计发电量 34.53 亿千瓦时。日产水 2.72 亿加仑，到 2010 年将增至 5.7 亿加仑。其中，阿布扎比、乌姆纳尔、塔维勒和西部地区的海水淡化水站日产水 2.29 亿加仑，艾因和西部地区的日产地下井水量约 4260 万加仑。塔维勒电站是中东地区最大的发电和水生产工程项目之一，日产淡水约 1 亿加仑，电力约 1000 兆瓦，并已继续获得投资 3.65 亿美元，由美国和日本两家公司对其进行扩建。美国公司以 1.88 亿美元建 3 个发电站，发电量 308 兆瓦。日本公司以 1.68 亿美元建 3 个淡化水装置，日产水 2310 万加仑。2009 年阿与韩国签约合建的 4 座核电站，2020 年建成，为阿布扎比提供 1/4 的电力需要。此外，投资 16 亿迪尔汗（约合 4.4 亿美元）于 1997 年建成 135 公里长的塔维勒—艾因输水管道，每天向东部地区输送水 4000 万加仑。在西部地区的迈尔法城建立了地下水电站，日发电 200 兆瓦，产水 1620 万加仑。在阿布扎比市西 20 公里处的哈兹乃地区打出了深水井，日产水 2000 万加仑。扎耶德总统下令在艾因城的哈菲特山脚米布拉宰地方打的 10 口井，每小时出水 12.5 万加仑。把这些水引到一个长 100 米深 4 米的人工湖中，形成溪流和瀑布，配置遮阳伞，吸引游客，供治疗休闲场所使用。

2. 迪拜酋长国的水电机构

独立后，迪拜酋长国水电局早期已投资 130 亿迪尔汗（约合 35.58 亿美元）兴建水电设施。该局建有输电网和供水网系统。在电网发展方面，该局 1998 年财政支出 19.6 亿迪尔汗，实施数个电力项目，发电量为 450 兆瓦；并投资 18.3 亿迪尔汗建成奥维尔天然气涡轮机发电站，使迪拜发电总量达 2579 兆瓦，较上一年的 1972 兆瓦增加 30%。耗资 9000 万迪尔汗，连接盖绥斯、纳哈尔堡和奥德米萨三个地区的电网，架设了 132 千伏电缆、辅助电缆和海底电缆，提高了输电能力。1999 年初，耗资 7300 万迪尔汗，在穆希累夫、哈姆里耶和库兹建立了 40 千伏的电闸工程，并入 400 千伏的盖绥斯电网，提高输电能力。1999 年底耗资 2.56 亿迪尔汗，加强盖绥斯、纳哈尔堡和奥德米萨三大电站的建设，以满足阿里山自由区工业发展的需要。在水网发展方面，该局在 1997 年生产水 320 亿加仑的基础上，1998 年在阿里山自由区兴建 3 座淡化水站，日产淡水 2.75 亿加仑，并耗资 2000 万迪尔汗修建 10.5 公里长、口径为 1200 毫米的输水管，连接阿里山水站与阿里山新工业区，以满足该区对供水的需求。1998 年奥维尔电站建成，使淡化水产量每天增加 1.16 亿加仑。为增加对迪拜旧区和新区以及其他地方的供水，该局 1999 年铺修了 400 多公里的供水管道，连接迪拜市各区及阿里山、胡尔安兹、赫瓦尼吉、曼候尔和里格大道等地方。2009 年 8 月斋月开始，迪拜供水供电局举办节水节能论坛和技术展示，设 "最佳消费者" 现金奖奖励 13 户家庭，奖金总额 6000 美元；同年大中小学校实现了节水 42% 的成效。

3. 沙迦酋长国水电气的现代化

1998 年 8 月，联邦政府决定投资 15 亿迪尔汗（约合 4.1 亿美元），由沙迦酋长国水电局实施一项水电工程。其中 10.85 亿迪尔汗用于发电，4640 万迪尔汗用于淡化水。水电工程分四期完成，2005 年达到日产水 4000 万加仑、电力 1000 兆瓦。1998 年，沙迦水电站投资 4 亿迪尔汗，实施天然气管道工程，分两期铺设 672 公里天然气管道和水电新项目，连接沙迦城 13 个居民区、商业区、工业区，以及沙迦酋长国各地，并成功实现保护环境、降低生活费用和工业生产成本，成为海湾地区首项同类现代化工程项目。水电方面，该局建有 6 个输电站、3 个淡化水站；在哈勒万等地建立饮用水库，容量达 3000 万加仑。

4. 加大对北部 4 个酋长国水电项目的投资

联邦政府为不产石油的哈伊马角、乌姆盖万、阿治曼和富查伊拉等北部 4 个酋长国的水电项目，投资了 14 亿迪尔汗（约合 3.83 亿美元），建立海水淡化站 4 个，每天生产淡水 750 万加仑、发电 1040 兆瓦，建立了北部输电网，并纳入联邦部属电网。

第五节 商业服务业

一 商业

阿联酋 1996 年有 1008 家。其中外国公司 923 家，股份公司 85 家。分布情况是：阿布扎比有 428 家；迪拜有 484 家；沙迦有 51 家；哈伊马角有 28 家；富查伊拉有 17 家。1998 年以来，阿联酋继沙特阿拉伯、科威特等之后发展证券市场，鼓励旅游业和商贸，改造家族产业为控股集团公司，吸纳本地资金和在外的本国资本回流，资本市场日趋活跃。2002 年各类商贸公司增至 14108 家，其中外国公司为 680 家。

2008 年在阿外资公司（FDI）800 家，产值 73.5 亿美元，较 2007 年的 46.3 亿美元增 27.2 亿美元，增幅达 58%。

在联邦经贸部注册的私人公司有 10327 家（1996），其中 823 家是合资公司，4601 家是单纯的咨询公司，4903 家是责任有限公司。总资产为 59.27 亿迪尔汗（约合 16.2 亿美元），其中 11.94 亿迪尔汗是合资公司的，2.96 亿迪尔汗是咨询公司的，44.37 亿迪尔汗是责任有限公司的。

阿联酋的批发和零售商业产值 1997 年占国民生产总值的 10.5%。在商贸公司中，从事商业的人员 21 万，占从业人员数目的 24%。

迪拜因特网城，1999 年开始建设，首期工程投资 2 亿美元，

2000 年 10 月开张。这是阿联酋第一个电子商务自由交易经济区。

二 服务业

阿联酋是一个富油小国，除石油工业外，它缺乏其他重工业基础和特大型制造业，缺少本国的系统管理人才和维修技术力量及零备件，服务业和修理行业的数量非常少。在不少领域，阿联酋不得不用较高的工资和待遇，聘用外国人担任高级管理人员、专家和高级技术职务，如经理、经理助理、技师、工程师、医生、教授，甚至总经理、总工程师、大律师、总统顾问、大学副校长、院长、系主任等职。

阿联酋许多基础设施是 20 世纪 70 年代中期至 80 年代前期经济实力增长较快的时期建设起来的。因为受到海湾的强风、潮气腐蚀，一些工程设施，诸如公路、邮电、住房、商厦、空港、海港、工业群及其他建筑等都受到损害，大多进入大修期、改造期或更新期。另一方面，阿联酋人有求新求高的普遍心理追求，以及石油增收、人口增加，人们有能力和需要及时规划，废旧建新。此外，要改革开放，跟上电子时代新世纪的发展，发展电信网络、自动化办公、国际展览业、饭店旅馆等，都需大量的管理、服务、维修人力。在这些方面，阿联酋远远不能自给，需要聘用外国人。至于家电、交通工具等的维修服务，既缺技术人员，也缺零配件，基本做法是弃旧置新。因而，废物场所的清理，倒卖二手货物，旧汽车家电的转口和工业废物的收购出口等，也就形成了一种有利可图的行业，并大多由外籍人在经营。

另一类服务业在阿联酋是有特色的，即其军队和警务系统的士兵、警员和低级官员，不少是从其他国家如也门、苏丹、索马里等招考聘请的。此外，城市的卫生、绿化、招待、家政服

务及家庭雇工等也需要大量劳务服务，基本上都是雇用外籍人
和外国人。

第六节　交通与电信

阿联酋联邦政府的交通部主管陆海交通、民用航空、海洋事务、气象预报、邮政通信、电报电话等事业机构的业务。2009 年前，阿联酋全国一直无铁路。但是，2009 年 3 月，阿联酋总统事务部长任主席的公共服务委员会通过法案，决定成立联邦铁路公司，投资 30 亿美元，修建工业用铁路和民用铁路，总长 1000 公里，连接 7 个酋长国并与 2010 年开工的海湾国家铁路网相连，设计时速 180 公里。2009 年 9 月 10 日，穆罕默德副总统为迪拜旅游地铁首期通车剪彩。

一　公路

全国公路总长约 6 万公里，连通各酋长国，其中高速公路 4030 公里。重要干线有：（1）阿布扎比市—艾因（通阿曼国）高等级公路，建有中央隔离带，公路两旁绿化美化极佳；其延长线为艾因—迪拜公路，两线共长约 250 公里。（2）阿布扎比—迪拜—沙迦—阿治曼公路。（3）阿布扎比—乌姆盖万—哈伊马角—富查伊拉公路，通阿曼。（4）阿布扎比—塔里夫—杰贝勒赞奈公路，通卡塔尔。

近 30 多年来，全国公路交通发展迅速，比较发达。7 个酋长国之间均有高速公路和支线路网相连。国内目前虽没有铁路运输，但汽车和油价便宜，各种类型的汽车、大货车和巨型载重货车较多，全国有汽车约 79.2 万辆，日夜川流不息。交通便捷，井然有序。2009 年，迪拜酋长国每 1.7 人拥有一辆轿车。2009 年 9 月，迪拜有轻轨公交，全城通票每张约合 1.6 美元。

新建公路。1995 年，联邦政府投资 80 亿迪尔汗（约合 22 亿美元），阿布扎比酋长国投资 200 亿迪尔汗（约合 55 亿美元），迪拜酋长国投资 55 亿迪尔汗（约合 15 亿美元），修筑了 9800 公里公路，130 座立交桥和公路桥梁。2009 年，阿布扎比交通局发标修建连接阿布扎比—沙特—卡塔尔的穆夫拉格—阿维范公路，投资 27.3 亿美元。2008～2012 年阿联酋公交规划，建设公交汽车—轻轨—渡轮系统，连接全国各酋长国及境外交通。2009 年，阿布扎比投资 54.4 亿美元，修建八车道公路 327 公里，直至沙特边境，2011 年通车；新开 21 条公交线路，新增 1360 部车，其中空调车 550 辆。迪拜计划 2009～2020 年投资 217 亿美元，扩建公路网和地铁、海运系统，建 500 公里新路，购买新车 2500 辆，使居民出行利用公交率从目前的 5% 提高到 2020 年的 35%。

二　空运

阿联酋航空业得益于其有利的交通枢纽地理位置和发达的贸易、优良的旅游业，发展迅速，成绩斐然。预计 2008～2011 年业绩增长率为 40%，达 300 亿美元，航线可至中东、非洲、欧洲、亚洲、大洋洲和美洲。

1. 机场

阿联酋联邦成立前，1971 年只有 3 个小型机场，分别在阿布扎比、迪拜和沙迦 3 个酋长国。1998 年，全国已有 6 个国际机场，分别在阿布扎比、艾因、迪拜、沙迦、哈伊马角和富查伊拉，2000 年运送旅客 1650 万人次，2005 年客流量逾 2200 万人次。2006 年，在迪拜世界中心城建第 7 个国际机场。2009 年，拟改、扩、建机场 7 个（阿布扎比国际机场 70.8 亿美元，迪拜机场 45 亿美元，新巴廷机场 100 亿美元，迪拜中心机场 133 亿美元，阿治曼机场 8 亿美元，哈伊马角机场 2.7 亿美元，沙迦机场 6200 万美元，富查伊拉机场 5000 万美元）。2009 年客流量达 4000 万人次。有 100 多家外国航空公司开设了 12 万次国际航班，109 条航线，连通世界各国首都和一些大城市。此外，还有直升机场 10 个，以及军用机场和专用机场数个，如阿布扎比军用机场、巴廷贵宾机场、艾因机场等。

（1）阿布扎比国际机场。是阿联酋的第二大机场，1982 年建成，占地 100 平方公里，设计能力为每年运送 400 万人次，当年实际完成 200 万人次，为 46 家外国航空公司提供服务。1998 年初进行扩建，增建了一个 8500 平方米的空运货仓；投资 180 亿迪尔汗（约合 49 亿美元），使其客运量由 400 万人次增至 600 万人次。2000 年达 1000 万人次，年航班数由 44784 个增至 64000 个，空运货物吞吐量为 7.5 万吨。2007 年客流量 690 万人次，较上年增长 31%，2008 年 760 万人次。2008 年，建成 4.1 公里长 60 米宽二号飞机跑道。2009 年建成第三航站楼，可起降各型客机，年客运量 1200 万人次，并计划继续扩建，使客运量逐年增至 2000 万~4000 万人次（2016 年）。

（2）巴廷机场。距阿布扎比市 10 公里，1980 年曾是一空军基地，将建成一站式超级贵宾（VVIP）机场，可快捷直达目的地，2014 年在中东可有 900 个着陆点。

（3）迪拜国际机场。是阿联酋最繁忙最大的机场。始建于 1959 年，1971 年投入使用，为 24 家航空公司提供服务，年运送旅客 450 万人次。此后，经过多次扩建增容。1998 年 5 月 1 日建成 2 号厅，耗资 8000 万迪尔汗（约合 2200 万美元），客运量达 1000 万人次。2000 年 5 月，该机场拉希德国际航线头等舱大厅建成，耗资 540 万美元，客运量增至 1200 万人次；2003 年达 1550 万人次。2008 年，耗资 45 亿美元扩建，日接待 716 个航班，A380 新客机也已上线，客运量达 4000 万人次。1991 年，机场建成货运村，年货运量 47 万吨，1998 年 6 月又进行了扩建，

2009 年被评为世界最佳货运村。到 2018 年，货运总量将达到 2700 万吨。迪拜国家空运公司，是中东地区最大的运输服务公司，1998 年赢利 1.09 亿迪尔汗（约合 3000 万美元）。2008 年底建成三号航站楼，扩建 1 万平方米，客容量 6500 万人次。2009 年增资 350 亿美元，购置新飞机，年起落飞机 10 万架次，设计客流量 1.2 亿人次。

（4）沙迦国际机场。2009 年是其 75 周年庆典，是世界上最漂亮的机场之一，距迪拜、阿治曼、乌姆盖万、哈伊马角、富查伊拉诸酋长国不足 10 公里。其历史可追溯至 1932 年，前身是英国皇家空军和英航公司在阿拉伯半岛的基地和飞往印度、澳大利亚的加油站，也是阿联酋最早的一个机场。后来，它成为中东地区有名的国际机场，年接送旅客能力 200 万人次。1997 年，该机场驻有各国航空公司 11 家，过往航班每月 2400 个，旅客 110 万人次，货运量达 43.1 万多吨，通往世界 230 个空港。1979 年起落飞机 4225 架次，1988 年上升到 13437 架次。机场内设有赛义夫自由区，区内已有公司 280 家。1998 年 2 月 28 日，世界机场联合会董事会再次选举沙迦国际机场管理总局局长加尼姆·哈吉里博士，连任这一在世界上 156 个城市拥有 1250 个会员的联合会第一副主席。2007 年货运 57 万吨，飞机起降 51314 架次，客流量 432 万人次；2008 年 800 万人次。2009 年，受附近多个机场运营竞争以及国际金融危机影响，其月国际航班只有 1800 个，月客流量约 10 万人次。

（5）哈伊马角国际机场。1976 年 3 月建成运营。有 4 条航线，年运送旅客 25 万人次。为 20 家航空公司提供服务，每月有 196 次航班，年货运量为 4 万吨。

（6）富查伊拉国际机场。1987 年 10 月开始运营。得益于其地理位置濒临阿曼湾，连接海运条件便利，许多国际运输公司在安排航线时被富查伊拉的空港、海港、陆运网络全面联运的优势所吸引。埃及航空公司和海湾航空公司有定期班机起降该机场。富查伊拉机场每天接待客货运航班 20 架次，货运机占到 80%。1998 年，有 60 家公司使用该机场，年航班 18998 个，载客 10 万人次。机场设有一个储量达 5 万吨的货仓。机场还附设了一所航空学校，其文凭已获得国际承认。

（7）阿治曼机场。在哈贾尔山西侧，2011 年建成，设计客流量 100 万人次，货运量 40 万吨。

（8）艾因国际机场。1994 年 3 月 31 日落成，连接艾因市和东部地区各城市，是阿联酋机场网站中的一个新发展，投资 10 亿迪尔汗（约合 2.7 亿美元），设备先进，能起降各种类型飞机。机场与 25 个国际航站联网，日平均接待 1 万名旅客。建有仓库设施，每年处理约 1 万吨货物。

2. 民航总局

1996 年 6 月，阿联酋成立国家民航总局。1998 年 6 月 14 日，耗资 8000 万迪尔汗（约合 2200 万美元），以最先进的自动化设备建成中东最佳的航空控制中心。每天向约 650 架飞经阿联酋领空的飞机提供导航服务。阿已同包括中国在内的 82 个国家签订了双边航空协定，世界各国的 109 个航空公司的定期航班飞往阿联酋的各机场。

3. 航空公司

2006 年在阿联酋的航空公司有 26 家，其中阿布扎比 9 家，迪拜 7 家，沙迦 4 家，哈伊马角 4 家，富查伊拉 2 家。

（1）伊提哈德航空公司（Etihad Airways），又称阿联酋联合航空公司。2003 年 11 月 5 日开航。2008 年，阿联酋国家航空公司开设伊提哈德（Etihad）联邦航空，拥有协和、波音、空客等新款大型飞机 45 架，已开通 48 个国际目的地，2008 年运载旅客 600 万人次，座位使用率 75%。2008 年 7 月订购 205 架波音机，计划 2020 年有 150 架飞机运营，开通 100 条航线，飞亚、欧、非、拉美和大洋洲。运送旅客 2500 万人次。

（2）阿联酋航空公司（Emirates Airline）。迪拜酋长国于 1985 年 5 月建立，10 月 25 日从迪拜首航，当时只租用了一架波音 737 及一架空客 300B4，从区域性高品质航线开始，并很快发展成全球性旅行及空运公司，年度业绩增长 20%，自第三年起即连年盈利。曾获 160 个最佳空运和最优旅客服务的世界性奖项。1998 年实现客运 370 万人次，赢利 2.63 亿迪尔汗（约合 7200 万美元），较 1997 年的 1150 万迪尔汗增长 21 倍。1998 年，公司机队运营业务到达海外 27 个国家的 45 个航站。1998 年 3 月 26 日，公司以 7000 万美元购买了斯里兰卡航空公司 40% 的股权。2007 年投资 49 亿美元订购 130 架，2008 年投资 32 亿美元订购 57 架空客及波音飞机。2008 年公司机队有 244 架飞机，其中 77 架波音 777 系列，60 架空中客车 A380，其他为空中客车 A330、350。已订待交付的客机达 156 架，公司资产 600 亿美元。公司在北京、香港、罗马、巴黎、东京、内罗毕（肯尼亚）和蒙巴萨等地设立了办事处，是阿联酋最先购买使用协和客机的国际航空公司，在阿拉伯国家航空公司中排名居首位。2008 年，飞往 62 个国家和地区的近 100 个目的地，每周 800 架次（占迪拜空港的 40%，2010 年将增为 70%），客运量 600 万人次（较 2007 年增长 34%），货运量 130 万吨。2007 年利润 8.44 亿美元，2008 年 13.6 亿美元，比上年增长 61%。2008 年 8 月 1 日 A380 首航迪拜—纽约，载 489 人，较波音 747 省油 20%（按每座计），若远程满座，则人均耗油量如一小卧车。

（3）海湾航空公司。1974 年，由阿联酋（阿布扎比酋长国政府拥有 25% 股份）、巴林、阿曼和卡塔尔四方组成。1994 年，公司机队拥有 37 架飞机（18 架波音 767 - 300S，14 架空中客车 A320 - 200S，4 架空中客车 A340 - 300S，1 架波音 757F 货机），飞往世界各地 50 个航站。1995 年客运量达 500 万人次，货运量为 15.3 万吨。1996 年，因经营不善，亏损 1.36 亿美元，被迫出售 17 架飞机，以减轻债务。1997 年，扭转亏损，赢利 4800 万美元。1998 年 4 月，与希尔世界集团签订合同，以 2.4 亿迪尔汗（约合 6500 万美元）委托该集团负责处理公司全部技术业务。与印度航空公司和日本航空公司在孟买组织联营，海湾航空公司分享 20% 份额，并与中国、韩国、日本达成开拓业务协议。

（4）海湾飞机维修公司。1987 年 9 月 28 日在阿布扎比建立。资金额 2 亿迪尔汗（约合 5400 万美元），阿布扎比政府持股 60%，海湾航空公司占 40%。它是中东地区最大一家维修多种型号飞机和发动机的公司。拥有专业技术人员千余人。1998 年 6 月 26 日，与加拿大劳斯罗斯公司签订地区服务中心协定，负责维修其大型工业汽轮机。1998 年 2 月，与英国皇家空军签订合同，负责维修其 9 架三叉戟飞机（维修期 5 年），公司获维修费 1.7 亿迪尔汗（约合 4650 万美元）。

此外，还有："阿拉伯航空（Air Arabia）"，2003 年 10 月开航，是中东的低票价航空公司，有 A320 机，2007 年客运量 120 万人次，2008 年 160 万人次。"RAK Air（I Fly You）"，2006 年 2 月建立，飞贝鲁特、索非亚、中亚、哈伊马角等地航线，有 3 架波音 737 机，2008 年运营额 16.5 亿美元。"皇家喷气机（Royal Jet）"，是私人航空公司，2008 年开航，为商人开专线，如：吉达—贝鲁特线等。"迪拜航空（Fly Dubai）"，有 50 架波音 737 机，飞 12 ~ 70 个站。

4. 酋长国航空协会

酋长国航空协会于 1997 年 9 月 4 日成立。其会员来自本国专业飞机驾驶员和在航空塔台工作的导航员，以及航站的工程师和技术员。其宗旨是提高会员们的文化和专业水平，鼓励青年人致力于航空领域，在航空科学方面创新。

5. 迪拜航空学院

迪拜航空学院是一所培养本国和海湾国家的机场空中控制导航人员的培训中心。1991 年设置时有 650 名男女学生。1996 年 11 月，耗资 2.4 亿迪尔汗（约合 6570 万美元），在迪拜开设了训练学院，培养在飞行领域的安全和各种服务的本国人员。1997 年，迪拜航空学院获得英国航空局给予的航空工程课程的国际承认。

6. 迪拜航空展览

1998 年 7 月 27 日，阿联酋国防部长、迪拜酋长国王储穆罕默德上将，批准占地 3 平方公里面积的土地，用作迪拜航空展规划使用的永久性展地。航展每两年举行一次，是世界第三大同类展览。1998 年 11 月 14～18 日举办了第六届国际迪拜航空展，吸引了来自 35 个国家的 500 多家公司，展出最新生产的军用和民用飞机，以及用于装备机场和强化安全飞行的技术部件。1999 年 9 月，举行了 20 世纪的最后一次航空展览。2009 年，在扩建后的新展馆举办新一届国际航空展。

三　海运

阿联酋内陆没有大河，也几乎没有长年流水的河可供水运。自古以来，各酋长国主要靠季风搞海上运输，每年 12 月至来年 3 月利用东北风去东非，4～9 月乘西南风返回，9 月～12 月为季风间歇期。

阿联酋沿岸有 20 个港口和 308 个码头，总长 45 公里，港口年吞吐量为 7 亿吨。阿联酋的多数酋长国建有自己的港口。具有先进的设施和技术，能接待大型海船的港口有 8 个。它们是：阿布扎比酋长国的扎耶德港和鲁韦斯港，迪拜酋长国的拉希德港和阿里山港，沙迦酋长国的哈利德港和豪尔费坎港，哈伊马角酋长国的萨卡尔港，以及富查伊拉酋长国的富查伊拉港。

希德港 1979 年建成投入使用，是西亚北非地区最大的人工深水港口之一，1991 年上岸货物 460 万吨，绝大多数属集装箱运输，是中东第二大深水港。

扎耶德港 1972 年 7 月开始对外运营，有 34 个泊位，长达 2000 米，能接待吃水 12.5 米的大型船只，年平均吞吐量 100 万吨以上。由于该港口缺少集装箱码头，很多集装箱货船只能驶往迪拜卸货。该港于 1981 年 7 月进行扩建，集装箱码头建成后，港口年装卸货物达 360 万吨。2008 年运货 120 万吨、集装箱 20 万个。

哈利德港 耗资 100 亿美元改扩建，建 4 个码头，占地 137 平方公里，2011 年建成，年装卸货物 3700 万吨、500 万个集装箱，2011 年将取代扎耶德港。

阿里山港 中东五星级第一大港，主要经营工业用大型货物的装运，1991 年 5 月与拉希德港联合组成迪拜港口管理局，以简化管理，提高效率。2007 年装卸 4330 万个集装箱。2008 年耗资 15 亿美元，增建二号码头，平台长 2500 米，接待过长 367 米装载 8200 个集装箱的巨轮。

富查伊拉港 距霍尔木兹海峡口 70 英里，人称"锚地港"。1983 年投入使用，专门负责与澳大利亚进行活物贸易，年装卸 7 万头活羊，1991 年装卸货物 47.6 万吨。改建后吃水 15 米，码头长 720 米，可卸储 3 万个集装箱，是世界第二大储油港。

豪尔费坎港 1978 年建成，位于霍尔木兹海峡外的东海岸，距离富查伊拉港仅 20 公里。两者在地理位置上都是海上航运理想的中转站。

此外，各酋长国还建设了一些大型的油气港口、码头，如：阿治曼港、乌姆盖万港、阿布扎比酋长国的鲁韦斯港和在达斯岛上的大型输油港。注册为阿联酋国籍的船只有 3700 艘，它们的主要航线是远东、印度半岛、东非和欧洲，其次是邻近地区。

阿联酋的八大港口管理局和国家气象中心，能及时提供气象和海上的信息和资料。港口设有海关、检疫、卫生、保安、银行、电信、供应等机构，配有专门发电厂和天然气站。

各港口附近大多建设了自由区，以多项优越条件吸引国内外客商在区内投资，建立工、贸项目。各主要港口和自由区均有先进的调度中心和计算机自动化指挥控制系统，开通海陆空联运，备有宽敞的、卫生的空调货仓、粮仓和专用仓库。可以快速、安全地接运各种尺码的集装箱、混装货和散货。码头配备有大型吊车，每台吊力为 50 吨。港口的通关、检疫、收费等均比较方便，费用也较低廉。自由区对外国投资者减免所得税和公司税，进口税率 4%，允许全部利润和资本汇出。(1) 萨德亚自由区，1996年建于阿布扎比，从国内外融资 33 亿美元。它是一个现代化跨区域的和世界性的原料与初级产品集散中心。其仓储中心包括粮仓、凉风库、冷冻库、流体罐、贵重金属库等，外加一个海运码头，配有先进的分拣和传运设备。为了扩建及增加附属设备，引资设立了萨德亚发展公司，特许投资方有为期 25 年的使用权，并可要求延长 25 年。自由区已接待了加拿大、英国、美国、德国、澳大利亚、法国、中国、阿根廷、罗马尼亚等国的代表团。(2) 阿里山自由区，位于迪拜酋长国。20 世纪 80 年代，在该地区原有海港基础上加以扩建而成，是阿联酋最大的现代化自由港区。1998 年，已有 80 个国家的 1300 家公司投资该区，年出口金额 130 亿美元，2000 年达 250 亿美元。2009 年 7 月，阿里山自由区与迪拜航空联手打造"迪拜物流走廊"，2010 年将建成海陆空商品无缝转运项目，提供 15 万个就业岗位。

四　邮政电信

1. 邮政

迪拜酋长国率先摆脱英国管制，建立本国邮政。1909年，英属印度邮政管理局开始在迪拜经营邮政服务，由此，归卡拉奇管理的第一个迪拜邮政所开办并运营。印、巴分治后，该所划归巴基斯坦邮政局领导，并印制发行冠以巴基斯坦字样的邮票。1948 年 4 月 1 日，该项邮政服务转归英国邮政总局管理，改为发行印有英国君主像的邮票。1963 年，英国结束对该地的邮政管理。3 月 30 日，迪拜率先建立自己的邮政服务，但仍使用英国在阿拉伯半岛发行的邮票，收益为外人所获。6 月 15 日，迪拜发行了自己的第一枚邮票。继迪拜之后，1963 ~ 1964 年间，沙迦、阿治曼、哈伊马角、富查伊拉、乌姆盖万等酋长国也纷纷开设邮政局，并与迪拜的邮局联手，通过迪拜机场运转国内、国际邮件。同时，各酋长国开始发行各自的邮票，收益归己，不再被外人获取。其精美的邮票，受到集邮者喜爱，故发行邮票成为各酋长国一项不菲的财政收入。1967 年 1 月 1 日，各酋长国全面管理了自己的邮政服务。

1972 年 8 月 1 日，根据联邦命令，设立阿拉伯联合酋长国邮政总局，受交通部管理，并决定把阿拉伯联合酋长国的字样印在阿布扎比酋长国发行的邮票上，在各酋长国通用。1973 年 1 月 1 日，阿联酋国家第一套新邮票发行，共 12 种，票面上印有开国总统扎耶德的头像。1985 年，邮政总局正式成立，管理全部邮政事务和发行邮票。1988 年，总局建立培训中心，培养本国邮政服务的各类人才。1997 年，邮政员工达 1224 人，其中有 440 人是本国人。1997 年 5 月 21 日，联邦副总统兼总理、迪拜酋长国统治者马克图姆发布内阁决定，投资 1500 万迪尔汗（约合 410 万美元）建立阿联酋邮政服务机构。总部设在迪拜，负责拓展邮政业务市场，建立和发展专门的邮政局所，并在国内外开设分支机构及代表处。2001 年组成阿联酋邮政公司，与国际邮政联合，是 40 国邮联的第 24 名成员和理事国（2009 ~ 2012 年）。2007 年投资 5200 万美元，与海合会组织各国联合投递，2008 年艾因机场担任邮政运送业务，投递范围扩大到印度、中东、欧洲，配备飞机 50 架（2012 年）。

邮政业务快速全面发展，除以色列之外，阿联酋与世界各国发展各种邮政服务，已与 88 个国家建立优质邮政服务业务。年处理邮件上亿件。全国设 57 个支局和 165 个邮政所。另设有 12 家邮政快递公司，其中 4 家是本国的和阿拉伯国家的，8 家是其他国家的。设有 69 个邮政信箱管理中心。1997 年，邮政信箱号码发行量达 13 万个。此外，在阿布扎比、迪拜、沙迦、艾因、巴尼亚斯和西部地区建立了 13 个新的邮政服务大楼。

为了纪念本国的和世界上的重大事件和纪念日，阿联酋从 1973 年 1 月 1 日到 1998 年 5 月 17 日，已发行 45 套纪念邮票。根据 1996 年 6 月 24 日部级决定，阿联酋成立了集邮爱好者协会。其会员来自 120 多个国家。协会宗旨是鼓励爱好者收集邮票，加强与阿拉伯国家的、世界的类似协会和组织之间的合作。

2. 电信

阿联酋的通信事业发展迅速，设备先进。

阿联酋于 1976 年成立酋长国（联邦）通信公司，政府控股 60%，其余 40% 为私人占有，统一管理通信行业。1998 年有员工 5000 多人，其中本国人占 24%；在高层职务中，本国人占 79%，公司收入 41.3 亿迪尔汗（约合 11.3 亿美元），较上年增加 30%，获利润 18.55 亿迪尔汗（约合 5 亿美元），较上年增加 9%。到 2012 年，收入可达 95.62 亿美元。1998 年 5 月 11 日，酋长国通信公司成为设在荷兰阿姆斯特丹的世界最大通信公司"埃柯"国际通信有限公司的董事会成员，拥有 3.58 亿迪尔汗（约合 9800 万美元）的股权。1998 年，酋长国通信公司在哈伊马角酋长国投资 8800 万迪尔汗（约合 2400 万美元），建造一座面积 1 万平方米的 12 层大楼作为分公司。1989 年，在沙迦建立了通信工程学院，还开办了在职员工培训中心，以利于通信业务的发展。2000 年 4 月 4 日，联邦国防部长、迪拜酋长国王储穆罕默德上将宣布，迪拜推出一项充分利用互联网的计划，通过电子通信手段处理政府事务，以提高运作效率，减少国家开支，节省行政管理支出 1/10。2009 年 2 月，撒马尔特萨特卫星通信公司在迪拜成立，注资 5 亿美元，将发射卫星，覆盖中东、北非地区，并为用户提供互联网和 GSM 电话通信业务。迪拜的上网人数众多，有 50 万网民，占迪拜人口数的 70% 以上。

电话 1976 年 9 月，建立酋长国通信公司时，全国只有电话 3.6 万门；1984 年有 86 部电话交换机，容量为 22.8 万门，实际电话用户为 18.8 万个。到 1998 年猛增至 86 万门，较 1976 年增加了 22.8 倍，2000 年增至 120 万门，约每百人拥有 40 部电话，属世界最高普及率类国家，2006 年又增至 126 万部；2008 年 150 万部，达到每 3.4 人一部固定电话；2012 年将达到 190 万部。1987 年在富查伊拉与印度次大陆之间铺设了海底通讯电缆。移动电话服务始于 1982 年。1998 年，设有移动电话台 2250 个，移动电话用户 41 万个（约每 6 人有一部移动电话）。2000 年增至 142.8 万个（约每 2.5 人有一部移动电话）；2007 年移动电话增至 590 万个，人均 1.1 个，移动电话利润收入 37.43 亿美元；2008 年移动电话用户 920 万，利润收入 49.23 亿美元，较上年增加 32%；2012 年移动电话利润收入将达到 57.62 亿美元，用户 1190 万。公用电话 2400 部，遍及全国。阿联酋 1988 年开始有传呼台服务。1998 年 6 月使用者达 26.2 万。同年，通信公司引进使用机器付款服务，装备了 29 套设备，覆盖全国各分支系统。同时，提供全球通电话磁卡服务，并与多个国家达成了对方付费协议。为方便外来游客的国际国内通话，提供一种每卡 300 迪尔汗（约合 80 美元）的有效期一个月的电话磁卡。

网络通信 1976 年，阿联酋开通直接通信的外国城市只有 36 个。1998 年增至 247 个，增加了 5.8 倍。1995 年阿联酋开始提供国际互联网服务。2000 年，该网用户达 25 万个，2007 年达

90 万户，2008 年增至 115 万户，2012 年将扩大到 266 万户，利润 2007 年为 3.99 亿美元，2008 年为 4.97 亿美元，2009 年达 5.98 亿美元，2012 年将达 8.06 亿美元。设有 8 个人造卫星地面站；引进了小窗口终端服务的综合业务联络网（VSAT），使卫星通信网服务全天候高质量地覆盖到阿联酋边远地区。2000 年，新建了迪拜互联网城，耗资 100 亿美元。同年 11 月，在沙漠地区建成一个"互联网城"产业园区，从印度招聘了大量高级电脑人才。迪拜的低税收和良好的管理，吸引了美国的奥拉克尔公司、微软公司、IBM 公司和其他 200 家科技公司在迪拜设立地区总部。戴尔公司和微软公司已选择该地作为一个向中东地区推销软件和帮助设计电子商务的后方基地。2007 年，阿联酋人造卫星通信网同 118 个国家相连。2008 年，移动电话用户 920 万（人均接近 2 部），2012 年移动电话用户将达到 1190 万户。

信息交换 阿联酋新闻和文化部用阿拉伯、英、法、西、德、葡等 6 种语言文字在国际互联网上介绍阿联酋的情况，每天将阿联酋出版的 3 种阿拉伯文报纸（《联合报》、《海湾报》和《宣言报》）和 2 种英文报纸（《海湾时报》和《海湾新闻》）发送上网；还设有酋长国战略研究网址英文版，以及阿联酋教育、政府、公共和私人的 58 个网址。1986 年，酋长国信息交换网开始为国内各商业公司联通世界各地，提供大量的、迅速的电子邮件和信息。1992 年引进综合业务数字网（ISDN），进行可视对话和召开声像兼备的视听会议。1994 年，又引进图像重放技术系统帧中继（FRAME RELAY）。1997 年，异步传输方式（ATM）进入阿联酋。2003 年，对信息技术的投资约 7.8 亿美元。

光纤通信 阿联酋是世界上光纤网最先进的国家之一。酋长国通信公司通过 3 万条光纤，提供传输面广、声像效果清晰的服务；建立了与阿曼、伊朗联系的光纤网；同卡塔尔、巴林、科威特合作，铺设了海底光纤电缆。该公司还参加了国际网络，与世界上大多数地区，特别是世界金融和商业中心，以数码通信联通。1996 年，阿联酋已拥有 "通信号"、"香鲸号" 两艘铺设和维护海底电缆、海底测量的专业船。"香鲸号" 装备有先进的航海系统，可在最差的条件和恶劣的气候状况下，连续不间断地工作。

　　通信卫星　1996 年 1 月 6 日，苏莱娅（Thuraya）卫星通信公司（TSTC）成立，资本 2500 万美元，承担实施酋长国人造卫星计划。1997 年 1 月 6 日，它与酋长国通信公司在阿布扎比总部签署改建为股份公司的文件，资本增至 5 亿美元。苏莱娅公司与美国休斯电子公司实施此项卫星计划，耗资约 12 亿美元，2000 年 5 月完成。阿联酋成为第一个拥有通信卫星的阿拉伯国家。它设有 250 万条电话线路，其服务覆盖印度半岛、中亚、土耳其、伊朗、摩洛哥、东南亚、南欧和非洲部分地区的 50 个国家。运营 12 年可回收资金 40 亿美元。2008 年 1 月发射苏莱娅 3 号星（取代早先发射的 1 号星），能覆盖全国 2/3 人口，2 号星仍在海面上空运转。

　　2008 年阿联酋筹划自己拥有的第一个卫星 YAHSAT，耗资 17 亿美元，与欧洲的埃里亚娜公司签了 2010 年代发送合同，2011 年发射 YAHSAT – 1B。

　　酋长国通信公司于 1998 年使用电视光纤，为观众提供 30 ~ 100 个频道服务，电视不再需要使用卫星天线。

第七节　财政金融

一　财政

根据宪法，阿联酋 7 个酋长国应按协议所定比例分摊预算负担，但事实上，联邦建立后的头 30 年，联邦支出大部分由阿布扎比酋长国和迪拜酋长国支付。2010 年度总财政预算中，阿布扎比和迪拜的贡献率位居前两位。2000 年 3 月 13 日通过的阿联酋联邦政府预算总额为 119.67 亿美元。其中总收入为 56.5 亿美元，总支出为 63.17 亿美元，赤字 6.67 亿美元；2001 年预算总收入为 55.8 亿美元，总支出为 61.8 亿美元，赤字为 6 亿美元；2002~2004 年赤字年均为 6 亿美元；2005 年开始消灭赤字，总收入、支出均为 61.9 亿美元。2007 年阿联酋联邦预算总收入 77.66 亿美元，总支出 77.66 亿美元，赤字为 0，（其中教育支出占 33%，安全和司法占 15.7%，卫生保健占 7.1%，社会事务占 5.2%，基建占 3.9%，国防及其他占 35.1%）；2008 年总收入 81.9 亿美元，总支出 50.1 亿美元，结余 31.8 亿美元。联邦政府财政总预算收入的 90% 出自联邦首富阿布扎比酋长国分摊额和大量补助额，其他主要出自二富迪拜酋长国，迪拜每年的定额约为 3.3 亿美元。

　　阿联酋政府 2009 年 10 月 26 日公布了 2010 年年度财政预算，总额度约 120 亿美元，这是阿联酋连续第六年保持零赤字预算，与 2009 年预算相比，2010 年将增加 3.38 亿美元，其中，医疗保健、教育和社会事业开支占总额的 41%，达 49.2 亿美元；行政和基础设施支出占 17%，为 20.4 亿美元。

　　1. 收入

　　（1）石油收入是第一大进项。1972~1995 年期间，阿联酋财政收入的 80% 主要来自富产石油的酋长国的石油收入。1996 年石油收入 154.4 亿美元，较上年增长 14.3%，占国内生产总值的 36%。1997 年世界石油价格下降为平均每桶约 19.5 美元，1998 年受亚洲金融危机和伊拉克石油出口增加等影响，国际石油价格一度降到每桶 9.13 美元，1999 年阿联酋石油出口收入仅 123 亿美元。2000 年亚洲和世界经济回升，国际油价一度冲至每桶 40 美元，阿联酋当年石油出口收入升至 219 亿美元。2001 年初国际油价回落为每桶约 28 美元，阿联酋的石油出口收入略降为 199 亿美元。2008 年，阿联酋石油收入 890 亿美元。2009 年降为 400 亿美元（美国能源部数据）。

（2）收入多元化。在经济多样化的方针下，阿联酋的财政也从基本上只靠石油收入的单一性转为收入多元化。在执行限产保价和持续开发、封存新油田的石油政策下，发展了非石油产业及服务行业，开源节流，多创收入。1997 年，石油生产总值只占当年国内生产总值的 32%，虽较上年所占比重下降了 4 个百分点，但该年的国家收入却反而较上年增长了 10%，达 567 亿迪尔汗（约合 155 亿美元）。其中税收增长 4.3%，约为 100 亿迪尔汗，占全部收入的 17.7%。1998 年国内生产总值增长3.4%，而非石油产值增长 3.8%，达 1275 亿迪尔汗（约合 347亿美元），占国内生产总值的 68.5%。

（3）低关税税率促使非关税收入增加。阿联酋关税收入1997 年较 1996 年增长 17.4%，占税收收入的 16.7%，只占1997 年总收入的 3%。这种低税率有利于刺激多种经济门类的发展，使其他税收收入比重提高，占到 83.3%，但也只占总收入的 14.7%。

2. 支出

阿联酋的财政支出中，国防费用居第一位，联邦建立后的十多年里，国防费用支出一般要占中央财政支出的 40%；教育次之，约占 15%；农业只占 1%。长期以来，阿实行赤字财政政策，1996 年赤字（以亿美元计，下同）6.2，1997 年赤字 6.9，1998 年赤字 6.4，1999 年赤字 6.8，2000 年赤字 6.7，2001 年赤字 6，2002 年赤字 6，2003 年赤字 6，2004 年赤字 5.9，2005 ~2007 年连续三年联邦政府财政收支平衡，赤字均为 0。2008 年，联邦政府财政收支结余 31.8 亿美元。阿联酋财政收支的特点有以下一些。

（1）工资和发展建设的开支是主要支出。1997 年支出中，经常性支出占 73%，建设支出占 17%，海内外投资和信贷占 10%。经常性支出中，采购支出约占 39.1%，工资支出占 27.9%，政府财政补贴占 14.6%。

（2）节流资金投入建设。1996 年阿联酋出现赤字高达 22.594 亿迪尔汗（约合 6.2 亿美元），占收入的 44.1%，1997 年虽然收入较 1996 年增加 54.35 亿迪尔汗，但仍坚持压缩经常性支出 20%，狠狠压缩赤字 156.79 亿迪尔汗（约合 43 亿美元）。主要压缩了政府补贴性支出 117.47 亿迪尔汗，为 1996 年该项支出的 63%。而建设费不减，反增 6.5 亿迪尔汗，增长率 6.4%；投资和信贷增加 10.19 亿迪尔汗，增长率 21.3%。政府获得的投资回报和信贷，弥补了赤字的 91.4%。

（3）增产多出口，减少赤字。1997 年，进口商品总值降至 399 亿迪尔汗（约合 109 亿美元），较上年下降 58%，出口则实现顺差 271.4 亿迪尔汗（约合 74 亿美元）；投资收入增长 33.3%；财政赤字 6.9 亿美元，较 1996 年的 6.16 亿美元赤字减少 0.74 亿美元。1998 年，国内生产总值增长 3.4%，贸易出口顺差增加 20%，赤字 6.4 亿美元，使财政赤字减少了 0.5 亿美元。7 年后，实现年财政赤字与"0"，2008 年财政有结余。

二　金融

1. 货币

阿联酋货币单位名称是迪尔汗（DIRHAM，简写 Dh，又译作迪拉姆）。迪尔汗与国际货币基金组织的特别提款权挂钩，1980 年以后实际与美元挂钩。1 迪尔汗＝100 菲尔斯。面额有 5、10、50、100、500、1000 迪尔汗，另有 1 迪尔汗和 1、5、10、25、50 菲尔斯铸币。1973 年 5 月货币局开始发行、流通迪尔汗，并进行管理和监督。1997 年，阿联酋外汇储备为 83.72 亿美元, 黄金储备为 90.77 亿美元, 在国外资产总值超过 500 亿美元, 以上合计 674.49 亿美元, 外债 108.9 亿美元。2008 年阿联酋的外汇储备达 476 亿美元。

货币比价。1974 年 1 月, 国际货币基金组织规定迪尔汗的含金量为 0.186621 克纯金, 1 美元等于 3.947 迪尔汗。迪尔汗与美元的汇率比价, 长期以来比较稳定。因为, 阿联酋的石油收入不断增加, 有较丰足的黄金, 外汇储备和海外资产较多, 商贸、交通和通信事业发展迅速, 迪尔汗表现坚挺, 迪尔汗又可自由兑换外汇, 地位较佳, 其比价逐渐上调升值, 1979 年为 1 美元 = 3.8157 迪尔汗; 1980 年为 3.7074; 1981 年为 3.671; 1996 年后稳定在 1 美元 = 3.67 迪尔汗。1997 ~ 2000 年期间, 汇率一直保持 1 美元 = 3.66 迪尔汗; 2008 年 1 美元 = 3.6725 迪尔汗。

1997 年, 阿联酋货币供应量为 254 亿迪尔汗, 较上一年增加 13.9%。主要是货币存款增加, 增长率为 16.1%。半现金存款 (半现金存款系指以票据形式的存款; 在中国尚无此种存款形式) 增长 7.4%, 为 695 亿迪尔汗。由于经济活跃, 国内货币流通总量高达 949 亿迪尔汗。1997 年底现金流通量为 1105.1 亿迪尔汗。银行存款的利率 1997 年为 5.6%; 2000 年为 6.1%。

2005 年以来, 为满足阿联酋国内信贷需求, 外国银行将资金大量投入阿联酋银行, 希望从迪尔汗和美元的固定汇率中受益。2005 年 6 月底, 阿联酋 52 家银行的外资额总计为 232 亿美元, 到 2008 年底达 925 亿美元, 占海湾银行总债务的 40%, 是其最大的债务人。

2. 货币政策

阿联酋国家的货币政策主要集中在两方面: 一是中央银行用现代化的原则, 深化对各金融机构的监督管理; 二是保证国内货币的供应和流通, 以与经济活动的扩大相适应, 并适时吸收多余的资金。阿联酋的外汇储备、黄金储备和在国外的资产共约合

675 亿美元。这些，对迪尔汗货币的稳定起到了保证作用。进入新世纪，得益于国际油价上涨，石油美元收入增加。2002 年 2 月，阿联酋货币迪尔汗开始正式与美元挂钩。2004 年阿联酋外汇储备为 225 亿美元；2006 年增至 250 亿美元；2008 年再增至 476 亿美元。

1997 年 7 月，因受到国际金融寡头操作和国家财经政策的影响，泰国允许泰铢浮动，泰铢不断贬值拖垮了其他亚洲货币，爆发亚洲金融危机。印尼、韩国、泰国、中国香港受到亚洲金融危机的严重打击。对此，阿联酋中央银行决定组织贷款抵押，替代原来的公司股份抵押，设法渡过了难关。

整顿金融和货币兑换管理。阿联酋实行外汇自由兑换，在银行外，随处可见大大小小的货币兑换点。1992 年，政府对货币兑换点按国际标准进行了规范，建立起新制度。1997 年，阿联酋现金兑换公司和分理所达到 176 家，遍布各酋长国，给人们特别是旅游者换汇带来了方便。同年，阿联酋中央银行对买卖股票、国内外证券、货币，以及金融市场的中介活动等，及时进行了整顿管理。规定金融公司资本额不得少于 3500 万迪尔汗，其中本国投资额不少于 60%；中介必须是本国的自然人；法人资本中的国内资本不得少于可支付资本总额的 60%；设立金融代理处 30 个。1997 年，阿联酋有金融投资公司和银行咨询公司 9 家，金融中介行和分理处 28 个。

3. 银行

阿联酋银行业发达，2008 年有本国银行 328 家，外国银行 109 家。外汇买卖不受限制，货币自由入出境，汇率稳定。

1973 年，阿联酋货币局成立时，有 20 家银行，其中 6 家是本国银行。商业银行贷款利率达 10% 以上（一般银行存款利率为 5%），由于利润丰厚，出现银行热。1977 年阿联酋发生两家银行倒闭案，许多银行陷入困境。银行危机之后，货币局改组。

1980 年，全国银行达 74 家，其中外国银行 52 家，本国银行 22 家，又出现银行热。1980 年 12 月，阿联酋中央银行成立，根据 1980 年颁布的《银行法》，其主要职能是：制定并执行信贷政策；促进国民经济的平衡发展；向政府提供货币和金融问题的咨询；控制货币投放、黄金和外汇储备，以及管理其他银行。1981 年，中央银行颁布一项法令，对外国银行的活动做了新的限制，鼓励本国银行进行合并，以加强竞争力。1991 年，外国银行只有 28 家，本国银行经合并、调整仅留 19 家。1999 年银行迅速恢复到了 74 家，其中外国银行增至 32 家；2006 年有银行 89 家，其中外国银行及代表处 67 家。除阿联酋中央银行外，各酋长国均设有银行，大多是商业银行。

阿联酋中央银行是联邦国家的主要金融管理机构，负责审批"直接货币、信贷和银行政策，并根据国家总体政策监督其执行情况，保障国家经济和货币稳定"，行长是苏尔坦·本·纳斯尔·苏维德（Sultan bin Nasser Al Suwaid）。

（1）主要商业银行（总资产在 5 亿美元以上）

阿联酋开发银行。2009 年 6 月 24 日成立，由阿联酋房地产银行（1999 年开业，国家全资 20 亿迪尔汗）和阿联酋工业银行合并组成，注册资本 50 亿迪尔汗（约合 13.66 亿美元），联邦政府全资，设定总资本 100 亿迪尔汗（约合 27.3 亿美元），接受存款、发放抵押和工业贷款，主要解决流动资金、债务转期和偿付能力三大问题。

阿布扎比银行。1985 年 5 月 2 日由海湾商业银行、酋长国商业银行和联邦商业银行合并，成立于阿布扎比，1990 年总资产约合 38.35 亿美元。

阿拉伯投资与外贸银行。1976 年成立于阿布扎比，为阿联酋、利比亚和阿尔及利亚的三家银行所拥有，1990 年总资产约合 18.47 亿美元。

阿曼银行。1967 年 5 月 1 日成立于迪拜，1990 年资产总额合 28.56 亿美元。

迪拜商业银行。1969 年 7 月成立于迪拜，阿联酋国家拥有其 80% 的股份，迪拜酋长国政府拥有 20% 的股份，1990 年总资产约合 5.44 亿美元。

迪拜伊斯兰银行。1975 年 3 月 12 日成立于迪拜，1988 年总资产约合 6.28 亿美元。2000 年 9 月，开设了首家仅为妇女顾客服务的分行，提供开设活期和储蓄账号、兑换货币和投资存款等业务，为妇女们提供了便于用自己名字进行金融交易的场所。该行妇女分行的经验扩展到了阿联酋的其他 6 个酋长国。

酋长国国际银行。1977 年 3 月 27 日成立于迪拜，当时称中东联合银行，1988 年改为现名。1990 年总资产约合 25.46 亿美元。

贸易金融投资银行。1975 年 2 月 2 日成立于沙迦，1989 年总资产约合 9.91 亿美元。

中东银行。1976 年 10 月 25 日成立于迪拜，迪拜政府拥有 21% 的股份，余为私人拥有。1989 年总资产约合 15.2 亿美元。

阿布扎比国民银行。1968 年成立于阿布扎比，1990 年总资产约合 102.89 亿美元。

迪拜国民银行。1963 年成立于迪拜，1990 年总资产约合 68.6 亿美元。

沙迦国民银行。1976 年 3 月 29 日成立于沙迦，本国居民拥有其 73.65% 的股份，沙迦经济发展公司拥有 26.35% 的股份。1988 年总资产约合 12.37 亿美元。

阿布扎比阿拉伯联合银行。1975 年成立于阿布扎比，阿联酋国家拥有其 80% 的股份，全法协会拥有 20% 的股份。1989 年总资产约合 5 亿美元。

（2）工业银行

阿联酋工业银行。阿联酋为了建设发达的工业，促进国家经济和收入多元化，于 1983 年建立了阿联酋工业银行，以投资于新的工业项目和支持现有工厂企业。到 1998 年，该银行为 389 个新工业项目投资 7.33 亿迪尔汗。支持的生产项目有：金属器皿、马赛克、塑料管件板型、润滑油桶和阿联酋第一个压制大理石的工厂等项目。1997 年该行实现利润 2230 万迪尔汗，较上年增长了 26.7%。2009 年，该银行与阿联酋房地产银行合并，成立阿联酋开发银行。

阿联酋房地产银行。1999 年开始营业，注册资本 20 亿迪尔汗（约合 5.46 亿美元），联邦政府全资所有。2007 年资产达 10.36 亿美元，利润 2323 万美元。2009 年，与阿联酋工业银行合并，成立阿联酋开发银行。

（3）在世界金融银行业的可信地位

在世界金融银行业中，阿联酋银行业资金充足，信誉较好，占有一定的国际地位。2003 年，迪拜承办世界银行和国际货币基金组织年会，是阿拉伯世界近半个世纪以来首次举办。在阿联酋的外资银行主要有：美国花旗银行、英国中东银行、东方银行、阿拉伯银行等。

（4）银行倒闭案

1990 年 8 月 2 日海湾危机爆发后，阿联酋的银行突然面临本币、美元的挤兑压力，有 70 亿迪尔汗存款被提走，约占存款总额的 15%，许多银行被迫停业。1991 年 7 月 5 日，英国中央银行未事先通知阿联酋中央银行即突然采取清算行动，爆发了设在阿布扎比的由巴基斯坦人经营的国际信用商业银行（BCCI）被查封关闭事件。阿布扎比当局拥有该银行 77% 的股份。经过近 5 年之久的清算、交涉和谈判，1996 年 5 月达成协议。阿布扎比承诺捐赠 2.5 亿美元现金，与清算方共同以 18 亿美元弥补 4.5 万个储户的 30%~40% 存款，使约近半数小额（1 万美元）储户可全额提回本金存款，大额存款户则按累进制不等比例提回，逐渐平息了这一风波，结束了影响国际金融的这场银行倒闭案。事后，阿联酋中央银行决定把该银行从注册中除名。1998年又规定注册银行必须每年提供行员编制4%的名额给阿联酋公民就职。阿联酋从该事件中积累了经验教训，并使金融稳定，使迪尔汗信誉依旧很高，从而在1998年成功地应对了亚洲金融危机的冲击。迪尔汗对西欧各国货币的汇率仍然坚挺，比价有升无降，与美元汇率稳定。

4. 证券市场

阿联酋自己的证券市场是联邦计划部根据1998年关于建立证券市场的决定出现的，目的是增加社会的投资意识和储蓄积极性，聚集零散游资加以利用，吸引存在国外的资金返回。国内各种股份公司的存在及其资本的雄厚，使证券市场的活动得以成功。为了加强投资业务，阿布扎比发展基金会设立了阿布扎比投资信托公司，有来自40国的1100名工作人员进行操作，投资于法国石油公司股份的5%，路透社股份的9%等。阿联酋为了巩固其货币迪尔汗在国际货币市场上的地位，与一些外国金融机构签订了发行迪尔汗债券的协定。同时，向世界银行等金融机构提供贷款，购买国际金融机构的有价证券和股票，或以长期存款、活期存款等方式存入欧美国家的银行。1998年，阿联酋海外资产超过500亿美元。1999年油价回升，阿联酋财政收入大增，其证券市场活跃，迪拜酋长国决定兴建"电子商贸城"、设立"网上政府"、开发金融产品等高新信息产业项目，拓展旅游业、金融业，并将家族产业改制为控股集团公司，吸引本国资本回流。

1998年，上市流通证券额达1294.1亿迪尔汗（约合352.6亿美元），其中有：681.7亿迪尔汗来自金融机构，530亿迪尔汗来自服务业，57.1亿迪尔汗来自保险业。2000年11月，阿布扎比证券市场成立，是官方证券交易所，有65家上市公司，2008

年底的市值为 2527 亿迪尔汗（约合 689 亿美元），争取 2030 年成为海湾地区主要的证券交易所。为了加强投资业务，设立了阿布扎比投资信托公司。

上市的著名公司有：拥有 10 亿迪尔汗资金的迪拜房地产公司，10 亿迪尔汗资金的阿布扎比伊斯兰银行，5 亿迪尔汗资金的迪拜制冷公司，1 亿迪尔汗资金的迈纳斯克公司，以及阿布扎比的萨德洋自由区管理公司、阿布扎比工业集团和阿布扎比轮胎公司，2008 年投资 10 亿美元的阿布扎比国际石油投资公司，阿布扎比能源公司（2008 年投资 16 亿美元，阿占 51%），迪拜国际投资基金（2004 年成立，2008 年资本额 120 亿美元，2010 年为 240 亿美元），迪拜集团（2007 年成立，有 1000 个分支、1.6 万名员工），阿布扎比电信通信公司等等。

5. 保险业

阿联酋的保险业，是随着其国内外工商贸易的发展而建立的，后经 1984 年阿联酋关于保险公司及其代理的第九号联邦法和 1995 年的两次有关修改法的贯彻执行，而得到规范管理。1995 年，国内保险公司投资总额为 26.72 亿迪尔汗，在国外投资额为 5.77 亿迪尔汗。1996 年，阿联酋重点发展本国保险业，有本国保险公司 20 家，而设在阿联酋的外国保险公司则由原来的 54 家减至 27 家。

三 阿联酋应对 "2008 国际金融危机"

经 历 1994 年墨西哥金融危机、1997 年泰国的泰铢贬值危机引致东南亚东亚的亚洲金融危机冲击，当时阿联酋面对的是石油岁入缩减，经济发展计划调整，速度放慢，财政赤字增加。2008 年华尔街金融风暴波及全球，形成国际金融危机，美元贬值，国际上对金融、经济发展信心下降，出现严重的国际金融危机和实体经济滑坡，国际原油价从 2008 年的 105 美元一桶下跌 50%，阿联酋面临较前两次经济危机更为严峻的形势，其经济增长率从 2006 年的 9.4% 降至 2008 年的 7.4% 和 2009 年的 3.35%，通胀率较上年翻番成两位数的 12.7%。2008 年，阿布扎比第三、四季度房价下跌 45%，迪拜新建房 25.3 万套空置，房价下降 50%。2009 年，迪拜高档酒店入住率 68%，同比下降了 15%。银行普遍收紧房贷，资金和市场形势不佳，工作机会大减。阿联酋必须很快应对，其采取的措施，归纳起来有以下一些。

1. 与美元挂钩并储备黄金和资产

阿联酋货币迪尔汗是 2002 年 2 月开始正式与美元挂钩的。2008 年 7 月，阿联酋中央银行行长苏维迪宣布阿货币迪尔汗仍与美元挂钩。2009 年 3 月，阿联酋央行行长称，尽管金融危机正在冲击全世界的经济，但是阿没有解除迪尔汗和美元捆绑的想法，因为欧元没有取代美元在世界上的地位，美元仍然是目前世界上最重要的货币。美元一直是阿联酋的石油国际交易的清算货币；阿外贸结算货币主要也是美元；阿外汇储备（约 476 亿美元）和外国债券大多在美国。2006 年阿美贸易额较上一年增长 52.2%。2008 年，阿进口黄金 559 吨，9 月向国内银行注资 135 亿美元，10 月年利息从 2% 降为 1.5%，10 月再注资 190 亿美元。2009 年 5 月 20 日阿宣布退出海湾阿拉伯国家合作委员会的货币联盟协议，决定退出海合会 2010 年实现 "海湾币" 为统一货币计划。2009 年 9 月 6 日，阿央行在迪拜宣称，与 82 国签署了新的反洗钱协议，打击赃钱；11 日，ATIC（阿布扎比先进技术投资公司）以 18 亿美元收购新加坡的特许半导体公司，拟再注资扩大研发，将 TSMC（台湾积电）、联华电子、Media Tek（联发科技）作为对手，争做全球芯片大制造商。据阿有关资料，阿联酋安排的国家金融储备资产中，国外资产占 73.8%，黄金占 13.4%，外汇（美元为主）占 12.8%。

2. 设立紧急金融委员会

2009 年初设立由阿联酋经济部长兼任委员会主任的紧急金融委员会。主要工作是：监控所有经济部门的情况、银行流动资金总体运行状况及其资本充足率；按总统批示将 326.61 亿美元分配给银行；阿联酋央行向迪拜政府借贷 100 亿美元，阿布扎比向本土五家银行注资 43.72 亿美元。在实体经济方面，阿推出劳动力密集型项目，以扩大就业、拉动内需。主要有：2009 年阿布扎比 Masdar 生态城市中心太阳能遮阳伞工程完成过半，2016年建成（包括：一个广场、一个五星级酒店、一个长住酒店、一个会议中心和娱乐综合楼及一些零售商店）；2009 年 2 月，阿当局向房地产业投入 2000 亿美元；继续执行 2007 年设计的"2030 阿布扎比计划"（约投资 5000 亿美元）的"URBAN"（"阿布扎比大都"计划），建成品牌城市，已投资 80 亿美元，后续额 220 亿美元，可提供 15 万个工作岗位；完成世界第一高楼"迪拜塔"（又称"哈利法塔"，82 米高，耗资 15 亿美元），建迪拜村（130 亿美元）、阿拉伯牧场和住宅区（61 亿美元）、商业湾（300 亿美元）等项目；围海造地，填建人工"世界岛"200 个，逐海而居，开辟海上旅游项目；突破外来人以往不能拥有阿房地产权的规定，允许他们按有关新规定租购；迪拜建轻轨公交工程等。2009 年 6 月 24 日，阿决定投资 65 亿迪尔汗（约合 25 亿美元）建阿联酋钢厂，2014 年可年产 650 万吨；同年 6月，迪拜铝业公司与迪拜世界港签订为期 4 年的合同，指标是完成 1450 万吨原料进口和 500 万吨铝制品出口项目。

3. 发行国债和债券

2009 年 4 月，阿布扎比酋长国发行了 30 亿美元的国债（五年期和十年期各半，欧洲及北美投资者购得 90%，亚洲投资者购得 5%）。计划两年内共发行 100 亿美元国债。6 月，阿央行行长苏维迪称，为了发行债券的担保事宜，成立了"国联公司"，面向阿联酋国内及海湾阿拉伯国家和团体，筹集 380 亿美元债券资金，向 5 家银行投资。在发行国债的同时，引资招商。迪拜商品交易所（DME）与阿曼国签订大宗原油生产提炼和期货交易的合作合同；6 月 24 日，该所与阿曼合作公司出台阿拉伯原油官方定价（OSO）机制，参与影响和保护国际油价。2009 年 7 月 16 日，阿布扎比公司的耗资 10 亿美元的综合天然气开发项目授予韩国现代重工，将于 2013 年竣工。发标建造连接阿布扎比、沙特、卡塔尔的穆夫拉格—阿维范公路（耗资 27.3 亿美元，3 年完成）。2009 年 7 月，阿布扎比旅游发展与投资公司，与伦敦王子传统艺术学校签约，在阿布扎比成立传统艺术中心，培训人才。沙迦的中小企业占其企业总数的 80%，沙迦政府决定提供咨询、信息、贷款和牵线搭桥等的广泛支援，以利他们开展业务，帮助社会提供就业岗位。

4. 办大型国际活动项目

2009 年 6 月开工建设阿布扎比最大的两个露天体育场，举办 2009 年 12 月国际足球俱乐部足球杯比赛。阿副总统发布政令，成立争办 2020 年迪拜世博会和奥运会及残奥会的活动事务委员会，称之为"迪拜 2020"项目；扩建 2009 第八届迪拜航空展的展区、展厅、观礼室和高级租房等。主办"沙迦斋月博览会"，从 2009 年 8 月 27 日至 9 月底，吸引 10 万游客，印度、巴基斯坦、伊朗、新加坡以及阿联酋的中小商人设摊供货。

5. 改革定价制度，减免规费，节约开支

2009 年 6 月，迪拜政府宣布减免商业登记等 22 项服务规费的 30%；利用高新科技成果推行电子化政务，厉行办公无纸化，任命了新设的电子政府部长一职，还任命了执行经理；7 月，迪拜商品交易所对现金客户减收 35% 的原油交易保证金。2009 年 8 月斋月开始，阿经济部及时公布斋月及开斋节期间保护消费者的综合方案，确保供应和价格稳定。同时，迪拜供水供电局举办节水节能论坛和技术展示，大中小学校实现节水 42% 的成效。

6. 延缓项目，关并企业，控制签证

阿联酋审慎采取多项措施，以调控资金流、振作市场、控制移民和确保重点项目。主要措施有迪拜塔完工期延后，约一万名工人转场保重点项目；暂缓开建大商场、"太阳城"、"棕榈岛"、"沙漠卢浮宫"等项目；大型的房地产商兼并小型的，迪拜地区房地产开发公司 Nakheel（即棕榈岛集团公司，以承办朱美拉、吉布拉里、海边区三大项目而出名）与 DMCC（"迪拜世界"项目集团的一子公司）合并等，以应对全球经济危机导致的经济萧条、市场疲软和资金短缺，依靠联合做大，强化竞争力；迪拜2009 年初发了 6.6 万个人的入境签证，比出境的多了一倍，2 月份只发了 4.4 万个（其中美国 478 人，美方申请数为 999 人），美国商会对此有微词，以致迪拜酋长国政府的入籍和居留部官员反驳宣称，目前已经有 1.9 万美国人居住在迪拜了。2007 年阿联酋人口 520 万，2008 年降为 508 万。

7. 抓宣传，立信心

阿入籍和居留部长 Merri 2009 年 3 月 15 日在迪拜一次国际商界精英会上称，工商界及公民都要看到国家光明的未来，不要只着眼当前的"阴沉点"，警惕散布阿联酋、迪拜的经济都将垮台的说法，那些在萧条中踽踽独行，只看到消沉的人最终会失败的，有信心的人们最终会面带微笑实现目标。据阿方资料看，经过调整和努力，阿联酋经济的情况是：2008 年 GDP 较上一年增长 27%；私企比重渐大（私企占 63.3%，政企占 18.6%，传统家企占 12.4%，合资企业占 4.1%，其他占 1.6%）；阿国民储蓄率升为世界第五位，以上三项可显示出阿的经济情况在好转。2009 年 6 月 30 日，阿央行行长、德意志银行代表及希格斯坦利等金融界要人在迪拜称：阿联酋已达到了"衰退最低谷"，2010年将迎来"温和的经济复苏"期。2009 年 8 月 18 日阿联酋股票市场大幅上扬；阿布扎比和迪拜的房市看好；阿外贸部长预计2009年底阿经济至少增长3%。国际货币基金组织预计2010年阿联酋经济增长4.2%，通胀率4%。世界经济论坛发布的《2009~2010年全球竞争力报告》显示，阿联酋竞争力在全球排名中跃升了8位排名至第二十三。

8. 援救"迪拜世界"危机

迪拜最大的国有企业集团"迪拜世界"于2009年11月25日宣布债务重组，推迟6个月兑付到期的债券。这一金融违约（约260亿美元）正值国际金融危机之际，业界对2008年9月15日美国雷曼兄弟申请破产案记忆犹新，有人提出当心"雷曼第二"，立即引发"迪拜危机"，汇丰、巴克莱、苏格兰皇家等银行股下滑，欧洲、日、澳、韩、中等地股市跌幅达3%。阿联酋各个酋长国的财政金融是独立自主的，但是，联邦内手足之情，穆斯林中兄弟之谊浓厚。三周后，阿布扎比（12月14日）决定向迪拜提供100亿美元的救援资金，使迪拜得以避免让困境中的该集团陷入违约困境，帮助"迪拜世界"支付债务利息和运营成本，进入债务有序重组。"迪拜塔"于2010年1月4日落成，改名为哈利法塔，但是危机尚未了结，迪拜会汲取经验教训，继续前进。

第八节 对外经济关系

阿联酋是一个经济开放、对外援助较多和投资较广的国家，其对外经济由联邦经济和贸易部主管，计划、财经、银行和阿布扎比发展基金会等部门参与分管。阿联酋1994年正式加入关税及贸易总协定，1996年4月10日成为世界贸易组织成员。阿联酋实行4%的低关税制，实行现金交易，外汇自由兑换、出入。阿联酋的商品出口和转口贸易发达，是中东地区最大的贸易中心和转口货物的集散地，2006 年，阿再出口（转口）贸易额达 443 亿美元。阿联酋出口总量的 12% 分布在西亚北非地区，与 179 个国家和地区有贸易关系。

一 对外贸易

1. 对外贸易在阿联酋经济发展中的作用

20 世纪 70 年代，随着阿联酋石油工业的发展，其对外贸易增长迅速。1973 年，进出口贸易额仅为 30 亿美元，到 1980 年进出口贸易总额增加 10 倍，约为 300 亿美元。1981 年后受石油降价、减产及国际经济疲软的影响，阿联酋的年外贸额下降至约 200 亿美元。1990 年起，虽受到海湾危机和海湾战争的影响，但由于油价上扬，国际上石油需求量增加，阿联酋国内发展的需求量和转口贸易也在增加，其外贸的恢复和发展速度加快。1990 年阿联酋外贸额约 340 亿美元。1991 年以后，年平均外贸额四五百亿美元。1993 年外贸额约 400.2 亿美元，其中进口 205 亿美元。1995 年，阿申请加入世界贸易组织，与欧盟、东亚等国家和地区贸易关系加强。1996 年外贸额 463 亿美元，顺差 39 亿美元，较 1995 年顺差增加 10 亿美元，提升 35%。1998 年受国际油价滑坡影响，阿联酋出口额减至约 304 亿美元，进口约 276.2 亿美元，顺差 28 亿美元。1999 年外贸额回升至 727 亿美元，出口 399 亿美元，进口 328 亿美元，顺差 71 亿美元；出口人均值约为 1.35 万美元，进口人均值约为 1.11 万美元，两项都位于世界前列；1999 年进出口贸易额人均值达 2.47 万美元，属发达国家水平。2000 年外贸额 780 亿美元，出口 454 亿美元，进口 326 亿美元，顺差 128 亿美元。2002 年外贸额 850 亿美元，出口 473 亿美元，进口 377 亿美元。2003 年外贸额 928 亿美元，出口 558 亿美元，进口 370 亿美元。2004 年外贸额 1448 亿美元，出口 830 亿美元，进口 618 亿美元。2005 年外贸额 1625 亿美元，出口 1023 亿美元，进口 602 亿美元。2006 年外贸额 2240 亿美元，出口 1404 亿美元，进口 836 亿美元。2007 年外贸额 3084 亿美元（较 2000 年增长了 2.95 倍），出口 1742 亿美元，进口 1342 亿美元，是世界大贸易国。2008 年受国际金融危机风暴波及影响，外贸额下降到 2045.5 亿美元（较上年下降了 33.67%，减少 1038.5 亿美元），出口 504 亿美元（较上年下降了 71%，减少 1238 亿美元），进口 1541.5 亿美元（较上年增加 14.86%，增加 199.5 亿美元）。

阿联酋有各类商贸公司 14108 家（2002 年）其中 1000 多个为大型外国公司。阿联酋的对外贸易主要集中在迪拜和阿布扎比两个经济实力最强的酋长国。阿联酋重视发展对外经贸关系，积极参与世界贸易组织活动，进入 21 世纪，更加强了欧盟、美、日、中、韩等国家的贸易关系。

阿联酋出口商品主要是石油，此外是天然气、石油化工产品、铝锭、干鱼、椰枣、金属废料、制革原料等；主要出口对象是日本、英国、法国、美国、德国和其他西方国家以及印度、伊朗、中国、沙特、巴林、伊拉克、科威特等亚洲国家。阿联酋进口货物主要是其所需要的生活用品和生产资料，如粮食、石油设备、机电设备、机械、军品、汽车及其零部件、飞机、金银珠宝、化学制品、药品、纺织品、五金工具、办公用品、食品等。进口商品的提供者主要有日本、美国和英国，其次是德国、法国、韩国，以及意大利、瑞士、中国、北欧国家、印度、沙特和新加坡等。

2. 阿联酋进出口贸易连年持续顺差，但 2008 年受国际金融危机影响出现巨额逆差

联邦建立后的 1973 年，进出口贸易额约为 30 亿美元，顺差约 10 亿美元，到 1980 年，顺差增加至 14 亿美元。1981 年以后，仍保持 30% 的顺差。1990 年顺差 106 亿美元。1991 年以后，年平均外贸额约达 500 亿美元，顺差约占出口额的 20%，约为 33

亿美元。1996 年出口约合 251 亿美元，顺差额约 39 亿美元。1997 年出口约 337 亿美元，顺差增至 65.7 亿美元。1998 年受国际油价滑坡影响，出口额减少，顺差约 23 亿美元。1999 年阿联酋的外贸顺差为 71 亿美元。2000 年外贸额达 901 亿美元，出口 546 亿美元，进口 355 亿美元，顺差 191 亿美元。2002 年顺差为 96 亿美元；2003 年顺差为 88 亿美元；2004 年顺差为 212 亿美元；2005 年顺差为 421 亿美元；2006 年顺差为 568 亿美元，创阿外贸顺差额最高纪录，是 1998 年外贸顺差 23 亿美元的 23 倍；2007 年顺差为 400 亿美元；2008 年受国际金融危机的冲击，出口额较上年减少 1238 亿美元，下降 71%，逆差 1037.5 亿美元。

3. 转口贸易

转口贸易是阿联酋地理上所处交通位置和历史上传统经营所构成的一大贸易特点。成立联邦国家后，迪拜拉希德港的扩建和阿里山港贸易自由区的建成投入使用，使迪拜首先成为中东地区最大的贸易中心和转口货物的集散地。阿联酋转口贸易额占其对外贸易额的 45%。迪拜的进口贸易额一般约占全国进口额的 64%，转口贸易约占全国转口贸易总值的 87%；1991 年，转口贸易金额约 20 多亿美元，占阿联酋进口额的 10% 以上。迪拜政府鼓励贸易大国在上述两港的自由区建立了加工和仓储中心。阿联酋转口贸易的主要对象国有伊朗、沙特、科威特、卡塔尔等周边邻国，其次是新加坡、印度、巴基斯坦等亚洲国家，此外，还有东、西非及少数欧洲国家。1997 年，阿联酋再出口（转口）贸易额达 104.2 亿美元，其中迪拜酋长国 43.3 亿美元，占 41.6%；沙迦酋长国 11.15 亿美元，占 10.7%；阿布扎比酋长国 3.38 亿美元，占 3.2%；其他 4 个酋长国 46.37 亿美元，占 44.5%。2006 年，阿再出口（转口）贸易额达 1620 亿迪尔汗（约合 443 亿美元）。2008 年，迪拜转口贸易仅 15 亿美元。

为了查禁毒品和违禁物品，阿联酋建立"联合海关"，2008

年查处违禁物品 293 吨，迪拜开始与海合会海关合作，查处走私烟、酒和违禁物品。2009 年 8 月，装载朝鲜武器运往伊朗的巴拿马注册的船，违背 UN1874 号决议，在阿联酋被截获，交联合国查处。

4. 黑金与黄金

号称黑金的石油和明晃晃的黄金，在阿联酋的对外贸易中，占有独特的位置。

（1）石油出口，在 20 世纪 70 年代占阿联酋年出口值的约 85%。80 年代后期，随着阿联酋实行国民经济多样化政策后，石油、天然气出口在阿联酋外贸出口值中的比重逐步下降，占到阿联酋年出口值约 60%。2007 年降为 35%。

（2）黄金和珠宝饰物是阿联酋旅游休闲的一项主要贸易，2007 年销售额达 350 亿美元（约占全球 1730 亿美元的 20%）；2008 年阿进口黄金 559 吨，出口 287 吨，内销金额 1.37 亿美元。迪拜市、沙迦城和阿布扎比市，都设有大小不等的许多金银珠宝店，形成金银一条街。迪拜被誉为"黄金城"，2009 年第一季度同比增长 15%。阿每年从伦敦进口的黄金约 500 万盎司，并从意大利、新加坡等地进口大量珠宝和最新款式首饰。阿联酋的金银珠宝首饰加工业也颇兴旺，2008 年该行业有约 700 会员。在迪拜、沙迦、阿治曼约有 450 个首饰作坊，聘用了印度、巴基斯坦等外籍工匠，根据阿拉伯、亚洲、欧美等地顾客的不同品味要求，进行加工制作。当地对黄金免征销售税，在节日或促销期，则连 4% 的关税也会一并取消。当地政府对黄金经营中的质量管理很严格，一经发现有伪假行为，就罚款、封店、逐人；若是本国公民还要吃官司坐牢。一般认为阿联酋饰品价格便宜、花样繁多、质量上乘，除 45% 供应当地外，较大部分转口到印度、欧洲、美国等地。仅迪拜黄金珠宝集团，就拥有 379 家黄金珠宝店，2000 年黄金销售额 10 亿美元，此后年增幅约 56%。

5. 自由贸易区

除阿布扎比的"能源自由区"、两个大型装卸运输港自由区外，2008 年阿联酋有 14 个比较活跃的自由贸易区，其中迪拜 8 个、沙迦 2 个，除阿布扎比外的其他 4 个酋长国各有 1 个。如："迪拜阿里山自由区"，2006 年运营额 225 亿美元，2007 年 262 亿美元（其中非油气类 203 亿美元，占 77%），2008 年扩建投资 6 亿美元，提供万个就业岗位；"沙迦自由区"，2008 年有 4716 家公司进入（航空 440 家，贸易 2434 家，三产服务业 1429 家，工业 413 家）；"哈伊马角自由区"，2008 年有 4773 家公司进入，投资额 27 亿美元；"阿治曼自由区"，2008 年有 19 家企业进入，主要出口对象是 GCC、美国、欧洲、加拿大；"富查伊拉自由区"，位处阿联酋东边面向阿曼湾、印度洋的地理优势，有 600 家公司注册。

自由区向投资者提供的优惠有十多项，主要有：外国资本可占 100%，不受阿公司法外资占 49% 的限制；进出口免税；免 15 年公司所得税，期满后可再申请 15 年免税期；资本和利润可自由汇出；无个人所得税；无繁杂的官方程序；注册手续简便发证只需 48 小时；通信设施现代化；能源供应充分，基础设施良好等。

二 对外援助

1. 对外援助原则

阿联酋出于坚持伊斯兰的兄弟情谊原则、共享天赐的价值观和阿拉伯的传统道德观念，相信加强国家之间和各国人民之间的兄弟般情谊和人道主义关系等理念，实行通过政府预算拨款、阿拉伯发展基金组织和首脑个人馈赠等方式，向姐妹国家和友好国家提供低息贷款、馈赠钱物和人道主义援助，用于发展项目，造福人民和建设未来。同时，主动向遭受自然灾害和意外灾难的国家和人民提供人道主义援助，以减轻他们的苦难。20 世纪 70 年代，阿联酋年均对外援助约 10 亿美元，主要对象国是阿以冲突的前线国家，如叙利亚、约旦及巴勒斯坦等。截止到 2008 年，阿联酋累计向 62 个国家提供援助额约 392 亿美元。

2. 阿布扎比发展基金会

根据总统扎耶德的意愿，1971 年 7 月成立阿布扎比阿拉伯经济发展基金会，1993 年 11 月更名为阿布扎比基金会。该基金会自成立至 2008 年共提供和管理的钱款额为 281 亿美元，用于 58 个国家的近 300 个项目的实施。贷款项目主要有：基础设施、工业、农业、旅游业和文教卫生事业等。1994～2008 年，阿联酋的该基金会援助巴勒斯坦合计 42 亿美元；阿援助阿富汗重建金额 5450 万美元。截止 2005 年，已向 55 个国家提供 54 亿美元的援助。

3. 对外援助的机构

除上述阿布扎比基金会外，红新月会是阿联酋从事慈善和人道主义事业的又一机构，由联邦副总理任会长。截止到 1997 年，已开支约 1600 万美元，用于伊拉克、巴勒斯坦、阿富汗、也门、印尼、波黑、阿尔巴尼亚、哈萨克斯坦、伊朗、索马里、泰国、孟加拉国、乍得等国的发展项目。该会对中国 2008 年汶川地震救灾提供了大量援助。

2008 年，迪拜慈善会出资 3.4 亿美元，对来自 13 国的上万名盲童进行开展"迪拜阳光"计划。沙迦酋长出资 1500 万美元，支持该计划。

4. 慈善援助

慈善援助主要用于国内外发展伊斯兰教和文化项目，帮助穆斯林救灾济贫和教科文等方面的福利、人道主义事业。1992 年成立扎耶德福利和人道机构，设理事会，由联邦财政和工业部次长任总干事，设有基金 36.71 亿迪尔汗（约合 10 亿美元），已投放 2.5 亿迪尔汗。截止到 1998 年，已在本国国内，阿拉伯和伊斯兰国家，亚、非、欧国家和美国，实施了 113 个项目，其中，在国内 36 个项目，阿拉伯国家 18 个项目，欧洲 12 个项目，非洲 30 个项目。有 5 个项目支持阿拉伯和亚洲的大学；花费 2.13 亿迪尔汗用于欧洲和亚洲的伊斯兰文化研究，古兰经的翻译、印发和科学研究等项目。

5. 特殊外援

阿联酋是海湾地区伊斯兰阿拉伯国家，在对外援款中有一些特殊的项目开支。官方一般不公开其具体项目、款项和数字。但总金额不小，根据有关方面透露，约 170 多亿美元。

三 外国资本

1. 外国资本的地位

阿联酋政府发展经济一般依靠本国充足的石油美元收入。但是，在高新技术领域和服务领域，仍然欢迎外国资金、技术和人才的投入与参与，鼓励外商直接投资（FDI）。在阿联酋的外国公司中，外国法人资本一般只能占到 40%（在各自由区内投资则不受此限），其余的由本国资本占有，以取得控股权。此外，还规定，中介必须由阿联酋本国的自然人充任。

2. 在阿联酋的外国银行和保险公司

在阿联酋的外国银行，1997 年有 27 家，资产约 309.9 亿迪尔汗（约合 84.4 亿美元）；1999 年增至 32 家；2006 年外国银行和银行代表处共 112 家。外国公司 923 家（1996），占大型商贸公司总数的 90%。1998 年后，鼓励本国商业的发展，外国公司减至 680 家。外国保险公司 27 家（2007），占阿联酋保险公司总数的 42%。2007 年已组成 13 个外国商会。

3. 外资参股的主要合作公司

海湾航空公司。由阿联酋、巴林、阿曼和卡塔尔四方于1974 年联合组建的国家级国际航空公司。

酋长国电缆厂。由阿联酋的阿布扎比政府和迪拜政府各占35% 股份，美国 BEC 公司占 30% 股份，于 1998 年组建。资本额约合 3800 万美元。

海湾飞机维修公司（GAMCO）。阿布扎比政府持股 60%，海湾航空公司持股 40%，于 1987 年双方合建经营。资本金额约合 5400 万美元。

苏莱娅（Thuraya）卫星通信公司。1996 年成立于阿布扎比。承担阿联酋人造卫星项目。1997 年组成股份公司。资本额为 5 亿美元。由阿联酋、巴林、科威特、德国、沙特阿拉伯、利比亚、埃及、摩洛哥、突尼斯、也门等国的公司参股。由美国休斯公司以 12 亿美元实施。至 2008 年，已发送 3 颗苏莱娅卫星。

第九节　旅游业

一　旅游设施和条件

1. 优越的自然条件

阿联酋地处阿拉伯半岛，北濒海湾，不仅完全具备发展旅游的 "4 – S"（SUN 阳光、SEA 大海、SAND 沙滩和 SHOPPING 购物）条件，而且条件还比较优越。一年中，阿联酋有 6 个多月气候温暖，冬季阳光明媚；其 8.36 万平方公里国土总共有 734 公里长的海岸线，沿海有金色的海滩；在海湾60 万平方公里水域中，阿联酋拥有 200 多个小岛；内陆沙海浩翰，有不少可爱的绿洲点缀其间；交通便利，有四通八达的公路网和方便的民航、水运，燃油和电力价格低廉，汽车、飞机、海轮、直升机、骆驼等交通工具应有尽有。

2. 旅游业服务硬件设备先进

阿联酋有约 300 家（2009）星级以上规范服务的饭店宾馆，其中有 1999 年落成的填海建造的最现代化的迪拜"阿拉伯塔"超级七星饭店（100 多层），以及后建的全球最高的迪拜塔（169层，2010 年 1 月 4 日完工，改名"哈利法塔"）、阿布扎比塔、朱美拉、海滨、吉布拉里棕榈岛等旅游硬件项目。游乐项目既有骆驼赛、放鹰打猎、捕钓鱼类、阿拉伯龙舟赛、文物古迹展、沙海绿洲游、凭吊古建筑等传统项目，更有足球、潜水、赛马、高尔夫球、新式帆船赛、飞机表演赛、汽车拉力赛、台球、冲浪等现代体育活动，有各种项目体育俱乐部 45 个。市场开放，有许多大型购物中心，有不少 24 小时通宵店，世界各国的商品货物齐备，实行免税或约 4% 的低关税（烟、酒类除外），物美且新颖时尚，高中低档货物均有。许多日照短缺的北欧等国游客，专门选择到阿联酋度冬假。有一些反映社会历史、人类文明、文化遗产和多种专业性的博物馆，吸引游客到访。主要的大博物馆是：艾因博物馆、迪拜博物馆、沙迦博物馆及其 6 个专业博物馆、阿治曼博物馆、哈伊马角国家博物馆和富查伊拉博物馆。

3. 政府鼓励旅游业

阿布扎比国家宾馆公司于 1975 年成立，当时拥有 5 家五星级饭店，并在国外投资，建立洲际间旅馆连锁店服务业务。1996年，组建国家旅游、饭店机构，各酋长国也都设立有相应的机构。迪拜酋长国投资 99 亿迪尔汗（约合 27 亿美元），发展旅游业。阿联酋每季度都组织各种国际性的展览会或国际会议，如：国际航空展、出口商品展、国际防务展览、国际文化艺术展、国际电影节、国际体育比赛等，并以种种优惠条件招揽外国客商入境组织展销活动。对一般旅游者提供 72 小时过境免签证。允许外汇自由兑换和携带。1997 年，到阿联酋的游客为 247.6 万人次，几乎与其人口总数持平，人均停留三天，每晚房价约 426 迪尔汗（约合 115 美元，含免费早餐），客房年平均入住率约 56%，旅馆收入 29.86 亿迪尔汗，较上年增长 9.5%。2008 年访阿游客 850 万人次，较上年增长 7.5%。

二　旅游城市简介

1. 阿布扎比

阿布扎比作为阿联酋的首都，有关当局投入大量财力、人力，对该市的绿化、美化和整体环境现代化进行持续建设，从而创造了良好的旅游环境。阿布扎比市地处沙漠边缘，在盛夏高温（气温最高达 65 摄氏度）季节，市政府不惜工本，大力维护花草树木，尽量使路边草翠树绿，繁花似锦，加上城市风格迥异的现代化建筑物和繁荣的市面，的确景色非凡，别有一番风情。阿布扎比市海滨大道公园中央区的海贝珍珠造型之大喷泉池中，竖立着一把阿拉伯传统大茶壶，壶中的水随着壶的自动转动，倒入 7 个茶杯，象征着 7 个酋长国同享幸福。有人称阿布扎比市是沙漠中的一颗巨钻，1991 年在古建筑"白古堡"内，开办了民族历史和文明博物馆。为了创造良好的旅游环境，进一步发展旅游业，1996 年，阿布扎比酋长国王储决定投资 1 亿迪尔汗（约合 2700 万美元），组建国家旅游和饭店公司，由阿布扎比政府投资 1500 万迪尔汗，阿布扎比国家饭店公司投资 500 万迪尔汗，其余 8000 万迪尔汗则供工龄满 15 年或已退休的人员自由认购，公司重点发展旅游设施和旅游项目。既建设五星级饭店，也开发三星级旅馆、休闲疗养所、船岸餐厅、海滨大道咖啡馆等。1997 年，到阿布扎比的游客 36.8 万人次，住店 235.6 万个夜晚，人均 6.5 天；公司收入 6.59 亿迪尔汗，纯利润 1.749 亿迪尔汗，利润率 27%。固定资产 12 亿迪尔汗，较上年增加 19%，流动资金达 4 亿多迪尔汗，较上年增加 10%。

2007年，阿布扎比主要饭店营业岁入4.8亿美元，较上年增加63%，增收3亿美元。2008年7月3日，阿布扎比与法国签约兴建"沙漠罗浮宫"计划，预支法方5亿美元购买罗浮宫的品牌商标，为期30年，法国有5000人签字抗议。2009年2月，阿布扎比旅游局公布其旅游业提供了约10万个就业岗位，占阿布扎比总就业岗位数的4.3%，其整体贡献率为阿布扎比国内生产总值的3.6%。

2. 艾因

艾因是阿布扎比酋长国第二大城市，地处著名的布赖米绿洲，扎耶德总统的故乡，是一座古老而美丽的花园式城市。有五星级酒店、现代化公路网、通信网和机场。主要旅游项目有：艾因博物馆、动物和水生物公园、以艾因著名古村落命名的希利世界娱乐城、贾希利古堡（Jahili，建于1898年）、布赖米绿洲、温泉旅游休闲所、姆布里兹谷地和哈菲特山矿泉，以及艾因地区的著名文物区、公园和绿茵草地。艾因博物馆建于1977年，分文物、贵重礼品、石油和社会四大馆系，反映本国发现石油前的社会生活和随后的发展历史。艾因每年组织春季狂欢节，有一次吸引了13万国内外游人参加。1991年召开过国际治沙防盐碱现场会。国家民间遗产复兴协会于1997年主办了第五届艾因购物节。1998年，阿布扎比酋长国王储决定建立艾因市旅游发展委员会，由东部地区长官办公厅副主任任主席，使之发展成为一个世界级旅游产业城。

3. 迪拜

迪拜市位于阿布扎比市的东面，是迪拜酋长国的首府。迪拜酋长国海岸线长72公里，有不少漂亮的金色沙滩，有七星级"阿拉伯塔"饭店，有2010年1月4日竣工的世界最高的169层828米高的"迪拜塔"饭店（又名"哈利法塔"，占地4万平方米，楼板面积34.4万平方米，有电梯57部，公寓1044套。人称：城市塔。），一个占地 3000 平方米的室内滑雪场，计划用 200 亿美元打造以"迪拜塔"为中心的商业旅游休闲区，有著名的阿里山自由区和第一流的海港，有非常繁荣的国际贸易和商品市场。当局耗巨资推动旅游业和旅游购物节，要使迪拜成为"中东的香港"。1989 年，成立迪拜旅游和商贸促进局。迪拜是中东最大的国际商贸中心和商品集散地，关税极低（1% ~ 5%），商贾云集，旅游业也应运兴旺。这项事业得到当局的特别关心，当局投资 99 亿迪尔汗（约合 27 亿美元）发展旅游业。1997 年，阿联酋副总统、迪拜酋长国酋长马克图姆决定改组迪拜旅游和商贸促进局，由迪拜酋长国王储穆罕默德（联邦政府国防部长）兼任局长，大力拓展旅游业。2007 年，游客 695 万人次，饭店 319 家，房间 3.26 万个，入住率 81%，年增长率 6%。但由于房间数量日增，2008 年入住率下降了 8%，12 月份下降了 15.6%。2009 年 1 月迪拜高档酒店入住率 68.3%，较 2008 年同期的 80.6% 下降了 12.3%；中档酒店入住率 73.3%，较 2008 年同期下降了 10.8%。2008 年 7 月 20 日，阿联酋地产开发商 Nakheel 集团宣布在迪拜沿海地区打造"太阳系"人工岛，填建 300 座人工岛，名称"世界岛"群，建豪华住宅区和旅游、休闲、商贸中心，配套单岛租让一国（英国已捷足先登预选购一岛）独用。

迪拜的旅游还是颇具特色的，下面介绍几个有特色的旅游项目。

（1）"世界真奇妙"项目。迪拜投资 6 亿美元，建设跨世纪项目，占地 120 公顷，1999 年建成中东地区第一个大型娱乐村。旅游项目中专设有：恐龙展，海上辛迪巴德历险景观，阿联酋第一个位于沙漠的莫哈疗养地，生态旅游，设有自然保护区和娱乐设备齐全的占地 16 平方公里的宾馆。迪拜博物馆建于 1971 年 5 月 18 日，是用 1800 年时的政府所在地和官邸的法希迪

（Fahidi）古城堡改造而成的，分民间遗产和文物两大部分。1998 年，在迪拜湾距海岸不远处建了一座占地 30.35 公顷大的人工岛，在岛上建成朱米拉海滨休闲塔楼。塔楼外观为优雅的古阿拉伯独桅帆船造型，楼高 321 米，时为中东的最高建筑物。

（2）举办旅游节。在地方当局的特别关怀和主持下，迪拜每年都有重要旅游项目推出。1996 年举办的大型购物节有 200 万国内外游客参加。1997 年，迪拜承办了该地区首次世界旅游大会。当年接待游客 179.2 万人次，是迪拜酋长国人口的 2.6 倍，在其 254 个饭店中度过 453.2 万个夜晚，创收入 19.65 亿迪尔汗。1998 年，迪拜承办了 32 个国家和 34 个国家旅游机构参加的阿拉伯旅游市场大会。迪拜酋长国王储主持了 "'98 迪拜夏季的惊喜" 旅游节开幕式。

（3）购物与游乐。迪拜是世界有名的黄金饰品中心，被誉为 "黄金城"。1997 年以全年进口黄金 650 吨而居世界之首位，2007 年购买了阿进口的 559 吨黄金的大部分。有 450 家黄金珠宝店和数百家首饰作坊，对黄金免征销售税甚至 4% 的关税，各国游客和商人大多在此购买首饰。迪拜黄金珠宝集团公司拥有近 400 家黄金珠宝店，2000 年贸易额约 10 亿美元。2007 年黄金交易额有 350 亿美元，占全球的 20%，2008 年受金融危机影响，其黄金交易额仍有 535 亿美元，较上年增长 53%，因为金价当年一度曾高达 1030.8 美元一盎司。迪拜还有许多世界水平的商业贸易中心，世界顶级品牌的专卖商店云集于此，还有受到民众欢迎的一些大型商场和传统市场。此外，迪拜有中东著名的高尔夫球场、马术俱乐部、阿拉伯龙舟比赛、斯诺克国际赛、现代快艇赛以及别具特色的公园和 "泛德兰达" 游乐城等旅游项目。

（4）迪拜宠物乐园饭店。1999 年 7 月开张，拥有 20 套狗房和 15 套猫房，是阿联酋首家宠物饭店，是面向娇生惯养宠物的一流饭店。主要 "住户" 是猫、狗，也接待兔、鸟和仓鼠等宠物，以便让富有的宠物主人可以放心地出游国外或出差外地。宠物乐园饭店拥有空调、电视、客房服务、设备齐全的健身房、游泳池等日常设施。宠物狗每只每晚收费约 15 美元，一只猫一晚收费约 12 美元，多数"住户"平均留宿约一个月。该饭店扩建后，狗房和猫房增加一倍。

4. 沙迦

沙迦酋长国一面濒临海湾，一面靠着阿曼湾，地处印度洋边上，面积 2600 多平方公里。沙迦航空港和海港码头久负盛名，是连接东西方的一个主要口岸，还有一些特色博物馆和公元前 2 世纪的文物，被联合国教科文组织誉为阿拉伯世界文化之都，其旅游业具有文化和商贸的重要内容，吸引众多游客和过境旅客参观、购物。1996 年，沙迦酋长国统治者苏尔坦博士命令组建了旅游和贸易发展机构。沙迦有 17 个博物馆，其中有 6 个专业博物馆，它们是：科学博物馆、自然历史博物馆、文物馆、遗产博物馆、沙迦艺术博物馆和警务博物馆。博物馆内展出不少遗作、历史手稿和珍稀文物。2008 年，开设"老爷车俱乐部和博物馆"，展出 120 辆老款车，以及"阿拉伯野生物种中心"。

1997 年，沙迦有星级饭店 22 家。著名的旅游景点有：哈立德人工湖，面积达 2.14 平方公里，湖内建有 76 米高的喷泉；湖心休闲岛，5 公里长的沿湖道路，8 公里长靠海湾的海滨大道。建有饭店、宾馆、咖啡馆和水上乐园，它们分布合理，错落有致。还建有卡尔巴度假村，让游客享受富有阿拉伯传统生活的乐趣。豪尔费坎是沙迦酋长国在阿联酋濒临阿曼湾的一块飞地，临近霍尔木兹海峡顶端，有漂亮的小城、金色的沙滩和蓝色的海天相连景色，为成人和儿童提供水上运动项目，可以观看到传统节目牛打架，是真正的"顶牛"。1997 年，沙迦接待游客 23.17 万人次，停留 93 万个夜晚，人均停留 4 个夜晚，收入 1.75 亿迪尔汗（约合 4800 万美元）。

5. 其他旅游景观

（1）哈伊马角酋长国接近高山区，降雨量较其他酋长国为多，有椰枣园和农业。其侯特温泉区常年水温40℃，含有硫黄质，可医治风湿病、关节炎和皮肤病，故被视为最佳疗养旅游地之一。哈伊马角还有一些经历过重要历史时期和文物考古发掘阶段的景点，如哈伊马角古堡，并有一个国家博物馆。2008年投资18亿美元，在马尔疆岛建一"海之门"旅游胜地，距阿曼海湾4公里。阿布扎比投资1.6亿美元，建一30层高的度假饭店。开发萨拉姬岛、谷地和阿曼湾水域的海珍珠极品（DANA）。

（2）富查伊拉酋长国背靠哈贾尔山，面临阿曼湾，是山地旅行、沙漠探险、水上运动、海边垂钓和潜海爱好者的向往之地。1995年，建立了旅游办公室，专司旅游业务和相关技术的管理和开发。1998年，建立了三个海上自然保护区，区内有大量的珊瑚礁、海生植物、彩色鲜艳的鱼类和绿龟等稀有海生物种。政府1989年就明令禁止捕捞绿龟。富查伊拉有两个硫黄矿温泉疗养地，可治疗风湿痛类疾病：一个是富查伊拉公园里的迈德布温泉，另一个是位于富查伊拉城南20公里处的顾穆尔温泉。富查伊拉还有1991年11月才揭幕的阿联酋最年轻的博物馆，有富查伊拉古堡和2000多种近几年从富查伊拉出土的相当古老的文物展出。

（3）乌姆盖万酋长国三面倚山，一面临海湾，形成天然的港湾，并有乌姆盖万古堡和悠久的历史文化。1997年4月，海上俱乐部开办了苏哈里旅游船水上餐厅，人们可以在餐厅一边品尝生猛海鲜和阿拉伯牛羊肉，一边观赏孤帆远影或海上明月，静听"渔歌晚唱"，真是别有一番情趣。1997年6月，有一个大型娱乐城开业，占地面积12.5万平方米，首期工程耗资9500万迪尔汗。

（4）阿治曼酋长国地处各酋长国的中间，是联邦中最小的一个酋长国。1998年3月，成立旅游局，着手开发该酋长国的旅游业，并与周围酋长国联营，开展一线游项目。设在阿治曼18世纪古城堡的博物馆内有历史上执政官的密室，并陈列纪念礼品、生活用品、民间体育、娱乐用具，以及民间医学遗产等，颇能吸引游客和历史爱好者。

第十节　国民生活

阿联酋人均GDP收入逐年增加，1980年为2.6万美元，时居世界首位；2003年降为2.4万美元；2004年回升到2.7万美元；此后，年年上升，2005年3.2万美元；2006年3.8万美元；2007年3.8万美元；2008年虽因"2008国际金融危机"冲击，石油收入减少，但GDP未减反略增，而外迁人口多，故人均反增为5万美元（较上年增长30%）。2009年人均GDP约4.5万美元。

一　物价

1. 货币稳定

阿联酋的物价一直比较稳定。由于石油天然气工业迅速发展，非石油产业的经济多样化措施的成功，阿联酋的就业状况较好，失业率3.7%（2008年），工资较高，国内生产总值和人民收入都在提高。货币供应充足，阿联酋货币迪尔汗对外汇率37年无大变化，基本稳定在1美元等于3.66~3.67迪尔汗的水平上，2009年国际货币基金会定为1美元=3.6725迪尔汗。2000年通货膨胀率约1.4%，2008年升为7.4%。

2. 低税率

阿联酋是经济开放自由的国家，是世贸组织成员，关税率仅为4%。参加海合会共同市场后，2003年起执行5%的统一税率。关税收入一般只占政府财政收入的 3%。因而市场开放，价格便宜，商品繁多，生活富裕，居民购买力较强。

3. 组织合作社

国家以优惠政策和适当补贴，鼓励社会性消费合作和公益合作，开展集资共济，以保证民众能及时买到质优价廉的生活用品和大宗商品。1997 年，已组建 99 个冠以地方名称的地方合作社，有 1.5 万人投资，股金达 2.47 亿迪尔汗。有 20 个合作社开设了 62 个合作商场，年销售额达 11.7 亿迪尔汗。另建有公益集资合作协会 37 个，还有妇女协会、行业协会、文化协会、侨民协会等，起了合作互利互助作用。

二 就 业

据阿联酋经济部 2008 年资料，7 个酋长国平均失业率为 4.9%，偏远地区失业率约 6.7%，城市失业率3.4%，半就业的失业率约 4.6%；外来人口的失业率远低于阿联酋本国国民；63.3% 的工作机会是私人部门提供的，联邦政府部门提供 7.9%，地方政府提供 10.7%，联邦—地方联合部门提供 4.1%，其他（外国使团雇员、保姆等）14%；按行业分，贸易行业提供 16.3%，家庭服务 12.8%，建筑业 12.3%，工业约8.7%，房地产业 8%，其他（农牧渔等）41.9%。阿联酋是阿拉伯国家中失业率最低的国家之一，2007 年失业率 3.45%，2008 年 3.71%，2009 年 3.86%，排名仅次于科威特和卡塔尔。

1. 就业"本土化"战略

阿联酋劳动力不足，本土国籍劳动力少，一般约占人口总数的 50%（其中 1995 年只占 44.4%，1997 年达 51.2%），1999年劳动力约 146 万，约占总人口的 49.7%。失业率低，是世界上失业率最低的国家之一，2007 年失业率为 3.45%，2008 年失业率为 4%（其中：迪拜 2.4%，乌姆盖万 3.5%，沙迦 4.1%，阿布扎比 4.3%，阿治曼 6.5%，哈伊马角 6.7%，富查伊拉 7%）；社会福利保障较好，政府保障国民基本都有一定的生活费用收入。为了发展多元经济和现代化建设，阿联酋大量雇用阿拉伯国家和其他国家的企业管理人员、工程技术人员和劳务人员。1999 年 12 月 2 日，扎耶德总统提出了就业"本土化"方针。阿联酋的外籍人口自然增长数高于本国人口的增长，外来移民自然增长快，2000 年外来人口 230 万，占总人口的 76%；2005 年达 328 万，占总人口的 80%。2005 年就业人数 259 万，占总人口的 67%。在就业人口中，外籍人约占 90%。在工厂劳工中，外来劳工约占 97%。2008 年总人口 508 万，外来人口占 80%，外来人口失业率仅 2.6%（阿联酋本地国民失业率高达 13.8%，含学生失业率，16 ~ 19 岁的为 31.1%，20 ~ 24 岁的为 10.2%）。为了提高就业本土化比重，阿联酋劳工社会事务部、财政部、教育部等相关部门，提出了"开发人力资源、创造就业机会和实现劳工本地化"的发展战略，建立了"国民就业发展局"，开办各类技术和专业学院、学校、培训中心以及女性教育培训机构，通过发展教育，提高国民的素质和就业技能，争取到 2015 年使劳动力本土化率增加到 20%。

2. 就业的相应政策和政府法令

阿联酋制定了为了支持本国人谋职就业的相应政策和政府法令规定，其中有：

（1）有外资的工商企业中，本国资本应占到 60% 股权；

（2）中介法人必须是阿联酋本国的自然人；

（3）有外资的银行，每年要提供员工数的 4% 职位给阿联酋公民充任。

3. 实施教育大投入，为本国公民就业任职创造优势

为提高本国人员的文化、技术和专业素质，政府采取的主要措施有：

（1）全国实行免费教育，并为失业者提供职业培训教育；

（2）政府设立公费留学，鼓励出国留学深造；

（3）设立本国发展所需人才的文、理、工科大学、学院、中专、中技等院校，注重培养石油、航空、通信、警务、军事、师范、家政等方面的人员和综合管理人才；

（4）为妇女设立专门的院校和训练中心 87 个，培养文秘、金融、教学、制衣、卫生、警务等方面的女性人才。1995 年阿联酋女性占总劳动力仅 5.4%，2005 年占到 22.4%，女性公职人员已占公职人员总数的 20%，在医药、教育行业中占 56.9%。鼓励阿联酋男性公民娶本国妇女为妻。政府对本国国民养育子女多的家庭，给予一定的财政补贴；

（5）为残疾人专设相适应的各种技术和体能培训学校和中心，在阿布扎比、迪拜、艾因、哈伊马角和富查伊拉设立了 5 个残疾人职业培训中心，在沙迦市设有沙迦人道主义城，迪拜率先建立了一所专门培养发展残疾人事业人才的科学技术学院。

三　工资福利劳保

1. 高工资

阿联酋是发展中国家中较发达的福利型国家，工资水平较高，本国员工每月平均工资收入约在 5000 迪尔汗（约合 1370 美元），高低等级的工资差别较大，高级官员的月工资额约相当于低工资者的年工资收入。

2. 福利待遇

阿联酋为本国公民提供免费教育和医疗，为本国职工提供住房、交通、水电等方面的政府补助。阿联酋的劳保和社会福利费用占国内生产总值的 12.5%。2005 年，哈利法总统下令向全国残障人和社会弱势成员发放的社会帮困补助金总额从 2005 年 10 月 1 日起上调 75%。比较富裕的酋长国还拨款设立福利机构，例如阿布扎比福利会。

3. 劳动法规定

阿联酋劳动法规定，员工每天工作 8 小时，连续工作不得超过 5 小时，每天加班不得超过 2 小时；除法定节假日外，每人每年有两周假期。但有些单位和工商企业，尤其是私营企业，没有完全做到，他们对待来自发展中国家的员工，根本不执行政府的有关规定。

4. 设立结婚基金

为鼓励本国男青年娶本国姑娘，阿联酋于 1992 年以 8000 万迪尔汗设立 "阿联酋结婚基金会"。1998 年，该基金已增至 2.52 亿迪尔汗，有 1.64 万名青年每人获得无偿奖金约 7 万迪尔汗，共已支付 11.2 亿迪尔汗。2000 年 12 月，该基金会出资在阿布扎比检阅场举办了一场盛大集体婚礼，扎耶德总统作为贵宾出席，为新人证婚。该活动旨在破除婚姻铺张陋习，鼓励、资助阿联酋男子娶本国姑娘。基金会已共资助了 4.4 万对阿联酋夫妇。这一措施使娶外国姑娘的婚姻减少了 50%；涉外婚姻案件在婚姻案件中的比例，也从 1992 年的 64% 降至 2000 年的 26%。

5. 福利（税制）

医疗和教育。阿联酋政府为本国国民提供在公立医院享受免费医疗和在公立学校得到从小学、中学到大学的免费教育。教育经费约占政府财政支出的 18%。2008 年，政府设有现代化国家医院 37 家，医疗中心 115 个，病床 4473 张，有 2350 名医生，380 名牙医，6250 名护士，另有 20 家私立医院，5 岁以下儿童死亡率为 2%。全国设有 11 个社会发展中心，以提高家庭的健康、文化、社会、宗教水平，组织了 272 个扫盲班，374 个《古兰经》学习背诵中心，80 个托儿所，2 个青少年关怀中心，99 个合作社，6 个残疾人中心，以及青年中心和俱乐部。1999 年全国在校学生约 51 万名，2008 年在校生 57.5 万名。成人文盲率已从独立前的 95% 降至 1999 年 15%，2006 年更降至 9%。2008
年，阿人均寿命，男 77 岁，女 80 岁。

　　纳税。对国民实行低税和免所得税政策，日常商品进口一般
不收关税，或只收 1% ~4% 的过境手续费。对居民收入一般也
不收直接所得税。但烟酒税率非常高。

　　政府为居民提供有政府补贴的低价水、电和气供应。国家拨
款支持电费开支的 75%。经济自由区的电价约合每度 4 美分。

　　在阿联酋的残疾人以及年迈的公民，都可以享受到社会福利
方面的照顾。平均寿命 78.5 岁。

　　四　居住条件

1. 人人有屋住

　　阿联酋实行为全国国民提供住房和土地计划，政府为此
每年拨款 6.4 亿迪尔汗，并规定非本国国民不允许有
房地产权，可有使用权。1998 年，内阁决定由财政和工业部长
任命组成一个房产贷款管理委员会，由公共工程和住房部具体实
施，为无力建房公民建设住房。有财力的公民，一般均建造属于
自己的私房，国家可向他们提供建房无息贷款，期限 20 年。自
1971 年开始，阿联酋政府调集联邦和地方的各方面力量，其中
包括：联邦政府公共工程和住房部、城乡事务机构、建设委员
会、阿布扎比的劳工局及社会服务和商品房局，迪拜政府的住房
计划部门，以及其他有关机构，共同协力，落实住房计划，并为
沙漠地区和边远山区筹建基础设施齐全的成千上万套住房，形成
居住区和新型小城镇。国家建房投资从 1972 年的 4.55 亿迪尔汗
增至 1996 年的 86 亿迪尔汗，增加了 18 倍。2000 ~2005 年间，
ZHP（扎耶德住房计划）在全国安置了 6050 套房屋。哈利法
2007 ~2009 年计划，安置 4 万套房屋。2009 年，"阿布扎比住房
纲要规划"耗资 520 万美元建民房 400 套，对阿本土国民每套补

贴 3660 美元。迪拜投入 8 亿美元，首期建 252 套房屋，二期建 2300 套房；房贷发放，一般住房每套 20 万美元，高级的每套 8.2 万美元。

2. 建造中档化标准住房的工作进展较快

国家建造的住房数从 1992 年的 6.65 万套已增至 2002 年的 43.86 万套，增加了 6 倍。其中经济型住房从 5.84 万套增至 18.86 万套，占住房建造总数的 43%，增长 2.2 倍；中档住宅从 5500 套增至 19.39 万套，占总套数的 44%，增长 34.2 倍；中等以上水平住房从 2600 套增至 5.61 万套，占总套数的 13%，增长 20 倍。此外，简易住房（一般建在边远或艰难地区）从 1 万座增至 5.1 万座。

3. 商品房

1987 年，政府设立社会服务和商品房局，在房屋建设中有其广泛的作用。它是以政府的财务担保在本国国民占有的土地上为他们设计建造高级住宅和商品房，然后从对这些房屋的物业管理费和维修收入中偿还国家的财务担保金额。到 1998 年，该局已为 7313 个项目投资 260 亿迪尔汗（约合 71 亿美元），完成了 6000 个项目。

4. 阿布扎比的住房发展迅速

阿布扎比酋长国在其城镇和边远地区建造新的居民小区，在阿布扎比市兴建大量别墅和现代化住宅。建房数已从 1969 年的 7932 套增至 1996 年的 13.4 万套。1996 年投资 96.833 亿迪尔汗，较 1975 年的 5.741 亿迪尔汗增加 15.8 倍。阿布扎比市政府为改造旧居民区进行了重新规划，发放了住房补助金 86.57 亿迪尔汗，有 17510 个家庭获益并用于建造新房。市政府还为此批准 552 块土地，分给市内居民，作为建房使用。2006 年，阿布扎比政府启动耗资 220 亿迪尔汗（约合 60 亿美元）为国民建造 1800 座居住单元的计划。2009 年，"哈利法计划"建房 4 万套；阿布扎比住房规划，分 4 期共建 914 套。

5. 迪拜的优惠房贷

联邦副总统兼总理、迪拜酋长国酋长决定为住房计划设立无息贷款，只收不超过 2% 的管理费。迪拜建设和市政委员会，负责对迪拜酋长国进行住房的规划和建设。迪拜土地和物产局已为此投资 81.57 亿迪尔汗。到 1998 年，该计划已执行 254 份申请，提供贷款额 4.5073 亿迪尔汗，建房 1064 套；在建的有希尔撒和沃尔高两个小区住房 500 套，批准 7000 块土地分给本国市民，并增拨贷款额 1.225 亿迪尔汗。2006 年，迪拜成立了协助国民安置住房公司。

6. 建房特款

对地处北部的非富产油酋长国，总统以 2000 千禧年之名，向北部酋长国的民居计划出资兴建现代化住房 1260 套。联邦公共工程和住房部投资 19.3 亿迪尔汗，为北部酋长国建设住房 16348 套。

第五章

军　事

第一节　概述

独立前，特鲁西尔阿曼（Trucial Oman，即休战阿曼）诸酋长国各自有少量武装部队，大多数是警察部队，担任保卫统治者及维护地方治安的任务。1971 年底，阿联酋成立后，安全和稳定成了国家进步、发展和人民安居乐业得以保障的最重要基础。1976 年 5 月 6 日，联邦最高委员会决定统一各酋长国的军队，设立武装部队总司令部（又译为：武装力量最高司令部），联邦总统任武装部队总司令（即武装力量最高统帅）。全国设有西部、中部、北部三个军区。

随着国际和地区形势的缓和，特别是新世纪战争（如伊拉克战争、阿富汗战争）方式和手段的革新，凸显精兵和海防，调整了总兵力。2008 年阿联酋军队总兵力减至 5.65 万人（较往年减 12.4%），总兵力人数占其人口的比例 1.1%（低于往年的 2.1%）。另有警察 5.4 万名。

一　建军简史

1. 特鲁西尔监察部队

1952 年，特鲁西尔诸国理事会成立时，决定成立一支特鲁西尔阿曼部队。其总部设在沙迦，由英国汉金·特温少校领导，有两名约旦军官及大约 200 名士兵组成。该部队对维护和平、防止贝都因人的袭击，特别是保证英国政治代表和官员的安全起到了重要作用。酋长国法令规定凡袭击政治代表或政治官员的，均按犯法论处，犯人所属部落还要为此缴付罚款。各国石油公司特许权申请活动开展之后，1952 年，沙特阿拉伯的一支军队开到与阿布扎比、马斯喀特和阿曼苏丹有疆界争议的布赖米地区。为对付因此引起的布赖米边境纠纷，特鲁西尔阿曼部队因而得到扩大。1955 年 10 月 26 日，这支部队赶走了在布赖米的沙特阿拉伯机构及警察，占领了布赖米。当时该部队已扩为一支有 3 个步枪中队和大约 500 名士兵的部队。1956 年又扩至 4 个步枪中队，并改名为特鲁西尔阿曼监察部队，由英国军官埃里克·约翰逊陆军中校指挥。根据英女王对特鲁西尔诸国的敕令制定的条例，这支部队拥有进行逮捕和搜查的特殊权力。

20 世纪 50 年代，阿曼内部马斯喀特苏丹（受英国支持）与阿曼伊玛目（教长国，为沙特阿拉伯、埃及、海湾诸酋长国等阿拉伯国家所支持）之间的争权战斗展开后，马斯喀特苏丹于 1957 年 7 月向英国求援。英国出动空军和机械化部队并派特鲁西尔阿曼监察部队驰援该苏丹，围攻并侵占阿曼伊玛目教长国的首都尼兹瓦及绿山根据地。海湾阿拉伯诸酋长国的统治者和居民，与阿曼传统势力有千丝万缕的联系和出于民族部落关系的同情心，不赞成英国对阿曼用兵。1959 年，这一支英国控制的监察部队终于从马斯喀特撤回国内。

监察部队不同于当地传统的骆驼兵部队，它可利用其车辆和接受过较好训练的官兵进行巡逻，维护特鲁西尔诸国间的旅行者和道路交通的安全，有时负责拓宽道路和开辟新通道等施工任务。1960 年，在监察部队的帮助下，使用炸药拓展了从马萨菲经哈姆干河到富查伊拉的道路和从马萨菲经哈姆干河到达巴的道路，使之可行驶汽车。

到 1964 年底，特鲁西尔监察部队的总兵力已达 1600 人，其中有 38 名英国军官和 85 名英国士兵，组成 5 个步枪中队，每一中队有 3 名英国军官、3 名阿拉伯军官和 145 名阿拉伯士兵。此外，还有一个机枪和迫击炮班，一个通信中队，一个摩托运输队，一个医疗中心，一个工场，一个练兵站，一所男子学校和一个勤务兵队。英国为该部队年开支费用约 200 万英镑。英国于 1956 年发动苏伊士战争失败后，政治、外交日益衰落，从苏伊士以东撤退已是英国外交上的必然趋势。1966 年英国国防白皮书提出：今后将不会从事主要的战争行动；不会承担军事援外义务；不维持在他国的防务设施。因而在此期间，这支监察部队中的阿拉伯军官比例逐年增大，英国军官和士兵的人数急剧减少，终至部队被当地化，并由各酋长国自己的警察、军队所取代。

20 世纪五六十年代的海湾诸酋长开始筹建警察部队，以适应各自酋长国的安全与治安的需要。各酋长国的酋长们从历史实践中得到了启发，要在部落武装之外建立军队。1956 年，迪拜酋长国建立了警察部队。阿布扎比酋长国于 1957 年建立了自己的军队，1959 年建立警察部队，1965 年建立国防军。该两酋长国仍请英国军官担任指挥官，也聘用了约旦、苏丹、也门和巴勒斯坦的军官。沙迦和哈伊马角酋长国则于 1967 年建立了警察部队。阿治曼和乌姆盖万两酋长国于 1968 年分别建立了自己的警察部队。

2. 成立联邦武装部队

1968 年，英国宣布将于 1971 年 12 月 1 日终止与海湾诸酋长国签订的所有条约。1971 年 12 月 2 日，阿拉伯联合酋长国成立，筹备组织自己的武装力量总司令部。1976 年 5 月 6 日，设立阿拉伯联合酋长国武装部队总司令部，联邦总统扎耶德兼任武装部队总司令，统率全国军队。

1987 年，阿联酋国防部长、迪拜酋长国王储穆罕默德上将决定将位于迪拜的中部军区并入联邦武装部队，迪拜酋长国埃米尔（意即：皇家）卫队置于联邦武装部队的埃米尔警卫部队领导之下，从而真正实现了总统兼总司令领导下的总司令部统一领导和全面控制武装部队各军兵种的体制。这无疑有利于增强防务，提高战斗力，实现武装力量的现代化。

二　国防体制

阿联酋宪法规定，联邦总统兼任武装部队总司令，设武装部队总司令部。阿联酋总统、阿布扎比酋长国统治者任联邦武装部队总司令。总司令部设一副总司令，由阿布扎比酋长国王储担任。联邦政府设国防部长，由迪拜酋长国酋长穆罕默德·本·拉希德上将担任。司令部下设总参谋长，由穆罕默德·本·扎耶德中将（阿布扎比酋长国统治者哈利德总统的三弟）担任。

联邦武装部队总司令部下辖三大军区。即：西部军区，设在阿布扎比，官兵人数占总兵力数的约 75%；中部军区，设在迪拜，占总兵力数的约 20%；北部军区，设在哈伊马角，占总兵力数的约 5%。

1998 年，阿联酋国民防卫军组建了国民防卫最高委员会，在国内的居民区和工业区建立了国民防卫中心。

三　国防预算

阿联酋是海湾产油富国，石油美元比较充足。但它是中立的小国，缺少本国的国防工业体系，其国防力量和装备不充足。为保卫其国家主权、独立以及政治、经济和社会的安全，自然要不断加强防务及国防现代化，实行武器装备来源的多样化，并必须投入大量国防开支。

随着海湾安全形势的变化和国防现代化，联邦国防经费有较大增加，其开支所占联邦财政支出的比例也越来越大。1984 年，联邦国防预算约 18 亿美元。1985 年约 20 亿美元，较 1984 年增长 11％。20 世纪 90 年代，特别是海湾战争爆发后，联邦国防预算增加得更快。1991 年，军费开支达 49 亿美元，占国内生产总值（336.7 亿美元）的 14.6％，人均军费开支 2868 美元，单兵军费开支 11.1 万美元。海湾战争后，1996 年军费开支回落为约 30 亿美元，约占 GDP 的 6.9％。1998 年上升为 36 亿美元，占 GDP 的 6.5％，较 1996 年增加 20％。1999 年军费开支增为 38 亿美元，占 GDP 的 7.2％，较上年增加 5％。阿联酋国防经费增加的原因是多方面的，其中，海湾安全形势变化是主要因素，另一个特殊因素就是国家所需的军事装备更新换代，特别是先进武器几乎全部需要从国外购买。联邦国防经费主要由阿布扎比、迪拜两个酋长国负担。

冷战时期结束后，特别是进入 21 世纪以来，国际总体形势趋向缓和，但反恐和海湾形势仍复杂而严峻，阿联酋得益于石油美元增收，调整了国防费用，其占 GDP 的比例不增反减。，2000 年国防经费为 28.76 亿美元，占 GDP 的 3.4％；2001 年 28.36 亿美元，占 GDP 的 3.4％；2002 年 28.62 亿美元，占 GDP 的 3.3％；2003 年 28.07 亿美元，占 GDP 的 2.8％；2004 年 25.85 亿美元，占 GDP 的 2.3％；2005 年 25.6 亿美元，仅占 GDP 的 1.9％。虽然占的比例减少了，但是绝对金额未减，因为 GDP 在增长。

第二节 实力、编成和装备

阿 联酋联邦军队总兵力为 5.65 万人，其中陆军 5 万人，空军 4000 人，海军约 2500 人。这与 2002 年相比，总兵力减少 8000 人，其中陆军减少 9000 人，空军未减，海军增加 1000 人。

一 陆军

陆 军兵力为 5 万人，占总兵力的 88％。

1. 陆军编制（2008 年）

陆军编成 1 个埃米尔（皇家）警卫旅，1 个装甲旅，2 个机械化步兵旅，4 个步兵旅，1 个炮兵旅。

2. 陆军的装备（2002 年）

各型坦克 407 辆，其中"勒克莱尔"式 250 辆、AMX－30 型 45 辆，OF－40 MK2 型 36 辆，"蝎"式轻型 76 辆；

侦察车 69 辆，其中"萨拉丁"式 20 辆，AML－90 型 49 辆；

步兵战车 433 辆，其中 AMX－10P 型 18 辆，BMP－3 型战车 415 辆；

装甲人员输送车 620 辆，其中 VCI 型 80 辆，"庞阿尔"M－3 型 370 辆，EE－11"蝰蛇"120 辆，其他型号 50 辆；

各型火炮 795 门，其中 ROF 型 105 毫米榴弹炮（牵引）73 门，59－1 型 130 毫米加农炮 20 门，MKF－3 型 155 毫米自行榴弹炮 18 门，G－6 型 155 毫米自行榴弹炮 72 门，M－109A3 型 155 毫米自行榴弹炮 87 门，70 毫米和 122 毫米多管火箭炮 66 门，81 毫米和 120 毫米迫击炮 135 门，84 毫米无后坐力炮 250 门，106 毫米无后坐力炮 12 门，M－3VDA 型 20 毫米和 30 毫米高炮 62 门；

各型导弹 330 余枚，其中"飞毛腿"－B 型地地导弹 6 枚（仅部署在迪拜），"米兰"、"陶"、"霍特"和"警戒"等式反坦克导弹 305 枚，"吹管"式和"西北风"式防空导弹 20 余枚和相应数量的导弹发射器、拖车；装备了从美国购买的 PAC－3 地对空导弹系统。

二　空军

空军兵力约 4000 人（含警察部队的航空联队），占总兵力的 7%。

1. 空军编制

空军编成 5 个中队，其中 1 个战斗机中队，3 个攻击机中队和 1 个侦察机中队。

2. 空军的装备

作战飞机 196 架，其中"幻影"2000E 型战斗机 9 架，"幻影"2000EAD 型战斗机 37 架，"幻影"2000DAD 型攻击机 6 架，"鹰"式 102 型攻击机 17 架，"鹰"式 MK63 型攻击机 17 架，"鹰"式 61 型攻击机 5 架，MB－326、339 型防暴机 17 架，"幻影"2000RAD 型侦察机 8 架，美 F－16 型战机 80 架。

各种类型直升机 101 架，其中武装直升机 53 架，包括 SA－342K 型 10 架，SA－316、SA－319 型 7 架，AS－332F 型 5 架，AS－565 型 7 架，"阿帕奇"式 24 架；运输直升机 42 架和救援直升机 6 架。

军用运输机 24 架，其中 C－130H 型 4 架，L－100－30 型 2 架，波音 720－023B 型 1 架，G－222 型 2 架，C212 型 4 架，CN－235M 型 7 架，伊尔－76 等型运输机 4 架。

教练机 47 架，其中 SF－260TP 型教练机 5 架，G－115TA 型 12 架，PC－7 型 30 架。

空对地和空对空导弹中有"霍特"式、"飞鱼"AM－39 型、"狱火"式、"九头蛇"－70 型和 PGM－1/2 型（空对地），以及 R－550 型和 AIM9L 型（空对空）。

3. 空军下辖部队

空军还下辖 1 个防空旅（3 个防空营）和 5 个改进型"霍克"导弹连。装备有防空导弹 134 枚，其中"轻剑"式 12 枚，"响尾蛇"式 9 枚，RBS－70 型 13 枚和"西北风"式 100 枚。

三　海军

海军兵力约 2500 人（较往年增 66%），占总兵力的 4.4%（高于往年 2.3% 约 2.1 个百分点）。

联邦成立前，阿布扎比酋长国于 1968 年建立海军，当时有巡逻舰 3 艘，军官 8 人，士兵约 100 人。阿联酋成立后，该海军纳入联邦军队。

海军拥有各型作战舰只 28 艘。其中有："阿布扎比"级护卫舰 2 艘，"监视者"级小型护卫舰 2 艘，"巴尼亚斯"级导弹快艇 6 艘，"穆巴拉兹"级 2 艘（各装备"飞鱼"式反舰导弹双联装发射器 2 具），"阿尔达纳"级巡逻艇 6 艘，"卡奥卡卜"级海岸巡逻艇 3 艘，以及支援供应艇 2 艘和登陆艇 5 艘，并建有一支海军航空兵，拥有海上巡逻直升机 10 架。

自从伊拉克战争和阿富汗战争以来，阿联酋海军经数年策划，于 2005 年与德国合作致力于加强反水雷能力的工作，从德国购买两艘德海军退役的 332 型弗兰肯塞尔级猎雷艇，2008 年 6 月购买了"弗兰肯塞尔"号和"来登"号，后改名为 Al-Madjan 和 Al-Hasba，在海湾为阿联酋海军服役。2007 年为阿布扎比海军、海岸警卫队、水务警察投资 1.22 亿美元。2008 年，投资 10 亿美元，建造 72 米长小护卫舰 6 艘，装备阿联酋海军；为阿海岸警卫队装备巡逻艇 12 艘；耗资合同额 4000 万～5400 万美元建造了 65 米护卫舰 2 艘。

海军基地主要有：阿布扎比的达尔马（DALMA）岛，扎耶德港（MINA ZAYED）；迪拜的拉希德港（MINA RASHID），阿里山港（MINA JEBEL ALI）；沙迦的哈立德港（MINA HALID），豪尔费坎（KHOR FAKKAN）港；哈伊马角的萨卡尔港（MINA SAQR）。2008 年，与英国意大利合作，建 Musattanh 海军船坞，供 GCC 的海军使用；迪拜建一"海事站"和一个船厂于人工半岛上，管辖船只和发放许可证。

四 准军事部队

1. 警察部队

国家警察总署，设警察总监，各地设警察局，有警察 5.4 万人。全国设有警官学院和警校。他们认定警察机关是国家形象的体现，一项重要标准，应使警务水平同国际警察机构的业务接近。不断以现代新科技来加强警务装备，利用电脑鉴定指纹，开展运用基因、密码技术办案，利用大气分析技术检测飞机机舱、货物和包装物的内部情况。全国各地设有警务分支机构和中心，以现代通信手段，联通联网，进行案件取证。

2. 国民防卫组织

国民防卫组织，设有最高委员会。1997 年为国民防卫组织配备了第一批装备，包括先进的探测爆炸物和埋藏物的仪器、急救车辆、适应干热沙暴或海潮腐蚀环境使用的先进车辆和机械化装备。这些车辆内备有卧榻、移动电话、无线电设备，并配有照相机、摄像机，可以直接观察事故现场并及时取证。

3. 海防警卫队

海防警卫部队属内政部领导，配备有现代化快艇 40 艘，用于快捷执行艰难的任务，保障国民的安全，保卫国家的海域和陆疆，防范任何入侵、渗透和偷渡。1998 年，该机构在全国更新了监视系统，能及时向总机构传递事件发生现场之画面和资料信息。警卫队的工作已走向现代化。2009 年 8 月 14 日，朝鲜武器运往伊朗的巴拿马注册船，有违 UN1874 号决议，在阿联酋被截获待处。

第三节　军事训练和兵役制度

一　军事教育与训练

阿联酋很重视利用军事院校培养高素质的军官。高级军事指挥官和参谋，一般均经过国内军事学院培训毕业，有的则被派往英、美、埃及等国的军事学院学习深造。部队经常进行军事训练和组织军事演习。

1. 指挥和参谋学院

指挥和参谋学院设在阿布扎比，是培养本国和其他阿拉伯国家军队指挥官和参谋军官的高等学府。1971 年阿独立后至 1998 年，指挥和参谋学院已培养六届毕业生，充实了武装部队。

2. 军事院校

军事院校现有：（1）扎耶德二世军事学院，设在阿布扎比酋长国艾因城，是国家培养造就初级军官的基地，由美国和英国教员培训军官，已有 22 届预备军官生和 13 届本科生毕业。（2）阿布扎比军事技术研究学院，直属武装部队总司令部，已培养出两届毕业生。（3）达夫拉空军学院，培养飞行员。（4）苏维汉军士学校。

3. 军官俱乐部

为了给武装部队官兵集会、交流、休养和陶冶情操提供条件和场所，阿联酋武装部队副总司令、阿布扎比酋长国王储哈利法于 1997 年 12 月 1 日主持了世界上单体单屋顶建筑面积最大的军官俱乐部的落成典礼。它庞大的屋顶面积有 3.4 万平方米。该俱乐部有 540 个豪华间、40 套商务间、24 套领导人用总统套间、6 个餐厅，并配有数个会议室，以及大会堂、图书馆、剧场、健身馆、儿童村和咖啡茶座等。

4. 大型的军事训练活动

1994 年底，阿联酋武装力量举行了"捍卫联合Ⅲ号"动员训练。

1997 年 4 月，由武装部队在哈姆拉地区举行"装甲旅（3）演练"。内容包括提高部队战斗力和组织能力的一系列训练，训练中使用了 BMP-3 和"勒克莱尔"新型坦克。

1997 年 5 月，举行了陆、海、空部分部队参加的"97 捍卫联合"军事演练。联邦总统兼武装部队总司令和联邦最高委员会全体成员出席观看，部队成功地展示了其控制、调动、协同动作、演练和使用武器的能力。

1997 年 12 月 1 日，阿联酋 26 周年国庆前夕，武装部队为"阿布扎比"号护卫舰编入阿联酋海军服役举行了庆典。

二　军事演习

武装部队总司令部每年都有计划地组织部队进行不同代号的军事演习。有时参与或邀请其他阿拉伯国家的军队以及西方国家部队举行联合军事演习。通过这些演习，实地检验官兵的实际训练成绩，运用现代军事技术的熟练程度以及与外国军队协同作战的水平。

比较重要的与其他国家举行的联合军事演习还有：

1995 年 5 月"铁鹰"海上联合军事演习。由阿联酋与美国举行为期 10 天的演习。参加的有 1200 名美国士兵，还有一些飞机、军舰和导弹部队。

1996 年 5 月 5 日"大狐狸"军事演习。由阿联酋和法国的军事领导共同指挥，阿联酋部队和法国的海、空军参加了演习。

1997 年 7 月"铁拳"训练。阿联酋与美国军队在阿布扎比举行的训练。

1997 年 10 月"光荣之剑"演习。由阿联酋与巴林国防军在阿布扎比举行。

1997 年 10~11 月"明星"军事演习。阿联酋派出部队参加了在埃及举行的两次演习，展示了阿联酋派出部队的训练、武器装备和组织协调的优良水平，受到参加联合演习各国的赞扬。参加该演习的国家还有科威特、美国、德国、法国和意大利等。

1998 年 3 月 23 日"捍卫岛屿 6"演习。这次演习由阿联酋做东，邀请海湾合作委员会成员国的武装部队参加。阿联酋副总司令和联邦国防部长出席。

三 兵役制度

阿 联酋实行志愿兵役制。征召自愿入伍和愿意长期服役的公民入伍。征集程序包括报名、审查、体检等。服役期一般至少 3 年。

阿联酋的兵源受到本国人口少和劳动力相对不足的制约，志愿人员缺乏，兵源的 30% 来自本国公民。不足的兵员则从巴基斯坦俾路支人、埃及、苏丹等伊斯兰国家的人中征召补充。军队中有不少外籍教官，主要来自英国、巴基斯坦、约旦等国。

志愿兵服役期满后的退役金较多，伤残补助费很高，阵亡抚恤金可达 20 万美元。

第四节 国防工业

一 阿联酋尚无军火工业

武 装部队的军事装备都依靠从国外采购。主要购自法国、美国、英国、俄罗斯、德国、意大利等国。1996年阿联酋武器进口额为 7.75 亿美元，占阿联酋当年贸易进口总额的约 2.8%。2003～2007 年，阿联酋、以色列、埃及成为美式武器在中东最大的接受国。

二 海湾国家中唯一以法式武器装备为主的国家

阿 联酋的武器装备以法式武器装备为主，特别是在空军装备方面，有法制"幻影" – 2000 型战斗机 37 架，"幻影" – 2000RAD 型侦察机 8 架。另外，还购买了美制 F – 16型战机 80 架；有一个飞机维修站，建于 1987 年 5 月，由联邦德国飞机维修中心提供技术援助。

第五节 对外军事关系

阿 联酋人少国富，在军事方面，从官兵来源、军官培训、装备引进、演习训练到编制、体制的制定等，都少不了与国外的军事合作。在军事领域，武器装备的采购和引进，以及与国外的合作等，分量比较大。特别是海湾战争、伊拉克战争、阿富汗战争后，阿联酋国防开支增大，对外军事关系也有发展。1993 年起，阿每两年举办一次国际防务展，进一步增强了与国外的军事合作关系。2008 年，阿承认了科索沃，派兵参加了科索沃维和部队。2008 年 10 月，阿召开"阿布扎比未来论坛"和阿布扎比地区安全会，阿曼、日本、叙利亚、阿盟、巴林以及北约的外长或代表与会。

"国际防务展"，2009 年 2 月 22 ~ 26 日在阿布扎比举办，展出面积 5.5 万平方米，50 国 900 家公司 4 万人与会，美国总统布什、国务卿赖斯在阿布扎比王储陪同下参观了展览会。2007 年"国际防务展"有 50 国 143 个代表团 862 家公司与会，达成 5.45 亿美元交易，阿联酋购买金额 3.8 亿美元。

一 军事条约

1. 阿联酋与法国军事训练和军事合作协定

19 91 年 9 月 9 ~ 12 日，阿联酋总统兼武装部队总司令扎耶德访问法国。随行的国防部长穆罕默德上将同法国国防部长皮埃尔·若克斯分别代表各自国家的政府签订了两国"军事训练和军事合作协定"。双方肯定了两国间军事领域的特殊关系和联合军事演习的必要性。法国研制的新式坦克在阿联酋进行试验。该协定为密切两国军事关系和法国帮助阿联酋增强军事力量奠定了新的基础。

2. 阿联酋美国防务协定

海湾战争后，1994 年 7 月，阿联酋与美国签订防务协定，加强了两国间防务的协调与合作。两国武装部队于 1995 年 3 月联合举行了为期 10 天代号为"铁鹰"的海上军事演习。1997 年 8 月，两国军队举行了代号为"铁拳"的军事演习。

3. 阿联酋法国防务合作协定

1995 年 1 月 18 日，法国国务部长兼国防部长廉奥塔尔访问阿联酋，在阿布扎比与阿联酋外交事务国务部长哈姆丹签订了两国间防务合作协定。发表的新闻公报称，该协定肯定了两国间 20 多年来的友好合作关系，表明了两国间的战略联盟和在政治、军事领域的合作愿望。1995 年 12 月 20 日，阿联酋武装部队总参谋长穆罕默德空军中将与法国武装力量总参谋长让·菲利浦·载旺将军，在巴黎签订了防务合作协定的执行计划。1996 年 5 月 5 日，法国海军、空军部队同阿联酋部队联合举行了代号为"大狐狸"的军事演习。

4. 阿联酋英国共同防御协定

1996 年 11 月 28 日，由阿联酋外交事务国务部长哈姆丹同英国国防大臣麦克尔·布尔蒂鲁在阿布扎比签订阿英共同防御协定。发表的新闻公报称，该协定肯定了两国间的战略防御联盟和在政治、军事方面的持续建设性合作。1998 年 3 月 16 日，阿联酋武装部队总参谋长穆罕默德空军中将与英国国防大臣乔治·鲁伯逊在阿布扎比签订了该共同防御协定的执行计划文件。

二 武器来源

阿联酋武装部队的武器装备，基本上都是从法、美、英、德、意等西方大国进口的。阿联酋曾经年财政支出的 40% 用于国防，其中有相当大部分用于购置武器装备。在海湾合作委员会的 6 个成员国中，沙特阿拉伯是最大武器买主

（1998 年为 104 亿美元），阿联酋名列第二（1999 年达 100 亿美元）。2000 年，阿联酋购买了 74 亿美元的武器装备，在发展中国家中名列第一。阿联酋对大宗武器装备和主要先进武器的购置，其决定权在联邦首脑和军队首长手中。故阿联酋每一两年举行一次的国际防务展或航空展，引起各国竞相参展促销。2001 年 3 月 18 日，阿联酋第五届国际防务展在阿布扎比开幕，历时 5 天，来自 42 个国家的 860 家武器制造商和公司参加了本届展览。展厅里展出的装备有坦克、装甲运输车、步兵战车、导弹、火炮、机枪、雷达、卡车乃至舰艇等武器装备。2000 年世界市场武器开支为 818 亿美元，其中 20% 销往海湾国家。2009 年 Idex 国际防务展 2 月在阿布扎比举办，阿购买额 3.8 亿美元。

1. 从美国购买武器

1990～1991 财政年度，美国向阿联酋提供 25 亿美元的军事装备，包括 AH－64 型"阿帕奇"直升机 24 架，一套机载的监视系统和一套 C3I 系统等。1992 年初，美国帮助阿联酋实施防御计划，建立了 5 个改进型的"霍克"地对空导弹连。1997 年，美国向阿联酋出售"渔叉"式舰对舰导弹 24 枚，TNC－45 型（即"巴尼亚斯"级）导弹艇 6 艘，1999～2000 年供货。1998 年 5 月，阿联酋武装部队副总司令、阿布扎比酋长国王储哈利法和联邦武装部队总参谋长穆罕默德空军中将，对美国进行了被称之为历史性的访问。阿联酋同美国签订了购买 80 架 F－16 型战斗机的协议，耗资约 68 亿美元，2002 年交货完毕。美国副总统戈尔出席了合同签字仪式。2003～2007 年阿联酋从美国引进 PAC－3 地对空导弹系统，机载预警系统和先进的空对地导弹系统装备美式战机。

2. 从法国购买武器

法国是阿联酋最大的武器供给国之一。1993 年 2 月，阿联酋同法国签订了购买价值达 35 亿美元武器的协议，占法国向海湾国家出口军火额的 1/3，提供的武器有"勒克莱尔"式坦克390 辆、装甲救援车 46 辆。1995 年，法国向阿联酋出售 AS－565 型直升机 6 架，1998 年供货，装备在"阿布扎比"级护卫舰上。1996 年，法国向阿联酋出售 AS－332 型直升机 5 架，1998 年供货，用于海上巡逻。1997 年，法国向阿联酋出售"小羚羊"式直升机 5 架，1999 年供货。1998 年，阿联酋与法国达索飞机制造集团签订合同，购买"幻影"－2000 型战斗机 30架，"幻影"－2000 改进型战斗机 33 架，价值共达 34 亿美元，2000 年供货。1999 年，法国又出售一批"黑猎鹰"式机载巡航导弹，装备在改进型"幻影"－2000 型战斗机上，2000 年供货。此外，阿联酋还为其海军订购鱼雷快艇 8 艘，耗资 10 亿美元；订购小型护卫舰 6 艘，耗资 20 亿美元。

2009 年初，法国总统萨科齐为"伊朗核问题"出访中东顺道访阿联酋，与阿商谈为阿早先购买的法制战机更新和法阿建反恐情报合作问题。2009 年 9 月，阿联酋外长阿卜杜拉访法，会见了法外长库什内，讨论了双边关系和海湾、中东形势。

3. 从俄罗斯购买武器

1992 年，阿联酋从俄罗斯订购了 4 亿美元的武器装备，主要有 BMP－3 型步兵战车 330 辆，1996 年供货。1997 年向俄罗斯购买了伊尔－76 型军用运输机 4 架，1998 年供货。2000年，阿联酋耗资 5 亿美元，从俄罗斯订购了 Pantsir-S1 防空系统。

4. 从英国购买武器

1989 年，阿联酋从英国订购了"隼"式教练机 26 架，1996年供货。1992 年，阿联酋从英国订购了"艾尔·哈基姆"式机载巡航导弹 416 枚，1998 年供货。1998 年，阿联酋从英国订购了"鹰"200 型战斗机 18 架，2001 年供货。1998 年，又订购了Protector 式巡逻艇 2 艘。

5. 从荷兰购买武器

1995 年，阿联酋从荷兰订购了 M – 109 型自行火炮 87 门，1999 年供货。1996 年又从荷兰订购了"科顿艾尔"型（即"阿布扎比"级）护卫舰 2 艘，1998 年供货。

6. 从其他国家购买武器

1994 年，阿联酋从意大利订购了 A – 109 型直升机 3 架、AB – 412 型直升机 5 架，1996 年供货。1996 年，阿联酋从德国订购了 G – 115TA 型教练机 12 架，1997 年供货。1997 年，阿联酋从土耳其订购了 M – 133 型装甲人员输送车 136 辆。1997 年，从印度订购了 CN – 235 型教练机 7 架，1998 年又订购了 CN – 235 – 200 型巡逻机 4 架。2008 年从德国购买猎雷艇 2 艘。

三　军事援助

阿联酋的对外军援既有资金援助，也有兵力支援和参战，还有捐赠或摊派的对外军援款项。

1976 年 10 月，阿联酋派出少量部队，参加以叙利亚出兵 3 万人为主力的"阿拉伯威慑部队"，进驻黎巴嫩，调解黎巴嫩内战，任务是隔离黎巴嫩基督教民兵为一方，与黎巴嫩穆斯林民兵和巴勒斯坦解放组织武装为另一方的两派之间的武装冲突。完成进驻主要任务后，阿联酋部队即先期撤回。

自 1978 年巴格达会议决议后，阿联酋向阿拉伯和以色列冲突中的阿拉伯前线国家叙利亚、约旦、黎巴嫩和巴勒斯坦解放组织等各方，每年支付的捐款约合 4 亿美元。

1980 年 9 月，伊拉克和伊朗 8 年战争期间，阿联酋与海湾其他阿拉伯国家一道支援伊拉克。阿联酋先后向伊拉克提供了 38 亿美元的援助。

1990 年海湾危机爆发后，阿联酋武装力量参加了保卫沙特阿拉伯和解放科威特的军事行动。这是阿联酋武装力量第二次执行境外军事任务。此后，阿联酋还向科索沃派出过维和部队。

　　海湾危机引发了1991年海湾战争，阿联酋派出部队参加了海湾合作委员会6国组成的一支1万人（2个旅）的部队，驻扎在沙特阿拉伯北部，归美沙联合司令部指挥。阿联酋还允许其他阿拉伯国家的部队驻在其本土，其中有埃及军队8250人（1个突击队、1个防空旅和部分防化部队）、叙利亚步兵1000人和摩洛哥一个步兵旅（6000人）。驻扎在阿联酋的还有美国空军F-16型战斗机47架。海湾战争虽经历时间不长，但战费开支和战争损失的赔偿费用却很大。阿联酋分担了其中的一部分，先后支付了近60亿美元。其中，美国获得约37.7亿美元，英国获得约5亿美元，占到该费用的70%以上。其余分别给了另外10余个有关国家。

第六章

教育、科学、文艺、卫生

第一节　教　　育

一　独立前的教育

阿联酋建立之前，诸酋长国过去的教育都比较落后。1905 年，沙迦开办了第一所学堂。稍后，迪拜开办了艾哈迈迪耶学校。20 世纪 50 年代初期，各酋长国尚没有任何现代意义上的教育制度。一般人家送孩子进私塾读书，在伊斯兰教诵经师的教导下，学习背诵古兰经和伊斯兰宗教文献、阿拉伯语语法，以及其他有关文化知识。有钱人家则聘用家庭教师授课。

随着官、民双方对教育重要性的认同，有的酋长国设立了小学、中学两级学制。20 世纪 50 年代中期，建立了具有现代意义上的学校，又从科威特得到帮助，开办了一批学校，并从埃及、巴林、卡塔尔聘请了教师。到 50 年代末期，已经有了正规的小学。

20 世纪 60 年代，开始设立正规中学、中专、技术学校。1962 年已有 20 所学校，3916 名学生，并逐年发展扩大。

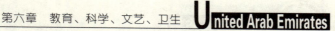

二 独立后的教育普及

1. 实行全国性免费教育

阿联酋政府规定 6~16 岁的少年儿童，必须上学接受义务教育。政府尤其鼓励女性少年儿童接受基础教育。到 1996 年，全国境内各类学校共有 705 所，其中公立 475 所、私立 230 所，在校学生 44.8 万人，教师 2.6 万人。进入 21 世纪，阿联酋政府视教育为今后几十年能成功面对社会和经济挑战的关键，故致力于给男女国民以从幼儿园到大学的平等的受教育权。

2008 年，全国境内各类学校共有 1308 所，其中公立 761 所、私立 547 所，在校学生 64.8 万人（占总人口的 12.5%），教师 2.6 万人。在校大学生 34213 人（占在校学生的 5%）。

教育经费不断增加。阿联酋成立之后，联邦政府设立教育部，非常重视各级教育。1990 年，第六届联邦政府成立后，决定除保留教育部外，另增设高等教育部，全面加强本国高等教育的发展。为了适应持续发展的要求，跟上时代步伐，1999 年，教育部发布了《至 2020 年的教育构想》，规划了国家发展教育的战略性目标和实施方案。联邦教育部的经费从 1973 年的 2.47 亿迪尔汗增至 1977 年的 13.39 亿迪尔汗，增幅近 4 倍半。1994 年又增至 17.09 亿迪尔汗，较上一年增加 28%。1997 年增至 31.9 亿迪尔汗，较上一年增加 86.8%。1998 年为 34.85 亿迪尔汗，约占当年财政支出的 16%。1999 年增加到近 47.5 亿迪尔汗。2000 年增至 57.9 亿迪尔汗（合 15.8 亿美元），占本年度总预算的 23%。2009 年政府预算中，教育经费为 97 亿迪尔汗（合 26.5 亿美元），占总预算的 23%。

2. 学校和学生数成倍增长

1971 年，阿联酋公办学校 74 所，在校学生 3.28 万人，学校数较独立前增长 2.7 倍，学生数增加 7.4 倍。到 1998/1999 学年度，政府办的学校增至 672 所，在校学生 31.5 万人，与 1971 年比较，学校数增加 8 倍，在校学生数增加 8.6 倍。2007 年新建学校 50 所，2008 年新建现代化学校 14 所。2008 年，民办私立学校有 420 所，在校学生 21 万余人，公、私立学校合计为 1259 所，各级在校学生共 64.8 万人，约占全国人口的 12.5%。截至 2008 年，已向 30 个国家派出留学生。2009 年新建现代化学校 7 所。

3. 重视发展技术专科学校

阿联酋教育部的全面规划中要求发展中等专科技术教育。在所有工业学校里都增设了民用工程专业。1997 年起，建立了 3 所技校，并借鉴国际上的经验，使技术教育规划现代化。1998 年，在阿联酋民用工程专科和工业技校的在校学生有 2240 人。

4. 师资力量比重大和本国化

阿联酋全国 1998/1999 学年的在校教职员人数有 27720 人。其中：教师 23570 人，占教职员总人数的约 85%，本国教师 7000 人，约占 30%；行政人员 2450 人，本国行政人员 2000 人，占同类人员的 81.6%；技术人员 1700 人，本国技术人员 1000 人，约占 59%。2001 年，教育部制定了新的培养本国教师的专门方案"教师培训计划"，鼓励本国毕业生投身国家教育事业。

2008 年，阿布比成立了穆罕默德亲王为首的教育委员会，推动基层、区域和国际之间教育工作的有序发展。做好 12 年义务教育、高中、大学到留学的教育体系。

5. 成人教育和扫盲教育

（1）成人教育。教育部对过去失去学习机会的成人的教育非常关注，新成立了专职管理部门，为他们提供从小学一年级到初中三年级的学习机会。1997 年，有 18163 男女成人在 139 个学习中心、协会和妇女会中学习。

（2）扫盲。阿联酋于 1989 年全面开展根除文盲的活动。许多机构都参加了全国联合扫盲活动。在这方面，石油公司、国防部、警察署、妇女联合会等部门都取得了明显成果。特别是全国妇联，在各地妇女协会设立了 353 个扫盲中心，有 4000 多名教职员和技术人员为之服务。据国际有关方面公布的调查统计显示，1998 年阿联酋的成人文盲比例已从原来的 95% 下降至 15%，2006 年降为 9%，阿联酋计划不久将最终扫除文盲。

（3）维护阿拉伯文的纯洁性。联邦政府规定，阿拉伯文为法定正式使用语文，驻阿联酋外交使团致阿联酋的照会和外交文件，应使用阿拉伯文。联邦有关文教部门，在各酋长国进行了普及纯正的阿拉伯文教育和扫盲工作。2009 年更强化了阿拉伯文、伊斯兰教文、社会学和工作能力的教育科目和技能培训，提出了"明天的教育"计划，已有 71 所学校在实行。哈伊马角酋长国市政局不允许在阿拉伯文广告牌上和媒体广告中出现语法错误，并为此建立了负责监督语法标准化的特别部门。对那些在阿拉伯文广告上出错的人处以罚款，每个语法错误罚款 135 美元，如果再犯，罚款额将在第一次罚款额的基础上加倍，对那些屡犯不改的公司，将被强令关闭。

三 高等教育

阿联酋独立后，高等教育得到逐步发展，公立高校已全部实行免费教育。1977 年，阿布扎比酋长国在艾因市建立阿联酋大学，为阿联酋教育事业启动了高等级别教育的进程。她已是阿联酋和阿拉伯半岛的一流综合性大学。2008 年，各类高等专科院校有十余所，分布在各酋长国，还设有女子大学。主要的高等院校有：阿联酋大学，阿布扎比市的百扬大学，沙迦的沙迦大学和美国大学，阿治曼城的阿治曼大学，迪拜的迪拜伊斯兰学院和迪拜医学院等。此外，还有一些隶属于政府机构的专门学院和私立院校，如迪拜航空学院、沙迦学院、乌夫古学院（隶属于沙迦国际机场）、通信工程学院（隶属于阿联酋通信机构）等。为此，阿联酋于 1991 年在联邦政府中成立了专司高等教育和科学研究的高教部，2004 年在校大学生 34213 名，2008 年减为 13465 名，2009 年为 16372 名。2008 年，高校聘请的外籍教师有 13315 名。

1. 阿联酋大学

阿联酋大学设在阿布扎比酋长国的艾因市，是联邦政府高等教育和科学研究部直属的第一所政府办的综合性大学。1977 年 11 月建立，当时有男女学生 535 人。到 1998/1999 学年新入校学生 4300 人，使在校生增至 1.7 万人，较建校时增加近 31 倍。到 1998 年，已有 17 届共计 18913 名学生毕业，截至 2008 年共有 4 万名毕业生分配到国家各个领域的岗位上工作。2009 年，有 1700 名该校毕业生走上政府工作岗位。

1998 年，联邦财政拨给阿联酋大学经费为 7.02 亿迪尔汗（约 1.92 亿美元），较上一年增加 10%，较 1996 年增加 21%，并拨款 500 万迪尔汗，支持该校承办科学研究委员会，为社会服务。阿布扎比酋长国当时的王储兼联邦武装部队副总司令哈利法拨款 2.65 亿迪尔汗，兴建该校医学院新大楼。2008 年部队有 180 名军人在该大学学习。

阿联酋大学与世界上许多著名大学建立了密切联系，与其他阿拉伯国家、美国、法国等的大学签订了合作协议；与联合国开发计划署签订了人力和管理发展项目的数个协议。1998 年，该校派出 137 人去国外深造。2008 年有 45 个国家派有留学生在该校学习。

2. 扎耶德女子大学

扎耶德女子大学是联邦政府高等教育和科学研究部直属的第二所政府办的大学。经联邦政府部长会议批准，该大学于 1998

年 9 月 5 日开办。当年在阿布扎比本校有 400 名女生，在迪拜分校有 1100 名女生。2002 年，该大学学生增至 6000 名。2008 年因新开了院校学生分流，故降为 2124 名。2009 年在校生 1558 名。大学开设了文学、科学、行政与联络、宣传与教育、家政、信息资料等六大教学课程。2008 年 2 月，阿布扎比本校在斯维汗县开设有专科分校，并与迪拜分校签订七年合作协议，合办国际学院，接受美国教育团的合作。迪拜分校占地面积 5 万平方米，有 12 座建筑、136 个教室，可容纳 2400 名学生。

3. 百扬大学

百扬大学是联邦政府高等教育和科学研究部直属的第三所政府办的大学。1997 年 10 月 4 日开办，第一届招收男女学生 286 名。大学设有 14 个专业，它们是：建筑工程、民用工程、电气工程、财会、室内装潢设计、企业经营管理、财经学、市场学、统计学、数据和行政管理、民政、英语、翻译、师范等。

4. 沙迦大学

沙迦大学于 1997 年 8 月开办，招收 738 名学生，并于同年 10 月 4 日起开课。该校建筑分为三大部分。第一部分为一座三层主楼。第二部分是前楼，含会议厅和科研、教育、行政管理等用房。第三部分为主楼两厢的两个学院，一个是男生的，另一个是女生的。1998 年 8 月 20 日，阿联酋最高委员会成员、沙迦酋长国酋长苏尔坦博士在英国签订了沙迦大学与英国伊克斯特尔大学科学文化合作协定，为期三年。根据该项协定，制定了发展沙迦大学工程学院、管理学院和外语中心的教学计划。

5. 沙迦美国大学

1998 年 8 月 23 日，沙迦酋长国酋长苏尔坦博士发布命令，批准组建沙迦美国大学。学校设有文学类和科学类的数个科系，配备了现代化的图书馆、学生食宿楼和文体馆等建筑群。华盛顿的美国大学，向沙迦美国大学提供建立和发展方面的咨询和建议。在沙迦酋长苏尔坦的赞助下，沙迦美国大学装备了 70 台计算机，扩大了教学网站，建成为一所非营利性的高等学府。1998/1999 学年招收男女学生 1000 名。

6. 阿治曼科技大学

阿治曼科技大学于 1988 年开办。1998/1999 学年是该校建校 10 周年，在校男女学生有 2000 人。所设学科有：建筑工程、通信工程、电力工程、翻译、国医草药、师范、医学仪器、计算机、药剂、牙医等。1998 年 8 月 9 日，获得设在沙特阿拉伯吉达市的伊斯兰发展银行 6600 万迪尔汗的贷款，用于新校舍的建筑。该大学在阿布扎比市和艾因市设有分校。该大学与美国威斯敏斯特大学、巴黎大学、埃及艾资哈尔大学、科威特国的科威特大学等分别签订了学术、科研合作协定。

7. 高等技术学院联合体

阿联酋联邦政府于 1998 年 3 月 9 日通过联邦法案，决定正式建立高等技术学院联合体，成立独立的科技团和由各学院院长及相当数量的本国各领域的专家学者组成的委员会。1998 年 10 月，在阿联酋各高等技术学院联合的基础上，建立高等技术学院联合体，成为阿联酋高等教育的一个重要环节。联合体各学院设有社会和卫生、财政、工业、新闻等部门所需要的课程，培养本国中级管理干部和专业技术人才。联合体在本国经济发展和工业生产中起到了推动作用，加强了阿联酋在培养专业技术队伍中的地位。2008 年在校生 7902 名。

1998 年 5 月，该联合体的科研实验优秀中心与美国哈佛大学签订协议，在阿布扎比的技术学院建立第一个大型技术培训中心。随后，同美国摩托罗拉大学签订协议，在迪拜合作建立另一个科研实验中心。阿布扎比男子学院的优秀中心早在 1995 年就建立了世界科技园，包含同世界上科技发达的制造业大户的合作中心的联合项目。同时，迪拜的优秀中心也建立了另一个世界科技园，实施一些联合项目和科技服务，以开发本国的劳动力，引进各方面的最新科技成果。这两个中心把各高等技术学院与政府部门和工业实体联合起来，进行培训和提供咨询服务。1996 年 10 月，与中东地区的美国教师培训服务机构联合，进行培训工作。同年 3 月，阿联酋各高等技术学院在因特网上建立了自己的科技网站，向世界上的网民提供基本信息资料。2009 年，该联合体已成为海湾地区最大的教育科研资源的提供者。

8. 沙迦技术学院

沙迦新建的男、女两所高等技术学院，使阿联酋的高等技术学院数增至 10 个。女子学院于 1997 年开办，男子学院于 1998 年开办，各接纳 150 名学生。开设了其他同类院校设立的所有专业课程。

9. 阿布扎比大学

由联邦高教部于 2008 年开办，2009 年有 1000 名学生，他们来自阿布扎比市艾因市的本地人和占半数的 45 国学生。

10. 哈利法科技大学

2008 年成立，投资 2500 万迪尔汗，为与埃及教育和科研部门合作开发项目。

11. 纽约电影学校阿布扎比分校

2008 年 2 月成立，正在筹办中。

12. 其他以新开的院校

有应业商务学校，迪拜美国大学，沙迦大学，迪拜电信学院，酋长国航校，达尔玛治沙学院，石油学院，朱米拉医务学校等。

阿联酋政府把研究和发展定为经济进步的基础要素之一，以此制定国家发展战略，2013 年前投入 5 万名专家进行研发项目。

第二节　科学技术

一　自然科学

1. 农林业的科技改造

"法"拉杰"灌溉法　阿联酋虽然国土不小，但是沙漠面积大，雨水稀少，可耕地面积很有限，仅占陆地面积的 4%。多年来，所需粮食、蔬菜等均依赖进口。联邦政府注意到传统农业已经不能适应现代社会和产业的发展需要。扎耶德总统非常重视农业的革新和改造，鼓励寻找水源，多打水井，合理利用地下水资源。1976～1980 年，政府组织打井 1545口，发展利用传统的"法拉杰"坎儿井，相互连通，形成网络，灌溉农林业。同时，发展海水淡化，污水处理，废水利用，建设水利水坝；引进农业大棚和滴灌技术，尽力做到合理高效使用水资源。努力解决农业的第一要素水源问题，达到合理开发使用非常有限的水资源。

推广阿尔法草　政府视情况在各地兴建农业试验站、农科中心和农业指导站，推广先进耕作方法和 30 多个优良品种。培植筛选出优良紫花苜蓿阿尔法草，在 2 万多个农场以及牧区加以推广种植。阿尔法草每年可以收割 14 次，是丰产优质的绿肥和饲料。草料产量年年倍增。

朽木再生技术　在扎耶德总统的提倡和鼓励下，建立农业和环境研究计划中心，从事筛选 170 种耐高温、抗干旱和盐碱的植物，种植推广了 30 多种。在海岛沿岸和沙地试种了一种利用腐朽木桩生长的弃树灌木丛，获得了成功。它既耐干旱，又不怕盐碱，在沿海海滩生长较快，不仅绿化了海滩，还为鸟类、昆虫和海生无脊椎动物提供了温床。这一试种的成功，为其他地方的数千公顷滩地提供了种植经验。有的地方成了绿荫地，供野生动物休息、食用，同时起到治沙、改良气候的作用。此法的推广，不仅对阿联酋，而且对世界其他地方的沙地变绿洲都有很大意义。

第一颗遥感卫星 2009 年 7 月，阿联酋高科技研究所与韩国合作，在哈萨克斯坦成功发射阿第一颗遥感卫星（Dubai Sat - 1 号），作为其建立高科技基础的跳板，更好地为农林牧业服务。

2. 医学科学

试管婴儿 艾因市特瓦姆医院的试管婴儿部自 1990 年成立以来，到 1997 年已进行了 1052 次人工授精尝试，其中 186 例怀孕成功，成功率约 18%，接近国际先进水平（世界上最高成功率为 21%）。

肾脏移植和心脏手术 阿布扎比酋长国的迈夫拉格医院自 1983 年 8 月正式投入使用以来，不断扩大医疗业务，开展疑难病症治疗。肾脏移植术已做到 100% 成功，达到世界先进水平。用微波冲击肾脏结石和尿道结石，用碎石方法取代传统手术治疗结石病，效果很好。成功进行了心脏冠状动脉维修术、儿童先天性心脏缺陷修正术、心脏瓣膜的修补和改正等开放性心脏手术。成功地进行了以气球或金属支架连接导管扩充心脏冠状动脉术以及恶性肿瘤摘除手术。还进行了先进的耳壳移植术。

哈利法医疗城设有"肿瘤中心"和心绞痛专科中心，2009 年 7 月，被国际认证为全世界第 12 家（其中 11 家在美国）甲级胸痛治疗中心。

3. 编制鸟类图谱

阿联酋国家鸟类研究中心的鸟类学者，在阿布扎比国家石油公司资助下，经过 10 年时间收集数据资料，于 1997 年编辑了首部包括阿拉伯半岛鸟类在内的阿联酋鸟类图谱（有详细文字说明）。介绍了阿联酋一些候鸟岛的地理位置和鸟类繁殖地，人口居住区域鸟类的繁殖和品种增加情况；载有在阿联酋现存或已知过去生存过的 100 多种鸟类的详尽资料。该书内容介绍指出：阿布扎比近海诸岛的筑巢鸟类的 95% 是海湾鸦、鹭、雕等。

4. 环保立法

阿联酋的独特地理和历史，与沙漠环境、干热气候有非常紧密的关系。当地人自古面对自然资源不足和生态环境较差的挑战。所以，阿联酋国家领导人、政府、部落和民众，都特别重视保护自然和生态环境的平衡发展，防治病虫害对生物的危害。20世纪 60 年代初，发现了当地阿拉伯野牛的数量大大减少，他们遂实施家庭饲养和繁殖阿拉伯野牛计划，使其数量得以增加。20世纪末 21 世纪初，西欧的疯牛病、口蹄疫蔓延，扩大到整个欧洲及亚洲地区，2009 年出现甲型 H1N1，阿联酋对此都及时采取了积极的防治办法。如 2001 年 3 月 16 日，艾因发现并向媒体展示染上口蹄疫的牛，阿联酋屠宰并销毁了 45 头患有口蹄疫的牛。另外还调查发现 76 起这种病例，当局立即进行了彻底处理。

1975 年 10 月，联邦内阁决定成立环境最高委员会。同年 11月 18 日，联邦总理命令组成国家环境保护最高委员会。随即在全国、各行各业，以及侨居者和旅游者中开展环境保护的宣传教育和动员，并在国有土地和私营企业占地中规划出大片土地，作为进行野生动物保护之用。1977 年，阿布扎比酋长国首先实行禁猎。1981 年，阿联酋全国实行禁猎，同时，实施了一项大规模计划，包括扩大农业用地、植树造林、抵御沙漠化、建立防护林带和自然保护区等内容。从而，大大减少了土地流失和病虫灾害，改善了气候条件和环境卫生状况。阿联酋人均绿地面积已超过海湾合作委员会其他国家人均绿地面积的 12 平方米水平，荣登榜首。

为执行联合国 1992 年环境与发展首脑会议决议，阿联酋总统扎耶德于 1993 年 2 月颁布法令，建立联邦环境保护署，以加强国家环保计划与世界环保活动的有效合作。在联合国开发计划署和国际专门机构的协作下，阿联酋制定了国家全面环保战略，建立环境信息库，制定"危险物品规定指南"，为每一种化学物质发放安全合格卡，制定"危险物质使用单位须知"，以及"危险垃圾最佳管理办法"。同时，全面检查了全国环保状况，抓住主要问题，确定了基本规划与必要的处理方针和政策。为此，联邦环保署制定了一系列政策法规，诸如："严厉惩治有害环境物质泄漏者办法"、"对排放污染环境物的单位实行许可证制度"、"沿海地区的环境保护规定"、"判断石油泄漏污染海洋的确定标准和法律责任"、"控制破坏臭氧层物质的规定"、"保护濒临灭绝的动物、鸟类的规定"和"禁止稀有物种贸易的条例"等。

经过科学论证，阿联酋把环保目标明确为：保护环境，改善环境质量，防止各种污染，预防经济发展带来的眼前或长远的污染危害，确保经济、农业、工业、建筑等发展计划的合理实施，更好地为子孙后代服务。1998年7月3日，联合国开发计划署完成了发展阿布扎比市政环境管理系统和城市规划工程项目。1998年7月20日，内阁批准了"联邦环境保护与发展法案"。对违犯该法规定而进口或携带核物质或核废料者，或在联邦境内填埋、沉没、储藏或以任何方式弃置核物质或核废料者，处以最低100万迪尔汗（约合27万美元），最高1000万迪尔汗的罚款，对情节最严重者甚至可处以死刑。按照"环保法"规定，建立了国家环境监控组织，制定了"全国防险抗灾规划"，防止国家海域、海滩、饮水、水源、空气、自然和生存环境遭到污染和有害物质的侵袭。

5. 参与国际环保事业

2001年2月4日，阿联酋作为东道国在阿布扎比召开了阿拉伯环境部长会议，通过了《阿布扎比宣言》。5日，召开了阿布扎比国际环保会议，有30多个国家参加。阿联酋已加入的区域性和国际性的主要环保条约协定除前文已提到的外，还有：

（1）1978年阿联酋参加建立海湾地区保护海洋环境区域组织，签署了海洋环境保护合作的科威特协定。（2）《联合国防止荒漠化公约》，是1992年在里约热内卢举行的联合国环境与开发会议的具体成果之一，阿联酋是该公约的161个签署国之一。2000年2月13日，阿联酋在迪拜召开对付荒漠化威胁最新方法和"加强21世纪干旱和半干旱土地管理"的国际会议，讨论了120个关于荒漠化起因和影响的新研究课题。（3）1996年1月1日，阿联酋与沙特阿拉伯、巴林、科威特等一道加入了保护臭氧层的"蒙特利尔条约"。（4）1998年3月25日，阿联酋与加拿大在阿布扎比签署了"海洋公约"。（5）1998年签署了海洋环境保护地区组织在德黑兰公布的"控制海运危险性垃圾的协定"。2009年7月，阿联酋向国际原子能机构保证，未来7年每年向可再生能源项目提供5000万美元的资助。

6. 物种保护

阿联酋开展环境的专业调查和保护工作，聘请世界上的专业公司调查阿联酋沿海地区的地质、生物、潮汐，及其对海域环境的影响和污染作用等情况，并取得了数据资料和研究报告，绘制出阿联酋沿海生物感应图和工作指南手册。1996年，阿布扎比酋长国王储哈利法颁布法令，建立了菌类环境和发展研究所。

联邦环保署对国内的野生动物进行了积极的科学研究和规划。对可能家养繁殖的某些物种进行了专门研究，例如：特别关注一种叫哈巴尔的小野雁的生存状况；为猎隼建立了诊疗所，对它们进行保养、训练、改良，提高了存活率，使其在捕猎季节末放飞后，也能在自然界生存。另外，专设了一些动物园和自然博物馆。阿布扎比环保所首次对阿联酋的海龟进行了有组织的全面调查研究，对140只海龟进行称重并戴上标志牌后放生，进行观察研究。同时，派出专家队对濒临灭绝的海洋动物海牛进行了普遍跟踪寻查，并利用人造卫星进行空中发射示波，跟踪海牛的活动。

由阿联酋武装部队总参谋长穆罕默德空军中将兼任主席的设在阿布扎比的国家鸟类研究中心，利用人造卫星监测鸟类活动的计划很有成绩。该中心将微型电脑（太阳能跟踪器）戴在哈巴尔小野雁的身上，由卫星跟踪收集这些鸟类的活动数据，获得哈巴尔雁冬季从北往南迁徙，夏季从南向北回飞的规律、路线等活动情况。该中心还在中亚地区放飞了几十只猎隼，用人造卫星追踪它们的活动、迁徙路线和繁殖地区。

7. 自然保护区

（1）锡尔·巴尼亚斯（Sir Bani Yas）岛自然保护区。它是中东地区最大的自然保护区之一，内有多种濒临灭绝的哺乳动物和鸟类。锡尔·巴尼亚斯是当地一个古老游牧部落的名称，该岛因此而得名。地质学家认为，在1万多年前的冰川时代后期，海水水位大大低于现在的海平面，该岛原来与阿拉伯半岛陆地相连，山高壁峭，有耶稣时代的一座教堂遗迹和阿曼野生物种出土，早在7000~8000年前，就有人生活在这里。考古挖掘发现了该岛的历史。20世纪80年代前，该保护区占地面积220平方公里，只是一片干热荒漠，是采珠人的季节性码头。根据扎耶德总统的指示，1971年开始改造此岛，作为种植实验场和生态保护地。如今保护区面积约有250平方公里，已有200万棵环保树，22个农庄，种有30万棵各种品种的果树和1.5万棵橄榄树，并且每两个月增加20个新林园，种植滨枣树、牙刷树等；在园区内的陆地动物有23种，其中有的属濒临灭绝类。扎耶德总统鼓励从国外引进一些品种，已引进86种鸟类，其中有25种属稀有品种。该岛分为三大类区域，第一大类是保护动物的固定场院地区；另一大类是供人生活的宽裕地区；其他为第三大类，供大量动物活动、游弋。这些动物包括阿拉伯羚羊、山羚羊、沙漠羚羊和扎比羚羊等。阿布扎比（阿拉伯文原意是：羚羊之父）酋长国国名因该地羚羊众多而得名。此外，在山区、坡地、圈养地和林地，还有阿拉伯野牛、黑羚羊、非洲大羚羊、牛羚羊、凸角野牛、水羚羊、褐色骆驼、曲背赤鹿、摩洛哥绵羊和亚洲野绵羊等，也有留鸟、候鸟和从国外引进的鸟类，以及大量哈巴尔雁。哈巴尔雁喜欢宁静，不欢迎众多参观者，故专门给它们辟了一片没有猛禽的安静环境，利于其生存繁殖，并由国家鸟类研究中心进行人工繁殖饲养，使阿拉伯半岛的哈巴尔雁纷纷云集于此岛。对于珍稀的阿拉伯野生动物例如白野牛等，则给以特别的保护。阿拉伯鸵鸟已绝种，令人惋惜，但非洲鸵鸟已在此岛成功地引进、存活并繁殖。岛上的居住区的小运河两旁，人们还可看到埃及天鹅，在林地筑巢的麻灰色松鸡，以及乌鸡、鹧鸪等。从国外引进的品种中已存活繁殖的有一些海鸟，例如非洲戴冠灰鹤、戴盔珠鸡、野地雉和生活在浅湖区人造灌木林中的红火鹤等。经阿联酋鸟类登记委员会记录在案的鸟不少于 169 种。阿联酋人把锡尔·巴尼亚斯岛建成了自然保护区，还把该岛改造成为花果园。园内有苹果、柑橘、石榴以及葡萄。联合国教科文组织已承认该岛为稀有自然保护区，予以加强保护。

（2）迪拜的自然保护区。1998 年 3 月 11 日，迪拜酋长国副酋长兼联邦政府财政工业部长、迪拜市长哈姆丹颁布政令，宣布胡尔角和阿里山地区之间一带为迪拜酋长国的自然保护区。

（3）沙迦的保护阿拉伯虎协会。1997 年 7 月 19 日，沙迦酋长国酋长苏尔坦博士命令建立沙迦酋长国保护和关怀环境委员会，设立环保奖项。在沙迦自然博物馆内设立保护阿拉伯虎协会。阿拉伯虎是濒临灭绝的稀有动物，仅存于从阿联酋东北部的哈伊马角到西南部哈塔的山林之中。

（4）富查伊拉的海洋自然保护区。富查伊拉酋长国地处阿曼湾海岸，在其法基特、达得纳和阿格等地建立了三个海洋自然保护区，以保护濒临灭绝的海洋生物的生存和发展。

（5）赛马利叶岛的环境研究局。赛马利叶岛距阿布扎比约

12 公里。根据阿联酋联邦副总理兼遗产俱乐部主席苏尔坦的决定，1996 年 8 月 26 日在该岛成立了环境研究局，以该岛为对象进行对生物保护、发展和经济效益的环保项目研究。具体课题是：研究该岛海洋生物和其他动植物，它们与该岛生存环境条件的关系，保护动植物本性同环境的平衡问题，以建立一个完整的环境资料库。该局决定对岛上的 7 大类 24 种海洋植物性浮游生物和 13 大类海洋动物性浮游生物，进行科学研究。

（6）杰尔宁岛自然保护区。杰尔宁岛位于海湾距阿布扎比海岸一侧约 137 公里处。这个自然保护区有其特点，它是多种陆鸟和海鸟的天然聚集地，特别是各种海燕和世界上濒临灭绝的绿色龟的栖身处。

8. 环保奖项和机制

（1）环保奖。为了表彰和鼓励环境保护工作，阿联酋已故前副总统兼总理、迪拜酋长国酋长马克图姆于 1995 年以 15 万美元设立世界最佳城市措施奖项。1998 年 2 月 21 日，时任迪拜酋长国王储兼联邦国防部长的穆罕默德上将向联合国发起建立一种以扎耶德总统命名的年度国际环保奖项，每年奖励在环保、防污染事业中作出重大贡献的个人、机构和政府。1998 年 10 月，迪拜承办了世界人口日活动，颁发了改善生活环境最佳举措"迪拜国际奖"，提出的口号是"为了城市更安全"；还设立了以已故前联邦内政部长名字命名的"穆罕默德自然历史奖"和沙迦环保奖。阿联酋高教部长主持仪式，把"穆罕默德自然历史奖"授予了著名鸟类学专家柯林·理查森，表彰他为阿联酋鸟类的跟踪、分类和发展工作所做出的坚持不懈的努力。

（2）环保机构。配合联邦环保署致力于环保工作的还有许多国内环境保护机构，其中有：沙迦的环保委员会，迪拜的酋长国海洋环境保护委员会，国家环境之友协会，多家石油公司和各地市政府设立的环保机构等。

（3）迪拜市每年花费约 6000 万迪尔汗用于建设花园和绿化项目。政府投入巨资，修建花园和绿地，人均绿地面积超过 20 平方米。1995 年 11 月 19～22 日，迪拜承办了联合国人类住区大会的筹备会议，通过《迪拜宣言》，会上展出了包括迪拜市在内的全世界最佳 28 个城市的模型。迪拜市荣获了联合国环境计划署在全球开展的 "'95 世界清洁" 活动奖项。

（4）国家环境之友协会。该协会在阿联酋全国有 420 个会员，同国内外的环保机构进行合作和经验交流，在实施环境保护和防止污染项目中作出了贡献。该协会与德国国会环保委员会、卡塔尔国家环境之友中心、巴林阿拉伯湾大学、阿布扎比市政府、萨拉勒青年中心、环境和原始生命及其发展研究所、阿布扎比商工会、阿治曼大学、酋长国遗产俱乐部等机构均有合作交流。

（5）阿布扎比国家石油公司对海湾环境保护和防治海洋污染工作起着突出的作用。1996 年 5 月，该公司宣布了一个保护环境的重要项目，在鲁维斯（阿布扎比最大的石化企业所在地）建立阿布扎比首个负责处理其所属 19 个子公司的危险性垃圾堆工程。1998 年 2 月 1 日阿联酋庆祝了第一个环境日，该公司启动了一项历时三年的用先进技术清除海底垃圾堆而又不损及环境的重大工程。

二 人文社会科学

阿联酋前故总统扎耶德，非常重视阿联酋有关人文历史的发掘、民族优良传统的保护和现代社会情况的研究，坚持伊斯兰教义和阿拉伯民族原则，防止违背这些教义原则的东西进入和滋长，取缔不道德的、丑恶的社会现象，严禁酒、赌、毒。经历 30 多年的考古发掘和调查研究，搜集了许多文物资料，阿联酋的人文社会科学研究颇有成绩。

阿联酋7个酋长国都建立了大型博物馆，有的还建立了分门别类的专业博物馆。经初步考古科研证明，阿联酋具有古老而丰富的历史，同西亚大地的古老文明有密切联系，与南亚和东亚地区自古就有交往。其丰厚的人文社会历史尚待进一步的发掘和充分研究。但目前还是做出了许多人文社会科学方面的非凡成绩。

1. 考古发现

考古发掘证明，阿联酋古代第一批人类生存于公元前8000年左右。阿联酋大力组织邀请国内外的文化考古专家，对当地进行了考古发掘和充分研究工作。从各处发掘出土的许多被称为"阿拉伯半岛丰富遗产"的各种石器来看，阿联酋地区约在公元前8000年就有人类生存。先人们利用石刀、石剑、石制箭头、匕首等各种石器，进行捕猎，以补充他们的打鱼生活。沙迦文物局在百哈耶斯山脚的地下发掘出集体墓地，墓穴内有尸骨和烧后的残骸，但还没有陶制品，他们正是当地的第一批古人类。被发掘出土的物品，是属于人类掌握制陶业之前更早时期的阿拉伯半岛人文遗产。

阿联酋出土文物说明当地文明与两河流域古文明有联系。在地理上，两河流域古国伊拉克的南部连接科威特，并远及沙特阿拉伯、卡塔尔、巴林等地。在阿联酋沿海多处地方发掘出了外来的彩色陶制器皿，说明约在公元前5000年代时，这些地方与人类最古老的文明发源地之一美索不达米亚的伊拉克南部有交往。从乌姆盖万沿海一处遗址发掘的多种文物来看，到公元前3000年代，当地出现了制陶业。

（1）乌姆纳尔时期文明。乌姆纳尔是阿布扎比的一个岛，阿拉伯文原意为火之母，即火种时期。约在公元前2500～前2000年，乌姆纳尔岛与阿拉伯半岛大陆是相连的，从考古发掘物看，其文明有以下特征。

圆形墓地　乌姆纳尔时代的人死后葬于圆形墓地。墓地前方有许多经过雕刻的方形石头，并有长方形的屋子，当圆形墓地葬满后，再把这个圆形墓地中先辈的尸骨移葬于室内。1958年，丹麦考古队第一次在乌姆纳尔岛发现了有此特征的圆形墓地。随后在沿海和内地都发现了这种典型墓地，墓葬保存良好。有的墓中有几百具尸骨，伴有大量陪葬品，如细石质地的碗、当地制造的家庭用黑红色陶制器皿以及来自波斯东南部、俾路支斯坦和恒河流域等地的绘有灰色和灰黑色的釉陶器皿、铜制和青铜制武器；还有手镯、项链、串有上千颗珠子的饰链等手工制品，象牙梳子、石膏灯具、亚麻衣服等器物。

石铺路面 在哈伊马角的萨马哈地方，发掘出古代石铺路遗迹。路面有高台支撑，路下面有墓穴，墓内物品是属于乌姆纳尔时代的。对在伊布尔格发掘出的一具女尸遗骨进行了研究，确认是一具曾患小儿麻痹病症的遗骨，被认为是世界文物史上这一疾病出土尸骨的首例记载。

椰枣树林 椰枣树自古存在于两河流域南部及与其相连的阿拉伯半岛。阿拉伯半岛东南部的早期人类在公元前2000多年进行了农耕种植，从地下打出淡水灌溉作物，种植椰枣树，成林成片，在干旱沙漠中，形成树荫，保护农作物。因此，逐渐出现了种植园地，甚至绿洲。椰枣树成长起来，大片成林，开花结果，既可供人畜食用，又可作为人们生存的依托，其枝叶可作建材或燃料，有益于发展农耕作物和畜禽业，促进绿洲经济，形成古代村落。

古城堡遗址 在阿布扎比、伊布尔格山丘、卡勒巴和哈伊马角的乃德扎巴等地考古发掘，发现了公元前2000多年乌姆纳尔时代的类似土城堡建筑，其大部分的直径为16~25米，而伊布尔格山丘的城堡的直径最大的达40米。这些公元前2000年代中期的城堡建筑，外墙较早先的有些改变，城堡内部也增建了一些新的房屋。

（2）苏固谷时代文明。苏固谷时代约在公元前2000年代，略晚于乌姆纳尔时代。在哈伊马角的谢迈勒地区及其周围的加利勒等地的一些集体墓地，正合苏固谷时代的特点。例如在哈伊马角南部的古尔谷和富查伊拉的盖德法绿洲，墓地形如马掌；在扎耶和布斯纳等地发掘出的 T 形墓地，在迪拜的盖绥斯地区发掘出的墓坑等，均属苏固谷时代的特征。

古代财富的积累增多　与公元前 3000 年代的乌姆纳尔时代比较，苏固谷时代墓葬中的细石料器皿数量较前增加，式样繁多，偏斜的、水平的花纹和雕刻较早先时期的新颖。从扎耶、格塔拉、白地耶等地发掘的文物来看，有黄金制的两只动物背靠背站立的装饰物，也有金银合制的，有一件是动物的两条尾巴还似螺旋状态卷曲着。这些收藏物，表明已出现了个人财富的积累。从哈伊马角的谢迈勒和伊布尔格山丘等地发掘出的 600 多件红边陶器碎片来看，它们与巴林的萨尔地方的陶器相吻合。哈伊马角出土的陶器，据说可能属于公元前 2000 年前后的后哈拉潘（Haraban）时代文明。上述物品和财产的个人拥有或家族积累，表明可能是由于当地人与巴林及伊拉克南部或与恒河流域之间在公元前 2000 年代进行贸易和不断交流中所获得的。

铁制长剑和弓弩　在富查伊拉的盖德法地区，从被盗过的马掌形墓地中，仍发掘出数百种武器和器皿，其中：有长剑、大弓和箭、矛头，以及数百件青铜制的多刃箭头。这表明当时的制铁业的发达和当时作战工具空前的发展。

出土牙齿的龋齿率不高　当地先民食物品种扩大以后，用鱼贝类为主代替椰枣为主的食物结构。从哈伊马角的谢迈勒发掘出土的人类遗骨牙齿来看，表明当地人的龋齿率已下降。这反映了当时人们依靠的主要食物中有鱼和贝类，椰枣已不是唯一主要选择。

（3）开始驯养骆驼和用坎儿井灌溉时期（公元前 1200 ~ 前 300 年）的文明。阿拉伯半岛单峰骆驼是沙漠中最能负重和长途跋涉的动物，自古有"沙漠之舟"的美称。哈伊马角的伊布尔格山丘地区于公元前 2000 年代开始驯养骆驼，作为陆地运输工具，用来运送从水成岩坎儿井汲出的水，通过管道灌溉田园，因而激发了人们在阿联酋和阿曼这块土地上定居的真正热潮。

土堡要塞遗址　在艾因的希利 - 14 地区、富查伊拉的迈德卜堡、迈达姆北部的白哈依斯山、固尔谷的里法格等地，都发掘出属于第二铁器时代的许多坚实要塞的遗址。这些城堡的用途是保护有坎儿井互相连接的农业居民点，也是一种社会和政治力量聚集的重要体现。在鲁米拉出土的传统印章，说明当时已出现一种进行政治和经济控制的集权机构。

船形项链　在哈伊马角的伊布尔格山丘发掘出土了经过细磨的护身符石质项链，其形状如新巴比伦时期（公元前 626 ~ 前 538 年）被认为导致疾病传播的妖魔形状，谁载着它就能驱魔防病。另一种项链则呈船形，船的后部是四方形，多个角边为锐角状，而船帆呈三角形，其形状犹如萨珊人时代这一地区才有的阿拉伯三角帆船（"阿拉伯塔" 帆船饭店似仿它建成）。这种船在地中海区域出现则在公元初，晚了约 900 年。这一文物是迄今发现的最古老的此类船形文物，也是代表海湾诸酋长国及阿曼在铁器时代的独特文物。

（4）迈利哈时期（公元前 300 年至公元初）文明。迈利哈时期属于铁器时代末的第三时期。只在固尔谷和德巴绿洲发现了一些古墓遗址，其出土文物是大量陶器。坟墓是泥砖材料制造，有的上部成塔形，并有装饰过的石檐。在迈利哈南部的法垭山，艾姆勒哈山和白哈伊斯山等地的地表发现有许多散落的出土铁器残片。这说明，当时该地应有冶铸铁器的技术，但由于它临近哈贾尔山脉的传统铜产地阿曼，故影响到当地制铁术的发展和铁制品水平相对滞后。

（5）杜尔时期（公元初至 200 年）文明。大型居民点。在乌姆盖万的杜尔地区，发掘出面积约为 4 平方公里的大型古居民点遗址，出土了大量文物，这说明公元初该地区已是海湾东南端沿海地区最重要的一个海岸居住点。

海岸岩石城堡遗迹　当时杜尔地区的建筑，是使用潮汐地带所特有的海岸石灰石建造的，这种石头容易被敲凿成建筑材料。有的建筑只有一个房间，有的大型建筑内有几个房间和几个圆形塔组成。用雪花石作窗户，这是阿拉伯半岛上使用这种石料用于门窗建造的首例文物证据。1973 年，伊拉克的一支考古队在杜尔发掘出一座城堡遗迹，城堡每边长约 20 米，被 4 座塔楼环绕，塔楼直径约 4 米，全部用岩石建成。比利时的一个考古队在此城堡南边发掘出一座重要的庙宇，呈长方形，8 米见方，外边用方形海岸石砌成，上涂石灰。屋内留有一只香炉，上面用阿拉米亚文刻着"太阳"一词，看起来像是崇拜太阳的神庙。

造币模子　在杜尔地方还发掘出一座方形城堡遗址，外墙总长 55 米，四周有 4 座方形塔。在此城堡内有一架制造硬币的石模子，这说明杜尔是该地区政权中心的一个制币场所。在杜尔和迈利哈两地都出土过数以百计的这种钱币。这些钱币与亚历山大（公元前 356 ~ 前 323 年）的钱币相似，正面是身披狮子皮的希拉格勒的头像，后面是一个似希腊神宙斯的坐像。不同的是亚历山大钱币的背面是古希腊文的亚历山大的名字，而杜尔的钱币的背面写着艾比阿勒的名字，此人应是伊斯兰教之前的一位地区统治者。

墓穴遗迹类别　当地发掘出土的有普通墓地，也有大型地下墓穴。此外，还有集体墓穴，它有一个地下墓室，通过圆桶式塔的台阶进入该墓室。在陪葬品中找到了一些瓷器，它应该是来自古代两河流域国家的南部和伊朗的东南部。这说明当时两地之间有通商交往和沟通。叙利亚的台德穆尔和伊拉克的一些城镇，通过海湾西北端米底王国要津阿布罗居士港（今伊拉克巴士拉港附近），同海湾东南端的阿玛纳港（今阿曼国苏哈尔一带）沟通，再通过印度洋，往东可去印度，往西则通罗马。在公元 1 世纪时，罗马的玻璃器皿进入了杜尔地区。

（6）萨珊时代（224～651年）文明。古波斯的萨珊王朝，从公元224年起在今伊朗、伊拉克地区实行统治。受其影响，在阿联酋沿海地区发掘出土一些金属钱币，其中有一对已经破损的伊尔德什尔·沙布尔二世（309～375）的青铜币是在乌姆盖万湖中的一个叫贾来的小岛上出土的。在伊布尔格山丘发掘出土该王朝墓地末代国王的硬币一枚。在富查伊拉发掘出土18枚硬币，其中一部分属于最后的两位萨珊国王霍尔姆斯四世（570～590）和赫斯鲁二世（590～628）时代。在内地的艾姆来赫山一带，从墓葬中发掘出土刀、矛、剑等铁兵器，均属前伊斯兰时期物品。在一个墓穴里找到一把铁制剑，经过碳同位素检测，确认属于455～583年时期；还发现一具人的骨骼，手持一把尖矛，经研究认为属于513～624年时期。在艾姆来赫山发现的第三座墓葬里，出土文物中有一些战争用具和一具骆驼的骨架，但是这些并不说明萨珊人在阿联酋居住过，因为当地人不信仰波斯人所崇拜的偶像和萨珊人拥戴的锁罗亚斯德教（袄教）。在阿布扎比的锡尔·巴尼亚斯岛上，发现了聂斯托利教教堂和修道院遗迹，墙上涂有石灰雕刻及十字架，说明当时聂斯托利基督教（424年创立）的影响在这些酋长国地区是明显的。

2. 科研机构

阿联酋战略研究中心 阿联酋战略研究中心于1994年3月14日成立。其首要任务是：对与阿联酋和海湾地区有关的政治、经济、社会、历史和战略问题进行分析，对阿拉伯地区及世界的重大问题与变化进行研究，为决策者提供翔实的材料和科学的分析意见。中心主席是联邦武装部队总参谋长穆罕默德中将（故总统扎耶德的三子）。

该中心设有国内最大、最重要的图书馆，其图书资料涉及政治、经济、军事、历史、战争研究、统计、劳务、人口等领域，备有英、阿文电脑索引，通过因特网与世界各数据库、资料库相连接。1996年，该中心在因特网上开设了面向全国的网站。

　　该中心组织过许多相关活动，如国际、国内会议，研讨会，学习班，报告会。出版的重要著作有：《21世纪的海湾安全》、《20世纪上半叶阿拉伯海湾地区文化振兴状况》、《金融机构与中央银行在阿拉伯国家金融市场发展中的作用》、《信任：社会公益和实现繁荣》、《石油工业的战略集中》、《海湾阿拉伯国家合作委员会诸国的劳务市场政策》、《中东问题方案的影响及其支柱和矛盾》、《未来的阿拉伯石油》、《科学与形式之间的国际组织理念》、《信息革命及其对社会和国家的影响》等。发表的主要论文有：《中东和非洲的变迁》、《可持续性工业发展》、《冷战结束后的美国外交政策》、《欧洲及其伙伴面临的挑战与机遇》、《以色列军事战略》等。

　　2009年7月，与阿布扎比政府有关联的阿尔巴投资公司出资2.8亿美元购得维珍银河（Virgin Galactic，2004年创立的英国公司）32%的股权，并计划另外投资1亿美元，支持开发载人太空游项目，在阿布扎比建造一座航天港，阿尔巴公司将获得主持旅游及科研太空飞行的独家区域权利。

　　文化会社　阿联酋文化会社于1981年在阿布扎比正式成立。其文献资料收集研究工作始于1967年。主要收集有关阿联酋、海湾地区、海湾阿拉伯国家在非洲东部的存在等历史文献。该会社已收集到英国、印度、葡萄牙、法国、德国、美国以及奥斯曼帝国时代等方面的有关文献资料784万份。

　　该会社从1998年起，平均每周出一本关于知识和科学方面的书籍。投资3000万美元，建造一座天体穹顶，以展示阿拉伯人在天文学和其他科学方面的贡献。联合国教科文组织确认该会社在阿拉伯国家历史考证研究方面享有领先地位。

　　哈伊马角研究和文献中心　哈伊马角研究和文献中心始建于

1986 年 2 月初，从事收集、分析和保存历史文献的工作，发表科学研究成果，并向那些关注阿联酋和海湾地区历史的学者和研究人员，提供可靠的资料。

第三节　文学艺术

阿联酋联邦政府设新闻和文化部。部内设文化总局，主管全国文学艺术，支持文学、戏剧、出版、音乐、歌咏和其他文艺活动及其文化设施建设，发展民族文化事业，促进本国文化与阿拉伯文化、伊斯兰文化及国际文化之间的协调发展，指导各酋长国的文化机构。该部每年都为文艺团体提供财政拨款；近年还增加财政拨款 50%；2008 年设立 25 项文艺大奖。为纪念开国总统 2006 年设立了"扎耶德图书奖"，面向阿拉伯、中东和欧洲，专设 6 个阿拉伯奖，每奖 20 万美元。2008 年评出"文学年度人物"，单奖 27.2 万美元。2008 年阿布扎比评选"政论文奖"，选出的有：阿拉伯湾安全——内外挑战；中、印、美争夺能源；印度伊朗关系和阿拉伯观察；从军事到政治；伊斯兰和民主和平的思维；美国外交政策的双视角；民众和民主；美在研讨公众意见中的美国经验；伊朗发展核武的技术和物资潜力等。

该部展览局自 20 世纪 70 年代成立以来，参加了约 250 个地区和国际的展览活动。2009 年着手安排阿联酋成立（1971.12.2）40 周年（2011.12.2）庆典。

一　文学

1. 诗词

诗词是阿联酋文学的主要部分，渊源于阿拉伯半岛古代游牧部落的诗歌文化。阿联酋文化会社收集出版了载有自阿拉伯蒙昧时代到当代最著名的 38 位诗人的 7300 首的诗词集，出版了阿拉伯诗歌百科全书光盘。在民间，还流传着大量具有阿拉伯风韵的诗词歌赋。民间诗人常常会在各种场合唱诗诵词，许多是即兴之作，内容大多是歌功颂德的，谈情说爱的，或描述景色人物的，也有祈求性质的和发牢骚的。他们以文学为载体，反映政治、宗教、历史、文化、军事、生产和人文社会等现象。扎耶德总统酷爱这类诗词和歌曲，出版过两本阿拉伯半岛民间传统诗歌集。

2. 专业文学

阿联酋地处海湾和干热辽阔沙漠之间，几千年的生存经历，积累了大量的知识和爱好，主要表现在捕鱼、采珠、放牧、狩猎、骑马、鹰猎、驯骆驼、赛骆驼等。扎耶德总统就撰写了一本关于捕鹰和鹰猎的书。在他的支持下，阿联酋出版了阿拉伯世界第一部鸟谱地图集。1998 年，有 66 位学者参加了阿维斯奖机构举办的研究海湾阿拉伯国家合作委员会历程的文化、社会、经济和政治等方面的学术盛会。

3. 女性文学

1990 年 1 月，阿联酋女文学家协会成立。此后，出版了期刊《帆》，发表了不少较好的女性文学作品；出版过《阿拉伯妇女》一书。协会组织过阿拉伯女作家诗歌晚会、短篇小说晚会、海湾妇女文化周等活动；设立了母亲文学奖，有诗歌奖、小说奖和模范母亲奖等。1997 年，阿治曼妇女协会获得阿维斯文化奖。

此外，为了还阿联酋历史以真实，纠正某些外国研究著作对本地区历史的歪曲，批驳外国殖民者的诬蔑，阿联酋学者和研究中心出版了一些反映阿联酋历史真实的作品，诸如：《英国殖民主义在海湾》、《东印度公司与海湾地区的关系》、《阿拉伯海湾和东非关系》、《历史上的阿拉伯三岛》、《卡西米家族史的澄清》、《海洋学家马吉德四卷集》、《马吉德和他的印度洋之旅》、

《阿曼与阿拉伯湾的历史联系》等。

阿布扎比图书展，2008 年 3 月 11 ～ 16 日举办，有 42 国的 482 个商家、400 个出版社参展，推出 60 万种图书。

二　戏剧电影

阿 联酋有民族戏剧团、人民剧团等数个艺术表演团体。参加过的主要文艺活动有：第一、二、三届开罗国际舞台戏剧节；大马士革戏剧节；科威特举办的海湾戏剧节；突尼斯迦太基戏剧节；卡塔尔举办的海湾戏剧节；科威特举办的海湾阿拉伯国家合作委员会国际戏剧节；1998 年 7 月国际巴勒斯坦节等。2008 年 8 月 10 日迪拜青年戏剧节开幕，历时 10 天，每晚有阿拉伯语演出，主办方与美国纽约的专业剧团在演剧或电影方面有合作。

阿联酋自己的新闻记录电影比较发达。2007 年自产短片 160 部，投资 2.5 亿美元五年产 15 ～ 18 部电影。为了影片的前期脚本选择，阿布扎比设剧本奖金 10 万美元。电影故事片和电视连续剧片一直依赖从埃及等阿拉伯国家和印度、巴基斯坦以及西方国家等引进放映。除电影院放映外，在各地的文化宫、艺术中心、高等院校、博物馆、大饭店等均有电影厅馆，定期或不定期放映影片。电视台则每天播放阿拉伯文和英文的故事片，或阿文字幕的外语片。

2008 年 2 月，阿布扎比媒体公司投资 10 亿美元，在美国好莱坞和印度宝莱坞等地进行电影制作。

2008 年 10 月，阿举办了第二届中东电影节，设"黑珍珠奖"，奖金达 100 万美元。有 152 部片参加，演出 186 场，有 35 国的 76 部影片、34 短篇角逐。美国影星简·芳达获"终身成就奖"。推出了"Most"（Muslims on Screen and Television）创作奖，推动阿联酋—阿拉伯—世界（美国）合作。

2008 年 4 月，迪拜举办海湾电影节，反映女权主义的影片《当人民说话了》获最佳文艺片奖，大奖被由伊拉克创作的《梦》获取。

2009 年，阿联酋举办了中东国际电影节，有 35 国参加，有 76 部新片、34 部纪录片参展，在 186 个院场放映。

阿联酋新闻和文化部对进口电影进行审查，对有违伊斯兰教义和阿拉伯民族原则的影片，严禁放映。对于公演的影视作品中有色情画面的或极为恐怖暴力的镜头，采取遮盖、删剪乃至禁演等措施。

三　音乐舞蹈

阿联酋的音乐舞蹈以阿拉伯的民族音乐舞蹈为主，又多具有阿拉伯半岛传统及阿联酋特色的内涵和形式。

剑舞　舞者皆为男性，手持阿拉伯钢质长剑，着阿拉伯长袍、头饰和腰带，可单人、双人或多人表演，举单剑或双剑，随阿拉伯乐器弹奏声起舞，伴以诗歌吟唱，剑与剑随节奏相击，发出铿锵声。大多在庆典、大型集会等场合表演。

腰刀舞　舞者为男性，着阿拉伯传统服饰，手持似半月形钢匕首，随阿拉伯音乐或欢歌节奏跳跃起舞，唱诗吟词。有时表现出某些游牧部落的生活情节。

集体舞　由男性或女性分别手牵手，唱着歌，随音乐节奏摆手换步起舞。

甩长发舞　由蓄着长发的年轻姑娘表演，着各种艳丽长裙，间隔列队，伴随鼓点音乐，左右摇摆头部，甩动长发起舞，伴以有节奏的歌唱。多在喜庆、欢迎场合表演。

其他还有东方舞（即埃及式的肚皮舞）、脚铃舞等。舞者一般为非当地女性，表演场合也有所选择，或在夜总会，或在大饭店，或在特别邀请的场合（似"堂会"）。

阿联酋的民间音乐和乐器属于阿拉伯传统的五声音阶，有土制阿拉伯芦苇秆笛、箫、羊皮鼓和板鼓等。

联邦政府和各酋长国政府都有民族艺术团体。有的是家族的，有的是部落的，也有些是机构所属的，以及私人组织的。艾因市有年度春季音乐文艺节（3 天），已连续举行了 8 年，2008 年起改为 11 天，在艾因市和阿布扎比市举行。2008.10.24 ~ 2009.5.7，阿布扎比举办了传统音乐节。

四　美术

阿　联酋文化会社下设一个文化和艺术部。对于造型艺术，主张首先是服务社会；其次是观察认识存在的一切事物，要求内容与形式的协调，美术作品应既反映现实，也关注历史和个性的冲突过程。造型艺术协会在全国各地开展活动，如办培训班，举办个人、青年、儿童等各种层次的作品展，支持美术创作和鼓励青年美术爱好者的成长和提高。

20 世纪 90 年代，阿联酋文化会社组织展出了一批本国美术家的绘画、泥塑、纸工等造型艺术作品。挑选了 57 幅造型艺术绘画出版，包括人物画、风景画，以及抽象艺术、印象绘画、涂鸦式的彩泼等造型艺术作品。

阿联酋文化会社搜集并出版过反映阿联酋历史的老相片。最早的是 1949 年的黑白相片，颇具历史意义，有收藏价值。

五　文化设施

阿　联酋有官办图书馆 12 个（1998 年）。阿联酋国家图书馆藏有 40 多万种阿拉伯文书籍，12 万种外文书籍。联邦政府新闻和文化部管辖的分布在各地的图书馆有 11 个，藏书近 10 万册。阿联酋有 13 个人民艺术协会，14 个民间文艺剧团，数个文化中心，还有剧场 15 座。阿新闻和文化部与法国有合作关系，签有"罗浮宫在阿布扎比"项目协议，2012 ~ 2014 年开幕，合同期30年，阿方首付罗浮宫4亿欧元，另外，要付罗浮宫、巴黎博物馆、蓬皮杜中心的展品费10亿欧元。阿与16个阿拉伯国家博物馆有合作关系。阿联酋国内各级文化机构建立了密切的合作关系，特别是各酋长国的文化单位相互协作、互补共荣。

阿布扎比文化会社　1981年成立，设有文献与研究中心、国家档案库、文献与科学机构和国家图书馆等四大主要部门。

迪拜新闻局　1978年该局设立了文化与科学讨论会。1988年设立拉希德（已故迪拜酋长、阿联酋首任副总统）优胜奖，每年颁发一次，鼓励博士生、硕士生和大中小学的优秀生。2008年6月开办"中东现代艺术博物展"，361.7平方米，加上一系列小博物馆总投资136亿美元。

沙迦文化和新闻局　成立于1981年，在沙迦设有几十个文化艺术中心，诸如：文化中心、剧场、展览大厅、非洲馆和25个居民区儿童文化中心。建立了一些图书馆和特色博物馆，如：沙迦艺术博物馆、纳布达家族遗产博物馆、斯尔卡勒博物馆、天体宫、自然博物馆等。沙迦有"阿拉伯文化之都"的美誉。所以，阿联酋的全国作家文学家联合会、女文学家协会、造型艺术协会、阿拉伯文化俱乐部等组织，均设在沙迦。为此，沙迦设立了阿拉伯创作奖，出版发行了《伊斯兰百科全书》。1998年11月，第11次阿拉伯文化部长会议在沙迦召开。联合国教科文组织认定，1998年选择沙迦为阿拉伯地区文化首都。

第四节　医药卫生

一　简况

阿联酋往日缺医少药，但是，今天已较快地发展成为有先进的全民医疗卫生服务的福利国家。2000年6月

21 日，世界卫生组织在评价全球保健制度优劣状况时，在 191 个国家的排名中，阿联酋排名第 27 位。

独立之前，各酋长国长期处在英"保护国"地位，缺医少药，民众几乎得不到最基本的医疗服务。到 1967 年阿布扎比还没有一所医院。1971 年，各酋长国总共只有 7 家医院，12 个医疗中心和 700 张病床。普通百姓治病靠的是原始的民间方法和传统偏方，使用的是草药、夹板接骨、放血、火烙等比较传统的方法以及土法接生。当地居民主要疾病有：呼吸系统疾病、潮湿夏季的哮喘病、肌肉风湿症、消化系统疾病、前列腺炎、乳腺炎、糖尿病、心胸痛等疾病，山区多沙眼病，以及常见的皮肤病、痔疮、阳痿等。

自 1971 年底阿联酋成立以后，卫生事业和医疗、预防服务均迅速发展。实行国民在公立医院免费治疗制度，办得一张免费医疗卡，就可以在国内任何公立医院就诊治疗，有的公民甚至自选美欧私人诊所医治，费用也要由政府支付。从 1985 年起，在阿外籍人也可办医疗卡，每年交 300 迪尔汗（约合 85 美元），每次在公立医院看病交挂号费 50 迪尔汗（约合 14 美元），就可享受医药费全免；免费医疗开支高达年 5.5 亿美元。由于阿联酋人口中，外籍人口与本国公民比例约为 4：1，所以，卫生部门宣布，从 2001 年 5 月 1 日起，外籍人在公立医院看病的医药费要自理，变福利医疗为自行参加医疗保险制度。2007 年，阿布扎比已实行全面医保；2008 年迪拜设立医保基金会，实行每人一张医保卡，2015 年普及全部凭卡医疗。对入境者和旅游者可在机场办医保卡，交由两家保险公司承约办理。阿联酋政府还从国外聘用专家、名医，引进先进医疗设备，使其医疗水平逐步与世界上最先进水平接近。1998 年，已实现每 600 人有 1 名医生，每 300 人有 1 名护士。2008 年全国有 52 所公立医院，115 个医疗中心，病床 6877 张，医生 4000 名，牙医 380 名，护士 6050

名，私立医院 20 个。其中，联邦政府卫生部部属医院 32 所，医生 2118 名，护士 5492 名。阿布扎比市的穆夫拉克总医院是阿联酋最大的综合医院，现代化的医疗设备齐全，接待国内外的求医者。2008 年，卫生部对北部欠关怀地区的人口健康新订了五年计划，新增建 3 所医院（原有 14 所）、29 个诊所（原有 86 个）。阿联酋的人均寿命已从 1960 年的 53 岁上升到 1990 年的 71 岁、2008 年的 78.5 岁（男 77，女 80），与欧洲及北美接近，居世界先进水平（世卫组织评定全球人均寿命为 44 岁）。

1996 年，阿布扎比市和迪拜城，被世界卫生组织列入中东地区三个最好的卫生、健康城市行列。1997 年，联合国人类发展指数报告称，在卫生保健、关怀儿童方面，阿联酋是中东、北非地区 8 个先进国家之一。阿联酋已被英国皇家外科医生学院列为在中东地区的职业证书考试中心。

阿联酋的药品主要依靠国外进口。联邦卫生部管辖着 141 个药房和 10 座政府医药仓库，全国另有私营药房 565 个、医药仓库 115 个。所有药品，必须贴有经阿联酋卫生部核准的标签方可上市。每个城市都有通宵药房。

二 预防医疗

阿 联酋政府卫生部特别重视预防保健。由于原有的传统生活方式的不断转变或有的已经转变为现代生活模式，外人与人之间交流的扩大，这都会增加疾病的感染率。大量外来人口携带入境的诸多"洋"疾病，使阿联酋人群中也日益增加了一些现代疾病，例如：心血管疾病、现代通信交通综合征、免疫系统疾病、肥胖病、交通事故和多种并发症等现代疾病。对此，卫生部制订了有关计划，以科学方法和网络系统，预防、解决这方面的问题。1993 年迪拜预防医学会社建成；1995 年艾因预防医学会社成立；1998 年阿布扎比市建立了预防医学会社。2006 年起实行禁、限止吸烟，2008 年禁止在公共场所吸烟和向 20 岁以下人售烟。

卫生系统特别关注影响儿童、母亲、学生等特殊人群的疾病治疗和预防。为婴幼儿童注射小儿麻痹症、麻疹和乙肝疫苗的覆盖率已超过 94%。1997 年，新生儿死亡率已降至 19‰，2004 年降为 7.7‰；在降低孕产妇死亡率方面的成绩，阿联酋居西亚 10 国之首，2004 年为 0.01/100000；在降低哺乳期儿童死亡率方面，位居第二。阿联酋是世界上首先彻底根除小儿麻痹症的国家之一，并根除了新生儿破伤风病。2008 年适龄妇女生育率 8%。

控制流行病。卫生部制定了有针对性的全国防疫战略规划，实施包括注射抗流感在内的新疫苗接种计划。大大降低了白喉、百日咳、结核病等的发病率。1997 年，结核病率已降至每 10 万人 20 例。2000 年，根除了麻疹。计划 2010 年根除肺结核。2009 年 4 月，阿卫生部长宣布：22 个阿拉伯国家未发现甲型 H1N1 疑似病例。卫生部召开紧急会议，决定成立防止甲型 H1N1 流感技术和执行的两个委员会，以防止甲型 H1N1 流感在阿的传播。

三　发展卫生事业

1. 注重培养高水平的本国医护人员

1992 年，阿联酋大学新建了医学和卫生科学学院，耗资 2.65 亿迪尔汗。该学院已得到英国相关委员会的承认，接受其毕业生赴英国各大学继续深造。学院的医学文凭被世界各国承认。2007 年消除疟疾、麻疹、小儿麻痹症；控制外来的肺结核、艾滋病。2008 年与韩国合作，治疗脊骨病。

2. 兴建医疗设施

1998 年，阿治曼酋长国建成以其酋长名字命名的哈利法医院，占地 100 万平方米，耗资 8800 万迪尔汗（约合 2400 万美元），是一家全科医院，有病床 227 张，医生 60 名，护士 160 人，技术人员 60 名，行政管理人员 20 人。新建成的医院还有：阿布扎比急救中心医院，耗资 3.792 亿迪尔汗，设病床 352 张；阿布扎比市门诊医院，耗资 5230 万迪尔汗；艾因市门诊医院，耗资 3850 万迪尔汗；艾因的沃津地区现代诊所，耗资 3500 万迪尔汗，有 25 张病床；阿布扎比酋长国西部地区扎耶德总医院，耗资 1.104 亿迪尔汗，有 140 张病床；迈尔法地区现代诊所，耗资 3940 万迪尔汗，设有 25 张病床；"迪拜健康城"，耗资 34 亿美元。2007 年建成药物中心、血液中心、"常备血库"等等。2008 年阿联酋投资 6800 万美元建成新的医药生产线，提升了 42 家药厂的水准。

阿联酋的慈善机构、红新月会等专门建立了一些人道主义的医疗部和卫生中心，向残疾人、无家可归者、受灾地区民众，提供医疗服务。

3. 扩大和提高现有医疗服务

对已有较好基础和良好服务的医疗机构，进行扩大规模和提高质量的工作，使其医疗服务达到世界先进水平。为了减免病人到国外治病的艰难和痛苦，联邦卫生部订立计划，从英、美等国聘请著名专科医生、医学院著名教授、专家，到阿联酋参加提供优质医疗特需服务项目。主要是医治疑难病例，例如癌症、心血管、骨科等，特别是脊椎方面的疾病。同时，举办国际医学会议，聚集众多世界名医到会交流。1998 年，阿布扎比召开了海湾地区第一次器官移植医学会议，英国、美国、埃及等国的著名心脏移植、肾脏移植、其他器官移植的专家教授，参加了会议。

四 医疗卫生立法

阿 联酋成立以后，已发布了一系列有关卫生服务、预防医学、环境保护、药品供应、私人医药设施、医务人员管理等方面的法规、法案。主要的法规、法案有：

医生职业的 7 号联邦法（1975）；

使用药剂师、兽医、高级医务人员组织法的 9 号内阁委员会决定（1975）；

关于流行病的 27 号联邦法（1981）；

收治精神病患者的 28 号联邦法（1981）；

药房和医药机构职业的 4 号联邦法（1983）；

有关人体器官移植的 5 号联邦法（1992）；

保健服务费的 7 号联邦法（1994）；

关于天然药源药剂的 20 号联邦法（1995）；

私人医疗设施的 2 号联邦法（1996）；

医用射线和预防辐射组织法；

公共卫生法案；

职业卫生法案；

禁烟法案。

第五节　体育

一　体育制度

阿联酋成立前的体育运动是群众自发的民间传统体育。主要项目有：骆驼比赛、划船赛、马术、赛马和鹰猎等。1927 年，成立了第一支足球队。1971 年 12 月 9 日组成的第一届内阁，就设立了青年和体育部，管理和促进阿联酋的体育事业。1972 年，颁布了关于成立俱乐部和关怀青年协会的联邦组织法。1979 年 12 月 19 日，发出了关于阿联酋国家奥林匹克委员会成立的正式通知。1980 年，颁布成立青年和体育最高委员会的联邦组织法。联邦政府为体育联合会、协会等体育机构，每年提供一定的财政拨款，1998 年的金额为 871 万迪尔汗（约合238 万美元），2008～2010 年金额约 3.5 亿美元。

阿布扎此、迪拜当局每年都有大笔拨款举办国际赛事，特别是在阿联酋境内举办的网球、高尔夫、台球、汽车拉力等大奖赛的金额，颇吸引各国赛手。

2008 年，阿联酋体育十大选项是：赛马、汽车拉力赛、高尔夫球赛、网球、足球、橄榄球、板球、帆船赛、划船赛、环球赛。

军事体育。1976 年，阿联酋警察公安体育总会成立。1978年武装力量最高体育委员会成立。该两会承办或派出代表团队参加一些国际军事体育项目的比赛。1998 年，阿联酋武装部队与阿拉伯国家联盟合作，主办了首届军事体育专业培训班。

聘用外籍球员。1982 年阿联酋足球队实施禁聘外籍球员的规定。16 年之后，1998 年阿联酋足球联合会决定外籍球员可重返阿联酋足球队，以便吸取外来的经验，提高本国的体育水平。同时，允许各俱乐部都按职业化制度操作，与球员签订合约，使足球队的基础力量逐步有序地进行全面职业化。

2008 年 9 月，阿布扎比联合开发投资集团，从泰国前总理他信手中买下曼城（Manchester City）俱乐部股权和债权，约合2 亿英镑。

二 体育水平

阿联酋运动员，在阿拉伯、亚洲和国际的正式体育比赛中，均有良好成绩。2008 年，阿联酋运动代表团参加了北京奥运会的多项比赛，参赛项目有举重、射击、游泳、田径、柔道、摔跤等。阿的足球水平受到世界体育界的重视。

足球。2007 年 1 月，在阿联酋主场海湾杯赛上，阿 35 年来第一次以 1：0 战胜强手阿曼队。2008 年 11 月 14 日在沙特的达曼19 国比赛中，阿 2：1 胜乌兹别克斯坦队。同年 11 月 19 日在迪拜，阿与伊朗队进行世界杯亚洲预选赛，以 1∶1 踢平。2009 年 12 月在阿布扎比举办了国际足球俱乐部世界杯赛，阿足球队获第 3 名。

台球（斯诺克）。在海湾合作委员会成员国台球比赛中，阿联酋连续 6 次夺冠。1988 年 8 月 15 日，阿联酋队参加了在巴基斯坦卡拉奇举行的亚洲第 15 届台球锦标赛。

手球。阿联酋手球队参加了 1997 年 8 月在土耳其举行的世界手球青年杯赛，1998 年 9 月参加了在开罗举行的阿拉伯首届手球冠军赛。

沙滩健美。阿联酋选手穆罕默德 2008 年 10 月在印尼巴厘岛首届亚洲沙滩运动会上获得健美 70 公斤级第 1 名。

国际象棋。1997 年 6 月，阿联酋选手奥斯曼获得在卡塔尔举行的阿拉伯国际象棋比赛第 2 名。1997 年 8 月，阿联酋选手穆罕默德·塔希尔获得在德黑兰举行的个人亚洲杯赛第 23 名。1997 年 10 月，阿联酋选手赛义德获得在喀布尔举行的亚洲青年赛的第 13 名。1998 年 7 月，阿布扎比国际象棋队在约旦安曼举行的阿拉伯城市国际象棋赛中，名列前茅。1998 年 8 月，沙迦文化俱乐部选手马吉德，参加了在法国举行的有 116 名国际选手参加的国际象棋赛，并获得第 1 名。

马术。拉蒂芙公主获 2007 年沙迦国际马术赛金牌，获 2006 年亚洲马术赛铜牌。

帆船赛。赛手阿德尔获 2007 年欧洲赛和泛阿拉伯赛金牌。

篮球。阿联酋篮球队于 1994 年获得在开罗举行的阿拉伯篮球赛第 4 名；1996 年 10 月获得在利雅得举行的海湾阿拉伯国家合作委员会篮球赛第 2 名。

游泳。1997 年 9 月，阿联酋国家游泳队在马斯喀特举行的海湾合作委员会国家杯赛中获得金牌 3 枚，银牌 24 枚，铜牌 24 枚。奥贝德获 2005 和 2006 年海合会运动会各获 1 枚金牌，获 2007 年海湾国家杯赛金牌。

田径。选手阿里获多 2005 年西亚田径赛 400 米低栏铜牌，阿获 2007 年泛阿拉伯田径赛 400 米接力铜牌。

保龄球。阿联酋保龄球联合会选手卡比西，1994 年获得在墨西哥举行的世界杯赛第 2 名，1996 年在亚特兰大奥运会上获得该项目的第 4 名。

射击。阿联酋射击联合会选手队，于 1997 年 6 月在埃及举办的第 3 届阿拉伯埃及杯射击比赛中，获得金牌 3 枚、银牌 2 枚、铜牌 5 枚。射击运动员艾哈迈德获得 2002 年奥运会金牌。赛义德于 2007 年获第 11 届亚洲射击赛铜牌。

自行车。阿联酋自行车赛选手获得了 1997 年 11 月在沙特阿拉伯艾卜哈城举行的海湾阿拉伯国家合作委员会第 3 届自行车成人杯赛第 1 名。

排球。阿联酋排球队获得 1994 年在日本举行的亚洲少年排球赛冠军。在开罗举行的阿拉伯第 15 届锦标赛获得第 8 名及少年组的第 6 名。阿联酋男子排球队获得 1997 年 10 月海湾合作委员会国家第 2 届冠军赛的第 2 名。

柔道和空手道。阿联酋选手在 1996 年海湾合作委员会锦标赛中获得 22 枚奖牌，其中金牌 2 枚。选手古贝希获 2007 年阿拉伯和海合会比赛的金牌。

举重。1997 年 9 月，阿联酋选手在约旦举办的中东举重锦标赛中获得银牌 2 枚、铜牌 1 枚，总分排名第三。2004 年迪拜的梅塔公主获泛阿拉伯运动会女子 65 公斤级举重金牌；她又在 2006 年获多哈亚洲运动会同项银牌；她参加了 2008 年北京奥运会同项比赛。

三 民族传统体育

阿联酋的骆驼赛、马赛及海上划船赛等传统体育受到全国上下的积极支持，颇具当地民族特色，并获得世界声誉。骆驼赛和阿拉伯马赛在伦敦、巴黎、波恩、阿姆斯特丹等著名城市轮流举行赛事。

1. 骆驼比赛

阿联酋每年都举行骆驼赛，得到阿联酋总统和全民的重视，设有大奖，奖项定名为"扎耶德杯骆驼赛大奖"，奖金总额 1000 万迪尔汗（约合 270 万美元）。海湾合作委员会各国的民众，也很喜欢该项运动。

阿联酋国家骆驼赛委员会为发扬光大这项民族遗产体育活动，经常在各酋长国、不同地区乃至国外，组织骆驼比赛活动。1995 年，阿联酋总统扎耶德向德国友好协会赠送了 18 头骆驼，经波兰运往德国，途中母骆驼产下幼驼，因此，抵达德国时，骆驼数增至 26 头。1997 年 8 月，这批骆驼参加了在德国勃兰登堡举行的首届阿拉伯纯种骆驼比赛——阿联酋德国总统杯骆驼大赛。1998 年 8 月 22 日，阿联酋骆驼联合会在澳大利亚悉尼市举办了阿拉伯纯种骆驼比赛和民族体育遗产节。为了规范骆驼赛手，2005 年阿有关当局规定，驼赛骑手年龄若小于 18 岁或体重不足 45 公斤的将面临 5 万迪尔汗罚款或三年徒刑。

2. 阿拉伯马比赛

阿拉伯纯种马在世界赛马中久负盛名。阿拉伯半岛的纯种马平均体高 148～152 厘米，体重 450～500 公斤，头短颈长，四肢肌腱发达，关节强厚，背腰短而有力，气质活泼、强悍，步样轻快而能持久。阿联酋以此种良马自豪，并切实大力鼓励和提高阿拉伯半岛纯种马的品质，使之在国际上享有相当高的地位。

阿联酋于 1997 年举办了 252 场赛马，设奖金总额达 3450 万迪尔汗（约合 940 万美元）。同年 9 月 20 日，在德国汉堡市举行了第一次阿拉伯纯种马总统杯大奖赛。阿联酋每年参加在英国定期举行的世界性赛马。在法国，赛马总会每年定期举行阿联酋总统杯大赛。

阿联酋赛马联合会，在法国、荷兰、德国、埃及、约旦、摩洛哥、中国等国，都成功地举办过阿拉伯纯种马比赛。1998年8月15日，在英国举办了纯种阿拉伯名马比赛。同年12月，在迪拜市举办了中东地区首次世界良马锦标赛，有来自世界45个国家的1500位骑手参赛。

3. 海上船艇赛

在阿联酋发现石油前，海上船艇比赛曾是该国一项主要体育运动发展项目。阿联酋遗产俱乐部每年都成功地组织划船赛事，发展龙舟比赛项目，赛事从未停止过。该俱乐部引进了国际流行的一些海上比赛项目。其中有：快船速度比赛，一级方程式赛等。阿布扎比国际海上体育俱乐部，是阿联酋海上船艇比赛项目中最杰出的赢家，曾在多项国际比赛中领先，获得快艇赛和一级方程式赛的冠军。

四　体育机构

阿联酋的体育运动事业，由联邦政府管理和拨款。曾由联邦青年和体育部（第一、二、六届内阁时期）或教育和青年部（第三、四、七届内阁时期）主管。1980年，成立了阿联酋青年和体育最高委员会和国家奥林匹克委员会。2008年，阿布扎比体育理事会成立。随后，各酋长国也成立了各自的体育组织。

阿联酋的各项体育运动的管理均分别纳入其先后成立的相应专门协会或联合会。它们有：足球联合会（1971），自行车联合会（1974），游泳联合会（1974），乒乓球联合会（1974），手球联合会（1975），田径联合会（1976），国际象棋联合会（1976），篮球联合会（1976），保龄球联合会（1981），网球联合会（1982），汽车拉力协会（1987），马球和撞球协会（1988），柔道跆拳道空手道协会（1990），射击联合会（1992），迪拜残疾人俱乐部（1993）、阿联酋板球协会（2006）、阿布扎比高尔夫协会（2007）、海上运动俱乐部协会（2008）等。

体育组织机构迅速发展。阿联酋 1971 年开始组织建立足球联合会。1983 年建有 3 个联合会。到 1998 年增至 20 个体育联合会。1970 年，有 8 个体育文化俱乐部，此后，很快增至 35 个（其中 5 个是女子俱乐部）。成立了 6 个国际象棋俱乐部。2008 年，有各种项目俱乐部 54 个。

五　体育国际交流

阿联酋奥委会成立后，从 1982 年起参加了洛杉矶、汉城、亚特兰大、北京等历届奥运会和残奥会，2008 年 8 月，阿联酋副总统兼总理迪拜酋长的夫人哈雅公主率团出席第 29 届北京奥云会。在亚洲参加了曼谷（1978 年）、新德里（1982）、汉城（1986）、北京（1990），广岛（1994），曼谷（1998）、釜山（2002）、多哈（2006）等数届亚洲运动会。在阿拉伯世界，参加了自 1976 年在叙利亚举行的第 5 届以后的历届阿拉伯运动会。2000 年 11 月 9 日，阿联酋在西部地区（省）举行了国际汽车拉力赛。阿旅游局主办了 2007～2009 年三年的阿布扎比福特汽车赛。2008 年 10 月 27 日阿与哈萨克斯坦在阿布扎比组织了沙漠汽车挑战赛。

阿联酋足球联合会，是亚洲足球联合会及其执行局的成员。1996 年 12 月 3 日，在联邦新闻和文化部长兼阿联酋足联主席的主持下，首次承办了亚洲足球锦标赛，有 12 支球队参加了淘汰赛，阿联酋国家队获亚军。2007 年 9 月和 2008 年 2 月，阿足联与阿联酋航空公司举办查理斯杯足球交流比赛。2009 年 5 月，阿与澳大利亚足协达成五年期赛季交流协议。此外，阿布扎比体育理事会 2008 年与英国曼彻斯特足球俱乐部达成交流协议；以3250 万英镑聘得巴西球星罗宾（Robinho）。迪拜伙同酋长国航空公司以一亿英镑于 2010～2014 年同巴黎、汉堡、希腊等足球俱乐部合作开展足球交流比赛。

阿联酋排球联合会，1996 年 8 月承办了海湾合作委员会国家第五届青年排球锦标赛。1998 年 10 月，主办了海湾合作委员会国家第二届女子排球赛。

阿联酋童子军协会，1998 年 3 月在常设的扎耶德野外营地，承办了阿拉伯兄弟野营日活动。

阿联酋板球协会，在阿布扎比、迪拜、阿治曼、沙迦等地有分支机构，2006 年成立以来，与印度、巴基斯坦、斯里兰卡等国的交流比赛较前更为活跃。

阿布扎比俱乐部，于 1998 年 5 月在其海滩疗养地承办了首届沙滩排球对抗赛，国际沙滩排球联合会主席出席。2008 年成立阿布扎比体育协会，推动新的体育项目，组织各地的足、篮、橄榄球比赛，并向山区和沙漠地区推广。

1998 年 8 月下旬，阿联酋游泳联合会在阿布扎比武装部队游泳馆主办了第 10 届海湾合作委员会国际游泳锦标赛。

国际军事体育交流。主要有：1985 年，阿联酋武装部队承办了世界军事跳伞锦标赛。1990 年，阿联酋武装部队承办了第一届阿拉伯军事越野赛和第一届指南针军事锦标赛。1996 年 11 月，阿联酋警察代表队参加了在希腊举行的有 45 国参加的世界马拉松比赛，其成绩位居海湾国家第一、阿拉伯国家第三、世界第九。1997 年，在阿联酋警察体育联合会承办的国际优秀警察代表队锦标赛中，阿联酋警察体育代表队获第一名。此外，阿还参加过国际军事射击锦标赛和跳伞世界杯赛。

六 体育设施

扎耶德体育城是阿联酋最大的体育建筑设施，设有 6.5 万个观众座位，两期工程耗资 5.5 亿迪尔汗（约合

1.5亿美元）。该建筑符合国际标准，是完全的奥林匹克村。2009年，为迎接国际足球俱乐部世界杯大赛，6月开工建设阿布扎比最大的两个露天体育场。阿副总统发布政令，成立争办2020年迪拜世博会和奥运会及残奥会的活动事务委员会，称"迪拜2020"项目，已列入2009年开工建设的项目有迪拜体育城和阿布扎比体育城。

阿联酋有50多个体育俱乐部，均设有较先进的体育活动场地和设备。阿联酋全国有5个世界水平的赛马场。此外，还有骆驼比赛场；有专门培育竞赛用良种马饲养场和骆驼饲养场。

第六节　新闻出版

阿联酋新闻出版的政策方针是：突出时代精神，介绍阿联酋国家发展成就和解决社会问题的方法，信息资料要翔实可靠，新闻出版工作应及时高效。坚持民族价值观和伊斯兰原则，不断加强阿拉伯团结和民族事业。充分利用视、听、读等现代信息科学技术，与世界进行沟通。联邦政府新闻和文化部，负责新闻出版的监管工作。1998年3月，对出版法进行了修改，免去对新闻报道内容的事先检查，使之更具自由性和责任性。

1999年，新闻和文化部新大楼竣工，耗资2800万迪尔汗，占地2万平方米，包括3座大楼。该部非常重视培训本国的新闻人才，耗费巨资装备信息时代的先进设备，在书报业、广播电视业等领域，推广网络信息技术，并设立相关奖项，以资鼓励。2008年5月，阿布扎比举办了中东通信展，设100个展馆，有50家公司首脑与会；10月，举办了海湾新闻技术展。

一 报纸与通讯社

1. 报纸

阿 联酋的报纸由 4 家报业、印刷、出版集团经营，其广告岁入可观，阿布扎比的报纸广告总收入，2005 年为 8.69 亿美元，2007 年为 13 亿美元，2009 年为 24 亿美元。全国主要的报纸有 13 种：

（1）《联合报》（Al-Ittihad），阿拉伯文日报。是阿布扎比酋长国半官方报纸，日发行量约 5.5 万份，由联合报业集团出版。1969 年 10 月 20 日，该报第一期以周报形式在阿布扎比出版。阿联酋成立后，1972 年 4 月 22 日改为日报，每天 8 版，稍后即改为每日 24 版。每周增加出版政治副刊、阿拉伯副刊和文化副刊。该报是首家印发彩色照片的阿拉伯文报纸，许多国内的和其他国家的阿拉伯文报纸也随之效法。

（2）《酋长国新闻》（Emirates News），英文日报。由联合报业集团在阿布扎比出版，发行量约 1 万份。

（3）《宣言报》（Al-Bayan），阿拉伯文日报。是迪拜酋长国半官方报纸，发行量约 5 万份，由宣言报业集团出版。1980 年 5 月 10 日在迪拜创刊。每月增出一次综合性副刊。

（4）《海湾报》（Al-Khaleej），阿拉伯文日报，发行量约 5.8 万份，由沙迦的私营海湾报业集团出版。1970 年 10 月 17 日创刊，是 1971 年底阿拉伯联合酋长国成立时的当地第一份日报。后来停刊，1980 年 4 月 5 日复刊。

（5）《今日海湾》（Gulf Today），英文日报。1996 年 4 月 16 日创刊，由私营海湾报业集团出版。

（6）《团结报》（Al-Wahde），阿拉伯文日报。1973 年 8 月 6 日创刊，由私营团结报业印刷出版社出版发行。

（7）《海湾时报》（Khaleej Times），英文日报。1978 年 4 月

15 日由迪拜的私人报社出版，发行量 5 万份。2008 年举行了其 30 周年纪念活动。

（8）《黎明报》（Al-Fejer），阿拉伯文日报。1975 年 3 月 17 日创刊，先以周刊形式出版；1978 年 5 月 10 日改为日报。

（9）《海湾新闻》（GULF NEWS），英文日报。1979 年 9 月 30 日由迪拜的私人报社出版，发行量约 5 万份。

（10）《财经新闻周刊》，2008 年 6 月 23 日发行。

（11）《每日电讯》，拥有 175 名记者，40 个新闻报道员，25 名外国记者。

（12）《市场》，主要是财贸新闻，48 版。

（13）《阿联酋商贸》，其前身是《7 天》，三年后改名《今日阿联酋》，再改为现名。

2. 通讯社

阿联酋通讯社（WAM）是阿联酋唯一的国家通讯社，成立于 1976 年 11 月，1977 年 6 月 18 日正式发布消息，是海湾合作集团、阿拉伯新闻社联盟、伊斯兰新闻社联盟、亚太不结盟组织新闻社的成员，直属联邦政府新闻和文化部领导，2006 年归国家新闻委员会领导。下设中央编辑处、技术处、记者处、摄影处、档案处等部门，有 25 个驻外分社（开罗、拉巴特、利雅得、大马士革、萨那、阿尔及尔、耶路撒冷、加沙、喀土穆、安曼、巴格达、突尼斯、吉达、伦敦、巴黎、布鲁塞尔、日内瓦、莫斯科、华盛顿、纽约、德黑兰、伊斯兰堡、新德里、伊斯坦布尔、堪培拉）。用阿拉伯文和英文收发消息，官方和国内外新闻占 90%，接收阿拉伯、海湾、国际 30 家新闻社稿件，签有 20 个合作协议，订阅 1000 种外国报刊，收听 2000 个电台，有 97 国 6000 个新闻社和研究院向 WAM 供稿，通过因特网用 11 种文字（阿拉伯、英、俄、日、中、韩、西、法、德、意、葡）发稿。1999 年，迪拜新闻俱乐部成立，供记者、新闻工作者交流、辩论的场所。2008 年 4 月 23～24 日在迪拜召开第七届阿拉伯新闻论坛,成为"阿拉伯新闻界的桥",有 600 个新闻单位和 50 家企业与会。

阿联酋通讯社是阿新闻和文化部执行国家对内对外宣传重大方针的主要助手,特别是关于政治、经济的战略性消息的发布,使全国所有的视、读、听传媒能彼此协调配合。同时,反映国家所取得的成就并真实地向国外介绍,在这些方面它发挥着重要作用。该社能覆盖全国 85%～90% 的国内官方的和社会的消息,向所有宣传媒体提供消息、电视画面和照片,并负责官方代表团在国外活动的采访报道。

阿联酋通讯社在全国各地设有分社和办公室,通过计算机联网,传递消息、图像和档案资料。在国外派有常驻记者。有时,向热点问题地区或重大事件发生地派出记者或采访团组。2001年 4 月 20 日,阿布扎比临时派出的一名女记者去巴勒斯坦采访时,遭以色列军人有意枪击,打伤右腿,后被巴勒斯坦国救护车送往医院。此事件引起阿联酋新闻界对以色列的抗议。

2007 年 7 月 ADMC(阿布扎比新闻中心)成立,有 1100 名员工,分设电视、电台、出版、要闻、分析、印刷等部门,承担电台、电视、体育频道、阿联酋电视、阿布扎比电台、阿联酋长波台、古兰经频道、清真寺召祷频道等项工作,发行报刊(《联合报》、国家报、电讯新闻、海湾午报、高尚杂志),与好莱坞、华纳影视合作投资 10 亿美元,5 年拍制 40 部影片,与迪斯尼合作参加中东帆船赛。

阿联酋通讯社接收 30 个阿拉伯和国际通讯社的消息。同合众国际社、路透社以及卡塔尔、摩洛哥、伊拉克、叙利亚、突尼斯、印度、巴基斯坦、德国、日本、韩国、意大利等 20 个国家和国际通讯社签有新闻合作与交换消息的协定。国内外有关方面得益于该社的相关服务。1998 年,阿联酋通讯社与叙利亚通讯社签订了合作协定，以增加通讯合作，交换消息以及两社之间的协调培训。与一家阿方未披露其名称的世界性通讯社达成协议，通过人造卫星向世界各地传送消息。1999 年，通讯社开始通过因特网发布消息。2008 年阿布扎比开建一个 20 万平方米的新闻公园；2013 年在阿布扎比推行数字化编辑印刷出版。

二　广播电视

1. 广播

阿　联酋有广播电台 26 家（2006 年），其中较大的 4 家，分设在阿布扎比、迪拜、哈伊马角、乌姆盖万。主要播发阿拉伯语节目，也播送英语、法语、德语和乌尔都语节目。

（1）阿布扎比的阿拉伯语广播电台，1996 年得到全面革新，全天 24 小时播出，通过中波将节目发送到几大洲。同时与阿布扎比的酋长国电视台卫星频道连接，每天用阿、英、法和乌尔都语播送节目 37 小时。

（2）迪拜的酋长国广播电台，自 1971 年 10 月 1 日起开播，通过中波和短波进行一天 18 小时播出和 24 小时外国选择节目播送。该台通过自身波段或迪拜电视台卫星频道，发送到世界各地。2000 年 10 月建成"迪拜因特网城"、"迪拜新闻城"、"迪拜电影城"和国际新闻制作园。

（3）哈伊马角的阿联酋广播电台，1972 年开始播音，每天播送 16 小时。

（4）富查伊拉 2007 年建成"新闻自由区"，2009 年投资 5500 万美元启动开播电视和电台，24 个卫星电视频道，2008 年增至 37 个频道。建有 4000 平方米"创新城"，设 7 大区：电台、电视、新闻、技术、新闻培训学院、戏剧和电影。

（5）乌姆盖万的阿联酋广播电台，每天播出 18 小时。

酋长国广播协会在沙迦设有一个广播中继台，使设在阿布扎比的国家电台总体节目向北部各酋长国的发送质量得以改善。阿布扎比和迪拜两个广播电台的节目制作比较快，而且具有特色，特别是直播节目报道服务，受到民众欢迎，提高了国家面向全民的公共服务水平。1996 年，阿布扎比广播电台在阿拉伯最佳环境节目比赛中，获得首枚金奖。1997 年 12 月 1 日，他们在突尼斯举行的第八届阿拉伯广播电视节上，又获得"相约空中"节目金奖。

2. 电视

阿联酋有电视台 42 个（2006 年），其中 4 家彩色电视台，分设在阿布扎比、迪拜、沙迦和阿治曼，各有两个频道，每天播出节目 13 小时以上，电视新闻节目用阿拉伯语和英语播送，建有卫星地面接收站，并租用美国全球新闻电视节目，转播重大新闻报道。

迪拜酋长国在哈米利叶等地，新建了电视与广播节目制作城，对各城市的文化活动、新闻报道等节目进行加工制作，把节目成品发送到阿布扎比的国家电视台和迪拜的电视转播站使用。

国家电视台、广播电台创作的节目，大多涉及时事新闻和社会问题，抨击不良外来文化影响，关心家庭在培育一代新人和保持优良传统方面的作用等内容。许多广播电视台通过播出的节目，抨击酗酒、吸毒、卖淫和浪费陋习，反对浪费摆阔、滥用银行贷款和结婚礼仪铺张浪费，提倡互助互爱，重视鼓励社会公益和环保类节目。

阿联酋在中、西部地区，建立了电视覆盖项目。它使国家电视台的第一套节目覆盖迪拜、沙迦、阿治曼等地；使第一、第二套节目覆盖西部地区，以及利瓦、澳金、古阿等地；把第二套节目传送到哈巴上地区和扎耶德城、鲁维斯区及其周围地区。

阿布扎比广播、电视台的节目曾经多次获得奖项，主要的有：1996 年阿拉伯广播协会主办的阿拉伯最佳联欢晚会节目银奖；阿拉伯歌曲节目奖；开罗广播电视节的直播特别奖和综艺节目奖；1998 年 7 月在第三届开罗广播电视节上获"轻轻松松"节目铜奖和"有问必答"节目最佳编制奖。阿布扎比电视台获"宰伍姆"节目表情银奖；"我们的诗歌"节目获铜奖；"市场"节目获评委特别奖。沙迦电视台在 1997 年突尼斯第八届阿拉伯广电节上，获得"字母与词语"节目二等奖和"光明场"节目三等奖；1998 年，以其"梦啊梦"儿童节目获铜奖；其"问与答"节目获铜奖。迪拜电视台的"回忆某地"节目，获 1998 年阿拉伯广电节金奖。

三　图书期刊

阿联酋的出版业比较发达。本国图书报刊出版机构较大的有十多家。例如：联邦新闻和文化部出版机构，阿联酋大学出版社，阿联酋文化会社出版社，战略研究中心出版社，以及本书前面提到的 4 家报业集团的印刷出版集团和 5 家较大的私人出版社等。此外，同一些外国的大型出版机构有不少合作、委托代办关系，其中有：英国的三叉戟出版社，以及埃及、黎巴嫩、法国等国的出版社。阿联酋出版的重要图书和学术专著有数百种，其主要品种和内容有：年鉴、领导人传记、总统言论集、各酋长国介绍、人文科学研究、考古发现、军事国防、商贸、教育、政治、外交、石油研究、能源、国际战略、计算机学、信息科技、医疗卫生、人口、阿拉伯海湾安全、伊朗与海湾、人类资源与教育、环保与发展、中东方案、阿联酋鸟类图谱集、21 世纪的海湾安全……。国家和地方图书馆收藏的阿拉伯文图书有 40 多万种，外文图书 12 万种。

阿联酋的杂志市场比较丰富，2006 年达 160 多种，本国出版的杂志 60 余种，除前面述及的主要报纸外，还有以下主要杂志：

《海湾之花》杂志。1979 年 3 月 31 日创刊，是最畅销的阿

拉伯妇女杂志之一。

《马吉德》杂志。是 1979 年 2 月 27 日创刊的儿童杂志，被列为阿拉伯世界最佳、最畅销的儿童杂志之一。

《每月档案》。是阿联酋联合报业集团的阿拉伯—国际研究中心出版的资料汇编，收集有阿拉伯和外国报刊所载的受到官方和实业界关注的资料。

《体育与青年》杂志。1981 年 3 月 25 日创刊。

《今日阿联酋》。经济性周刊，1996 年 1 月 2 日开始出版。

《日出》周刊。1970 年 6 月创刊，出版 6 个月后停刊；1992 年 4 月 9 日复刊。

《经济人》周刊。首期于 1996 年 3 月 2 日出版。

《少儿时代》。儿童杂志。

《进球》。体育杂志。

《海湾周刊》。英文新闻杂志。

《少儿新闻》。儿童读物类周刊。

《胜利》。综合类周刊。

《她》。女性社会周刊。

阿联酋进口书刊种类较多，大多来自阿拉伯各国以及英国、法国、意大利、俄国、印度、巴基斯坦等国。其文种主要有阿拉伯文、英文、乌尔都文等 9 种。以报刊为例，在进口的外国报刊 3467 种中，阿拉伯报纸 107 种、杂志 469 种、英国报纸 30 种、杂志 1698 种、法国报纸 7 种、杂志 143 种、巴基斯坦报纸 26 种、杂志 83 种、印度报纸 102 种、杂志 526 种；还有德国报刊 85 种、意大利报刊 16 种、俄罗斯报刊 48 种、菲律宾报刊 114 种。

第七章

外　交

第一节　外交政策

一　外交思想

阿拉伯联合酋长国的对外方针和基本原则，可综合归纳为：实现国家最高利益，体现与海湾阿拉伯国家之间的历史联系，建立同阿拉伯兄弟国家之间的最强有力的密切关系，维护阿拉伯民族的利益，巩固同伊斯兰世界的兄弟情结，为加强世界和平做积极贡献，向世界开放，在睦邻、相互尊重、互不干涉内政的基础上，建立与一切国家和人民的友好与合作关系。

阿联酋在贯彻执行上述外交方针中，着重体现：明智、平衡和坦诚精神，勇敢地站在真理和正义的一边，呼吁团结、互助和宽容，反对恐怖主义，广泛参加支持世界各地的人道、福祉事业，使阿联酋在国际社会中获得崇高地位，在地区和国际的各种场合受到尊重。

二　和平外交政策

(1) 贯彻执行阿联酋的外交思想和外交方针，阿联酋的外交政策具体表现为：奉行中立、睦邻友好和不结盟的外交政策；主张通过和平协商解决争端，维护世界和平。在加强同美、英、法、德、意、日等西方主要国家关系的同时，重视发展与阿拉伯、伊斯兰、不结盟等发展中国家的关系。主张加强海湾合作委员会国家之间的团结与合作。

（2）支持联合国的全方位改革。主张在安理会中应增加伊斯兰国家（含阿拉伯国家）的代表。强调改革方案应由各成员国充分协商，取得共识；不同意为改革设定时限和强行推动表决。

（3）积极致力于海湾地区的安全与稳定，主张加强海湾合作委员会六国的团结与协调，积极推动六国经济一体化合作进程；呼吁海湾地区各国在平等互利、互不干涉内政的基础上，通过对话和平解决彼此间的分歧，共同维护海湾地区的安全与稳定。

（4）在中东问题上，支持巴勒斯坦人民争取合法民族权利和建立独立的巴勒斯坦国的斗争，承认巴勒斯坦，支持中东和平进程。呼吁国际社会敦促以色列遵守"中东和平路线图"，恢复与巴方的和谈。

（5）在伊拉克问题上，主张维护伊的主权和领土完整，呼吁尽快结束外国对伊占领，恢复伊的稳定。认为联合国应在伊重建过程中发挥主要作用。伊战期间和战后，阿联酋向伊提供了大量人道主义援助，并与德国合作，为伊培训军队和警察。2003年在马德里召开的援助伊拉克国际会议上，阿承诺向伊提供2.15亿美元人道主义捐款。

（6）在反恐问题上，阿谴责各种形式的恐怖主义。反对在反恐问题上搞双重标准。反对将恐怖主义与伊斯兰教挂钩，反对歧视和伤害阿拉伯人和穆斯林。强调应将恐怖主义与各国人民反对占领的斗争区分开来。阿于2004年颁布了《反恐法》。

三 外交实绩

（1）加入联合国。阿联酋成立后不久，即于1971年12月9日正式加入联合国，信守联合国宪章和国际法则，积极参与和支持联合国的世界和平、安全和发展工作，加入了 20 多个国际组织和 40 多个国际条约。阿联酋已与 146 个国家建立了外交关系，派驻在国外的大使馆 45 个，总领馆 7 个，驻纽约和日内瓦联合国使团 2 个。各国在阿联酋派驻的使领馆有 107 个，非常驻大使馆 3 个。

（2）签订国际协定。为加强与各国的经济关系、文化交流和友好合作，阿联酋与数十个国家签订了经济技术合作，避免双重征税与保护投资协定，民航协定，文化、新闻、教育合作协定。

（3）推动成立海湾合作委员会。在阿联酋总统扎耶德的积极推动下，1981 年 5 月 25 日，阿拉伯联合酋长国、阿曼苏丹国、巴林国、卡塔尔国、科威特国、沙特阿拉伯王国等 6 个海湾阿拉伯国家的元首在阿联酋首都阿布扎比开会，宣布成立海湾阿拉伯国家合作委员会（简称海湾合作委员会或海合会 GCC），签署了会章。该会宗旨是：加强成员国之间在一切领域内的协调、合作和一体化，以达到他们的统一行动；加强和密切成员国人民之间的联系、交往与合作；推动成员国的工业、农业和科学技术的发展，建立科学研究中心，举办联合项目，鼓励私营企业间的合作。

海湾合作委员会轮流在其 6 个成员国首都每年召开首脑会议。已在阿联酋的首都阿布扎比召开过 5 次（1981、1986、1992、1998、2004）首脑会议。6 国的外交、国防、内政、石油、财经等部长（大臣）几乎每年分别举行部长级会议，就 6 国、海湾、中东在上述领域面临的重大问题互通情况，协调立场，共商对策。为了化解卡塔尔和巴林两国的恩怨，和平解决卡、巴在侯瓦尔岛、祖巴拉和加南岛的领土争端，阿联酋同沙特，共同做了大量调解工作，最终卡巴两国同意接受海牙国际法院仲裁，并于 2001 年 3 月 16 日做出最终裁决，解决了卡、巴之间自 1939 年以来历时长达六七十年、曾经险些交战的这一领土争议。鉴于此，阿联酋更愿得到海湾合作委员会首脑会议、部长理事会的帮助，乃至国际法院仲裁，取得其与伊朗对阿布穆萨、大小通布三岛主权争端的和平解决，但迄今未解决。2006 年，阿联酋总统哈利法访问了科威特。同年，阿联酋副总统兼总理迪拜酋长穆罕默德上将，分别访问了卡塔尔、阿曼、巴林。2008 年 12 月 29 日，第 29 届海合会峰会在阿曼召开，发表《马斯喀特宣言》，通过了货币联盟协议和宪章，决定 2010 年实行单一货币，最终实现海合会经济一体化。

海合会自从 1981 年成立以来，就一直致力于建立统一市场，并认为统一关税是其关键。1999 年 11 月 27 ~ 29 日在沙特阿拉伯首都利雅得举行的第 20 届海合会首脑会议，达成了统一关税协议。协议主要内容：2005 年 3 月 1 日为海湾 6 国统一关税的期限；将所有进口商品分成三大类：免税商品类（包括粮食、食用油、医药等基本生活必需品），基本商品类（包括农机在内的各种生产机械）的关税为 5.5%，其他商品类（包括汽车、汽车零件、化妆品等高档消费品）的关税为 7.5%。已确定了大约 1200 多种商品的分类。海湾 6 国的现行关税率，彼此相差较大，沙特阿拉伯的关税为 20%，阿联酋的关税只有 1% ~ 4%，特别是海湾和中东最大的商埠迪拜酋长国只收 1% 的象征性关税，迪拜对一般转口贸易和黄金制品的进出口，免征利润、营业税和个人所得税。沙特阿拉伯曾要求 6 国在一年内将关税率统一到 6% ~ 8% 之间，而阿联酋为了维护迪拜的利益，则希望在 7 年间逐步提高到实现 4% ~ 6% 的统一税率。最后，6 国妥协，在协议中规定为 5.5% ~ 7.5% 的税率，对迪拜还给予一些特殊照顾。2001 年第 22 届海合会首脑会决定，统一关税率为 5%，提前到 2003 年实现，2010 年实行单一货币。2006 年，阿联酋副总统兼总理迪拜酋长穆罕默德上将，分别访问了卡塔尔、阿曼、巴林。2007 年第 28 届 GCC 峰会在卡塔尔召开，对实行单一货币问题未作出最终决议。2008 年，阿曼、阿联酋先后表示退出该统一货币计划。据称，阿联酋对海湾央行总部不设在阿布扎比而设在沙特首都的决定不满，并对"海湾币"能否好于人们对"欧元"被质疑的处境仍有忧虑。

第二节　同美国的关系

一　同美国的关系较密切

阿联酋的丰富石油资源和所处的战略位置，颇受美国重视。美国每年从阿联酋进口石油，并同英、法、荷等国一道，在阿联酋开采石油。美国的军事、经济、科技水平和实力，特别是在解决中东问题上的重大作用，得到阿联酋的特别关注。阿联酋不接受美国军事存在和建立基地。20 世纪 90 年代海湾危机和海湾战争期间，阿联酋同美国之间的政治和军事关系都有新的发展，参加了美国为首的反对伊拉克联盟。2001 年 9 月 11 日，美国遭恐怖分子袭击，阿联酋总统扎耶德即致电美国总统布什表示哀悼和慰问；22 日，阿外交部宣布与阿富汗塔利班政权断交。2003 年 3 月，美攻打伊拉克，推翻萨达姆政权，扶持建立伊拉克临时政府，阿联酋主张维护伊的主权和领土完整，在阿拉伯国家中率先承认伊新政府，并积极与其发展关系。2007 年，美国副总统切尼访问阿联酋；同年，国务卿赖斯访阿。2008 年 1 月，美国总统布什访问阿联酋。2009 年 9 月 7 ~ 10 日，阿布扎比王储、阿联酋武装部队副总司令穆罕默德访美，分别会晤了美总统奥巴马、国防部长、国务卿、财政部长、能源部长、国家安全顾问等，讨论了加强阿美经济、能源、安全、反恐和核合作及中东形势等问题。

二 同美国在一些重要问题上存在分歧和矛盾

阿 联酋虽同美国的关系比较密切，但同美国也存在分歧和矛盾。阿联酋一再呼吁美国在解决中东问题上发挥积极作用，反对美国在巴勒斯坦问题上偏袒以色列的政策。早在1973 年中东十月战争中，阿联酋率先使用"石油武器"，宣布切断对美国的石油供应。扎耶德总统认为，阿拉伯事业，首先要靠阿拉伯的团结和联合自强，才能使那些以色列的支持者注意到应当"公正"，至少也要为了其自己在阿拉伯的利益而保持"平衡"。

2000 年 8 月美国威胁要将其驻以色列使馆从特拉维夫迁往耶路撒冷。对此阿联酋外交国务部长哈姆丹于 2000 年 8 月 5 日表态称，美国的迁馆步骤是严重违背国际法和联合国有关决议的，美如果将其驻以色列使馆迁往耶路撒冷，即自毁其中东和平进程调解人的地位，并将深深伤害整个伊斯兰世界；阿联酋副总理苏尔坦·本·扎耶德于 8 月 13 日对到访的美国中东事务助理国务卿爱德·沃克表示，阿联酋政府支持巴勒斯坦的主权，美国在巴以谈判中不要偏袒以色列一方，如果不能建立以耶路撒冷为首都的巴勒斯坦国，中东问题的解决便是不完全的。

2000 年 9 月 28 日，以色列右翼反对党利库德集团领导人沙龙（2001 年 3 月上台任以总理）在 3000 名军警保卫下，强行进入"参观"有争议的耶路撒冷老城的阿克萨清真寺广场，引发巴勒斯坦人与以色列军警之间的流血冲突。因此，阿拉伯国家群众上街游行，愤怒谴责以色列，指责美国偏袒以色列。迪拜民众也举行示威，抗议以色列。阿联酋与沙特阿拉伯等国向巴勒斯坦人提供了医疗援助。2000 年 10 月 7 日，联合国安理会以 14 票赞成、1 票（美国）弃权的表决结果通过一项决议，谴责以色列最近对巴勒斯坦人"过度使用武力并造成人员伤亡"。9 日，阿联酋内阁决定，从 10 月开始，所有国家公务员每月拿出一天的工资捐给被以军杀害的巴勒斯坦人的家属。10 月 22 日，为期两天的阿拉伯国家联盟特别首脑会议在开罗闭幕，这是自海湾战争以来第一次全体 22 个成员国聚会，并就谴责以色列镇压巴勒斯坦人的暴行和今后每年定期举行阿拉伯国家首脑会议达成共识。

阿联酋副总理苏尔坦·本·扎耶德·阿勒纳哈扬在阿布扎比召见美国驻阿大使卡多夫，呼吁美国在中东和平进程中持公正立场，认为此次巴以冲突完全是由于以色列拒绝最起码的和谈条件而造成的，要求美国对以施加压力，尽早结束巴以之间日益加剧的流血冲突。

2000 年 12 月 2 日，阿联酋总统扎耶德在阿布扎比与到访的巴勒斯坦民族权力机构主席阿拉法特会谈，讨论了中东紧张局势。会谈后，扎耶德总统说，作为一个超级大国，美国理应主持公道，站在真理和正义一边，而不应支持侵占别国领土的以色列。2001 年 1 月 21 日，扎耶德总统会见了到访的叙利亚总统巴沙尔，强烈抨击美国在中东和谈中所采取的偏袒以色列的立场，强调阿拉伯世界必须加强自身团结，才能面对来自以色列的挑战，才能获得国际社会的认同和支持；重申阿联酋支持叙利亚关于收回包括戈兰高地在内的所有被占领土的立场，以实现中东公正、持久、全面的和平。

2001 年 3 月 30 日巴勒斯坦"领土日"，迪拜媒体报道称，海湾国家的报纸纷纷谴责美国偏袒以色列和利用否决权阻止联合国向巴被占领土派遣观察员。2001 年 5 月 27 日，扎耶德总统会晤了到访的埃及总统穆巴拉克，并就立即停止巴以流血冲突问题表示，阿拉伯国家应更紧密地团结，美国应发挥积极的作用，美"米切尔报告"和埃及约旦倡议可作为巴以停火恢复谈判的基础。

2007 年，阿联酋认为，美国政府错误政策是造成伊拉克目前乱局的主要原因，呼吁尽快结束外国对伊的占领。

三 与美国的军事合作

19 90 年海湾危机引发海湾战争，阿联酋分担了战争费用的一部分，先后支付了近 60 亿美元的费用，其中美国获得约 37.7 亿美元，占 62.8%。1994 年 7 月，阿联酋与美国签署了两国联合军事合作协议。1996 年，美国国防部长佩里访问阿联酋；阿联酋武装部队总参谋长穆罕默德访问美国；阿美两国军队在阿联酋举行了为期 10 天的联合军事演习。1997 年 6 月，美国国防部长科恩访问阿联酋。7 月，阿联酋军队总参谋长穆罕默德访美，同月阿美两军在阿联酋举行了为期 10 天代号为"铁拳"的联合军事演习。11 月，美商务部长戴里出席 "'97 迪拜国际航空展"。1998 年 2 月，美国防部长科恩率团访问阿联酋。5 月，阿联酋武装部队副总司令哈利法和总参谋长穆罕默德空军中将同时访问美国，参加在得克萨斯州举行的有美国副总统戈尔出席的阿美关于定购 F－16 型战斗机合同的新闻发布仪式。1998 年 9 月，美军参谋长联席会议主席谢尔顿访问阿联酋。10 月，美国防部长科恩对阿联酋进行友好访问。11 月，科恩又再次就伊拉克危机访问阿联酋。1999 年 3 月，科恩访问阿联酋。10 月，美商务部长戴里和国防部长科恩先后访问阿联酋。美联社 2000 年 3 月 5 日报道称，阿联酋同美国签署了购买 80 架 F－16 新一代战斗机协议，美军方高级官员库特比说，阿联酋购买的这批战机价值 64 亿~68 亿美元。这项交易是冷战后最大的一笔战斗机买卖。这实际上结束了美国长期以来拒绝首先向某个地区提供新式武器的政策，从而给国际军备竞赛火上加油，军火商则大发其财。

2001 年 3 月，美国中东事务助理国务卿沃克访阿；7 月阿总统扎耶德接见美中东特使伯恩斯；9 月阿总统、副总统致电美总统，对美遭受"9·11"攻击表示慰问，并予以谴责；11 月阿外长哈达姆访美。2004 年 1 月美总统特使贝克访阿；3 月美中央指挥部司令约翰、美中央军区海军司令尼古拉斯、助理国务卿沃克、伯恩斯访阿；4 月副国务卿阿米希奇访阿；7 月美参谋长联席会议主席理查德访阿；10 月美助理国务卿林科尔访阿；12 月美前总统克林顿访阿。2006 年美国国务卿赖斯、中央军区司令约翰、助理国务卿韦尔奇分别访阿。2007 年，美副总统切尼、国务卿赖斯分别访阿。

四　美国是阿联酋主要贸易伙伴之一

阿联酋石油出口量的 7.1% 输往美国。美国所占比重仅次于日本、法国之后居第三位。1999 年阿联酋美国之间进出口贸易额为 36.19 亿美元，仅次于日本，居第二位。1999 年美国向阿联酋出口额达 29.49 亿美元，超过日本而跃居首位。美在阿投资 6.82 亿美元。2006 年阿美贸易较上一年增长 52.5%。2009 年上半年，阿美贸易额 66.6 亿美元。

第三节　同欧盟国家和日本、韩国的关系

阿联酋与欧共体（即欧盟）经贸关系密切。1989 年，阿联酋与欧共体贸易额为 40 亿美元，其中阿联酋进口额为 32.7 亿美元；阿联酋向欧共体国家出口的石油约占阿联酋石油出口量的 20%。2009 年 6 月 22 日，海合会与欧洲自由贸易联盟在挪威签署了自由贸易协定。阿是欧洲自由贸易联盟的第六大贸易伙伴，2008 年贸易额达 87 亿美元。

一　同英国的关系

1. 阿联酋立国前的各酋长国曾是英国的"保护国"

1819 年 11 月，英军攻打哈伊马角，镇压反抗。1820 年，强迫当地 7 个酋长国与英国签订《总和平条

约》，1853 年又迫使签订《永久休战条约》，使它们正式成为英"保护国"。各酋长国民众对英国占领者的控制进行了抵制和反抗。1971 年 3 月，英国占领者废止上述不平等条约，诸酋长国纷纷获得独立。1971 年底，英军撤出诸酋长国，酋长国组成独立的联邦国家，从而结束了英国对该地区控制和影响长达 150 余年的历史。

2. 阿联酋立国后同英国原来的关系发生了根本性改变

1971 年 12 月 2 日，阿联酋同英国在迪拜签订阿联酋英国友好条约。条约的主要内容是：双方在需要时就共同关心的问题进行磋商，通过和平方式解决两国间的一切争端；鼓励两国间教育、科学和文化方面的合作；促进经济关系的发展。条约即日生效，为期 10 年，并可以续延。1990 年海湾危机引发海湾战争，阿联酋分担了战争费用的一部分，其中英国获得约 5 亿美元。

2004 年 3 月，英国外交大臣斯特劳访阿，会见了阿布扎比王储兼武装部队副总司令哈利法，就两国关系及国际、地区形势交换了看法；斯特劳向哈利法转交英首相布莱尔致扎耶德总统的书信。2006 年，阿布扎比王储兼联邦武装部队副总司令穆罕默德访英；英国负责中东、反恐和联合国事务的国务大臣金·豪厄尔斯、国防大臣德·布朗、英首相布莱尔等先后访阿。

3. 与英国的经贸关系

在阿联酋的对外贸易中，英国占有重要地位，特别是向阿联酋的出口额，英国仅次于日本和美国居第三位。英国向阿联酋的工业品出口值，月平均约 1 亿美元。阿联酋石油的美元收入中，较大部分存入伦敦的英国银行。1999 年阿英之间进出口贸易额为 34.76 亿美元，其中阿联酋从英国进口 24.98 亿美元，占两国间贸易额的 71.8%，逆差 15.2 亿美元。

二　同法国的关系

1. 阿联酋同法国关系一直较好

1991 年 9 月，扎耶德总统访问法国，双方签订了军事训练和军事合作协定。1995 年，阿法签署防务协定。1996 年 8 月，扎耶德总统访法，会见法国总统希拉克，讨论了中东和双边关系问题。1997 年 12 月和 2001 年 11 月，希拉克总统两次访问阿联酋。1999 年 3 月，法国外长韦德里纳访阿联酋，拜会扎耶德总统，同苏尔坦副总理进行了会谈。2006 年，阿总统哈利法访法。2009 年，法总统萨科齐访阿。2009 年 9 月 11 日，阿联酋外长阿卜杜拉在巴黎会晤了法国外长库什内，讨论了双边关系和地区形势问题。

2. 与法国的经贸关系

阿联酋石油出口的 10.7% 销往法国。法国所需石油的 99% 依赖进口。法国从阿联酋进口石油仅次于日本，居第二位，1993 年进口额约 43 亿美元，占法国从海湾国家进口石油量的 30%。阿联酋、法国之间 1990 年的贸易额为 8 亿美元。此后，法国向阿出口额增长加快，1999 年法国向阿出口额达 20.15 亿美元。2004 年 5 月，法国外贸部部长弗兰克西斯访阿，转交了法总统希拉克致扎耶德总统的信件。

3. 法国是阿联酋最大的武器供应国

1993 年，法国向阿联酋出口军火达 37 亿美元，占法国向海湾国家出口军火总额的 1/3。1998 年 3 月，法国海军参谋长理夫贝佛上将率团访问阿联酋。同年 7 月，阿联酋武装部队总参谋长访问法国。2001 年 2 月，阿法举行海军联合军事演习；6 月，法国国防部长访阿；11 月，阿外交国务部长哈姆丹访法，就两国间的战略友好合作及阿富汗战后重建等问题进行了会谈。2004 年 4 月，法国国防部长米歇尔访阿，会见了阿副总司令哈利法，就两国军事、技术合作以及国际局势交换了意见。2006 年，阿副总司令穆罕默德、总统哈利法先后访法；法国防部长玛丽、外长布拉齐访阿。2009 年，法总统萨科齐访阿，双方就法为阿早先购买的法战机更新换代及法阿反恐军情合作等问题交换意见。

三 同欧盟其他国家的关系

阿 联酋从德国进口额 1997 年为 18.7 亿美元，1998 年为 21.02 亿美元，1999 年达 20.68 亿美元。在阿进口对象国中，德国连续 3 年排名第四，居美、日、英之后。2006 年，德国总理施罗德、外长施泰因迈尔等访阿。

意大利 1999 年向阿联酋出口金额达 17.43 亿美元，在阿进口对象国中当年排名第六。

四 同日本、韩国的关系

日 本是阿联酋最大的贸易伙伴国。1999 年阿联酋、日本两国间贸易额为 108.76 亿美元（阿向日出口 80.89 亿美元，从日进口 27.87 亿美元，顺差 53.02 亿美元），居各国之首。日本在阿联酋有各种公司 70 余家，平均每年向阿联酋出口商品约 25 亿美元。1991 年，日本产汽车、家用电器等商品额占阿联酋进口商品额的 15%。

阿联酋出口的石油约 43.7% 供应日本，占阿联酋出口石油供应国首位。日本进口的石油 1/4 来自阿联酋，如果算上天然气，则日本的能源有约 28% 要依靠从阿联酋进口。

2001 年，阿联酋向日本出口液化天然气的有效期为 25 年的合同到期，日本在阿联酋的油气开采权协议 2012 年也将到期。为此，日本外相河野洋平于 2001 年 1 月赴海湾阿联酋、卡塔尔、沙特、科威特等国访问，落实日本在新世纪的石油战略。

2008 年 8 月，日本经济产业大臣甘利成会晤阿联酋能源部长哈米利，商谈日阿开采协议于 2012 年到期更新合同问题，阿方表示了比较积极的态度，日方克斯莫（COSMO）石油企业，与阿方就太阳能发电、海水中提取淡水、日资开采自然资源等事进行了商谈。

　　阿联酋是韩国第四大原油和液化天然气供应者，2007 年阿对韩出口 126 亿美元，2008 年增至 192 亿美元，增幅 52.4%。韩国对阿联酋的出口 2007 年 37 亿美元，2008 年增为 57 亿美元，同比增长 54%。2009 年 7 月 16 日，阿布扎比液化气公司授予韩国现代重工一份综合天然气开发合同，包括三个高压天然气处理单元的项目。2009 年 12 月 27 日，在阿韩两国首脑共同见证下，阿布扎比与韩国电力集团在阿签署了一份价值 200 亿美元的合同，为阿建造 4 座核电站，2020 年前完成，可满足阿布扎比 1/4 的电力需求。

第四节　同苏联、俄罗斯的关系

一　同苏联的关系

　　1971 年阿联酋成立时，与苏联没有外交关系，但双方有人员往来。1972 年 1 月，苏联外交部中东司长访问阿联酋，双方关系未见突破。1978 年 5 月，阿联酋总统扎耶德在向美国《芝加哥论坛报》发表谈话时说："苏联像其他任何国家一样总是首先权衡自己的利益。我们应该堵死一切企图在这一地区玩火的人的路。"阿联酋反对苏联大量犹太人移居以色列，要求苏采取有效措施，加以制止。

　　1981 年 8 月，苏联外交部中东司副司长抵阿联酋访问，达成苏联在阿布扎比设立民航办事处和商务代表处的协议。1985 年 11 月，两国正式建交。阿布扎比工商会代表团访苏，签订了贸易合作协定。1986 年 10 月，阿联酋伊斯兰事务和宗教基金部长访苏。同年 10 月美苏首脑冰岛会晤后，苏联政府派代表戈多夫访问阿联酋，通报会晤情况。1988年3月，苏联最高苏维埃副主席埃拉兹夫蒂斯率最高苏维埃代表团访问阿联酋。10月，扎耶德总统电贺戈尔巴乔夫当选最高苏维埃主席团主席。1988年，阿联酋首次向苏联提供5000万美元低息贷款。1989年2月，两国签署经济、贸易、技术、投资合作协定谅解备忘录，阿联酋向苏联亚美尼亚地震灾区提供援助。7月，阿联酋经贸部次长阿卜杜·拉蒂夫访苏，两国成立了经济技术和贸易合作混合委员会。1990年1月，阿联酋经贸部长贾尔旺访问苏联，并签署两国经贸、技术和投资合作协定。

二 同俄罗斯的关系

19 91年底苏联解体。阿联酋立即承认苏联解体后新成立的独立国家，并希望独联体促进国际间的稳定与合作。2001年3月18～22日在阿布扎比举办的阿联酋第五届国际防务展上，俄罗斯国防产品出口公司下属的近50家企业在展览会上展示了产品，展出各类武器的实物、模型、图板400余件。俄罗斯国防部副部长、俄对外军事技术合作委员会主席德米特里耶夫率团出席了展览会。俄制改进型装甲人员输送车、步兵战车和坦克摆在展览会的一个中心位置，展出了俄式防空系统、自动雷达站、电子战装置、海军舰艇、导弹、火炮等武器装备以及专门为军队、警察和特种部队设计的多种步兵武器。

第五节 同周边国家的关系

一 同阿曼的关系

阿 联酋同阿曼在历史上有十分密切的关系。公元前在地中海沿岸定居的腓尼基人，曾经从阿曼海岸迁徙到海湾地区居住，带来阿曼的习俗和部族关系。他们和因马里卜水坝废毁而从萨巴王朝的也门逃亡到海湾的居民组成家族部落社会，由族长或酋长领导，故海湾酋长国有"麦什哈特（族长或酋长的意思）阿曼（或酋长国阿曼）"之称。阿曼的马斯喀特位于海湾酋长国的东南面，故在历史上阿曼人视海湾地区为北部阿曼或阿曼海岸，以至同马斯喀特和内陆阿曼国视作一体，相提并论。历史上，海湾酋长们，特别是哈伊马角、沙迦的卡西米人和阿布扎比的雅西人、纳哈扬家族，他们都同马斯喀特苏丹和阿曼教长有许多联系，既有矛盾冲突的一面，也有联合抵抗外国殖民者的共同目标。1968 年 3 月 30 日，阿布扎比酋长国执政者扎耶德访问马斯喀特和阿曼苏丹国，就地区合作问题发表联合公报。

阿联酋与阿曼曾经有领土纠纷，主要是阿布扎比酋长国、阿曼和沙特阿拉伯三者之间历史遗留的布赖米绿洲问题（详见本节之二）。1985 年 5 月，阿联酋和阿曼就布赖米地区边界问题达成原则协议。阿曼苏丹卡布斯宣布，阿曼同阿联酋的边界没有任何争议。历时约两个世纪的布赖米绿洲问题，最终以阿拉伯情结方式，互谅互让，和平解决。

阿联酋成立以后，重视与阿曼发展关系，两国元首互访，共商大事，共同促成建立海湾合作委员会。1996 年 4 月和 1998 年 3 月，阿曼卡布斯苏丹访问阿联酋。1997 年 3 月和 12 月，阿联酋总参谋长穆罕默德（扎耶德总统的三子）访问阿曼。阿联酋 7 国中，富查伊拉酋长国是唯一位于阿曼湾的国家，与阿曼陆路、海上的交往频繁。阿布扎比的艾因绿洲与布赖米绿洲阿曼一方的村庄公路相通，鸡犬之声相闻，两国居民之间串门互访，不分彼此，互通有无，边贸十分繁荣。1999 年 5 月，扎耶德总统访问阿曼，与阿曼苏丹卡布斯达成两国边界协定。2002 年 6 月 22 日，双方签署最终边界协定，了结了两国间总长 1000 公里的边

界线划分。2006 年，阿联酋副总统兼总理、迪拜酋长穆罕默德
上将访问了阿曼。

二 布赖米绿洲问题

布赖米绿洲问题指的是阿联酋（主要是阿布扎比酋长
国）与阿曼和沙特阿拉伯三方历史遗留下来的领土
纠纷问题。

1. 历史上布赖米绿洲是阿联酋和阿曼的属地

布赖米绿洲地区在伊斯兰教创立以前，古称吉伍（Jiwu）地
区，位于阿拉伯半岛东北部，处于阿联酋、阿曼交界区，距沙特
阿拉伯边界约 170 公里。面积 5180 平方公里，直径距离约 10 公
里，有兹拉拉（Zilala）油田，居民约 2 万人，共有 9 个村子，
布赖米是其中一个村名。历史上，布赖米、萨阿拉（Saara）和
哈马萨（Hamasa）3 个村子属阿曼控制。这 3 个村的主要部落是
纳伊米（Naim）人，18 世纪时曾承认过阿曼统治者的统治权；
纳伊米人的首领塔米马（Tamime），与阿治曼酋长国统治者是宗
亲关系。其余 6 个村子则属于阿布扎比酋长国。其主要部落有：
扎瓦希尔、纳哈扬、纳伊米等，他们世代居住在艾因、吉米
（Jimi）、希利（Hilli）、卡塔拉赫（Khatalah）、穆阿塔里德
（Muatard）、卡塔姆（Khatam）等村庄。

1800 ~ 1870 年，沙特王国曾统治过布赖米地区。1800 年，
沙特王国的瓦哈比人向特鲁西尔海岸扩张，夺占了布赖米，向当
地部落征收贡税，实施控制。但他们不断遭到当地部落的反抗和
奥斯曼帝国军队的打击。1869 年 6 月，瓦哈比人向阿曼军队投
降，最终于 1871 年撤离布赖米。当地部落遂重新承认阿曼的统
治地位，由塔米马作为阿曼苏丹的统治代表，到 19 世纪末，他
开始面对阿布扎比酋长国在大扎耶德统治下势力日益壮大的严峻
挑战。

19 世纪末，阿布扎比酋长大扎耶德实行与各部落发展友好关系、与迪拜的马克图姆家族建立合作关系的政策，巩固并发展了与阿曼的友好交情。1901 年，他接待并派人保护到阿布扎比和布赖米绿洲访问的阿曼酋长和英国驻马斯喀特政治代表。当时，纳伊米人依附于大扎耶德，至 1909 年大扎耶德逝世。

布赖米的扎瓦希尔人部落长期依附于阿布扎比酋长国，主要靠种植椰枣和经营园林，饲养骆驼、羊群为生。从 20 世纪起，扎瓦希尔人的大酋长是吉米村的艾哈迈德·希拉尔。他受命于阿布扎比酋长国，任瓦利（相当于州长）一职，住在阿布扎比酋长国的艾因城，1936 年去世。阿布扎比的统治者沙赫布特任命易卜拉欣·本·奥斯曼为瓦利，至 1946 年去世。沙赫布特遂任命其三弟扎耶德（后任阿联酋开国总统）任艾因地方的执政者。

2. 英美等国为石油争夺布赖米

1933 年 5 月，沙特阿拉伯授予美国加利福尼亚美孚石油公司在沙特阿拉伯的一项石油租让权。为此，美国政府要求英国确定沙特东部的边界。英国向美方答复并出示英国—奥斯曼帝国协定（1913 年 7 月 29 日及 1914 年 3 月 9 日两协定），作为该东部边界划分的基础。1934 年 4 月 28 日，通过英驻沙特的吉达官员把给美国的上述回答正式通知沙特王国政府，并附上上述两份协定的副本。1935 年 4 月，沙特王国政府向阿曼和阿布扎比提出大片领土要求。5 月 13 日，沙特王国代理外交大臣哈姆扎赫致函英国驻吉达官员安德鲁·瑞恩称，沙特王国政府希望通过谈判与英国寻求该东部边界问题做出合适的安排，但不认为前述的两项协定具有约束力，因为沙特阿拉伯不完全是奥斯曼帝国的继承国，更不是条约的缔约者，没有义务受此协定的约束。1934 年 11 月，英国驻沙特阿拉伯大使安德鲁代表阿曼苏丹和阿布扎比执政者，提出一个反建议，并在沙特首都利雅得举行谈判，讨论英国建议的"利雅得线"。1937 年确定了对沙特较为有利的"利雅得重划线"。但因"二战"爆发，谈判中止。到 1949 年，在沙特阿拉伯卫兵保护下的一个石油公司小组，在"利雅得线"以北的被英国认为是阿布扎比领土的地方，进行勘察，并扣留了当时提出抗议的英方政治官帕特里克·斯托巴特。对此，英国政府正式提出抗议。沙特阿拉伯国王阿卜杜勒·阿齐兹态度强硬，声称布赖米绿洲和阿布扎比的南部和西部地区均是沙特阿拉伯的领土。

1950 年，英国和沙特开始谈判，于 1951 年 8 月达成"伦敦协定"。该协定规定，在边界问题得到解决以前，双方的部队和石油公司都不得介入有争议的地区。1952 年 1～2 月，在沙特的达曼举行的会议上，沙特代表坚持其原来的要求，后来，双方同意均应信守"伦敦协定"。1952 年 8 月，沙特阿拉伯亲王图尔基率领一支 40 人的小部队和相当数量的钱物去布赖米，并任命了该地总督；到哈马萨村，收买酋长。阿曼和阿布扎比部落成员则联合起来反抗。英国政府也进行干涉，并对沙特破坏"伦敦协定"的行为提出抗议。同年 10 月 26 日，英、沙双方恢复谈判，并达成了一项维持布赖米现状的"搁置协议"（一译静止协议），规定由沙特人暂时控制哈马萨。1953 年 4 月，英国政府向沙特阿拉伯政府抗议，称沙方未尊重该项"搁置协议"，破坏了"伦敦协定"的基础，英方及当地统治者保留其行动自由的权利。

1953 年，由英国军官指挥的特鲁西尔阿曼部队（1956 年正式改称特鲁西尔阿曼监察部队）包围封锁了沙特阿拉伯在哈马萨的驻军。到 1954 的 7 月 20 日，双方签订了一项仲裁协定，同意将这一争端提交国际仲裁，随即解除封锁。仲裁协定规定：不得在该地区进行采油活动；沙特军队和特鲁西尔阿曼部队各自撤退，由一支联合警察部队代替；设立一个由英国、沙特、加拿大、古巴和比利时（任主席）五国代表组成的国际仲裁法庭，来决定沙特阿拉伯和阿布扎比的边界以及布赖米地区的主权问题；双方同意避免采取可能损害仲裁的行动。仲裁法庭的职责被认定为：决定在沙特阿拉伯政府于 1949 年提出的边界线和英方代表阿布扎比方在 1952 年达曼会议上提出的边界线的范围内，确定沙特阿拉伯和阿布扎比的共同边界；以布赖米村为中心，以北纬 24°25′和东经 55°36′交叉点为半径所构成的圆周范围内地区的主权。1955 年 8 月，仲裁法庭在日内瓦举行仲裁会议。美国持强硬态度，并借口沙特阿拉伯代表尤素夫酋长承认他个人对沙特在布赖米的行动负有责任，遂于 1955 年 9 月 16 日令英国代表里德·布勒德退出。接着，比利时籍主席查理和古巴代表也先后退出。仲裁被迫中止。

　　1955 年 10 月 26 日，英国首相艾登宣布拒绝承认该项仲裁协议。同时，特鲁西尔阿曼监察部队（由英国军官指挥）和阿曼以及阿布扎比的当地边防军一起，夺取了哈马萨村，占领布赖米，并赶走那里的沙特阿拉伯机构和警察。其间，沙特指挥官纳伊米上尉被击中腿部，特鲁西尔阿曼监察部队两人受伤。沙特抗议英国派兵侵占布赖米绿洲的"专横行动"，要求恢复仲裁委员会。英国拒绝这一要求，并宣布保持由特鲁西尔阿曼监察部队占领布赖米的状态。允许沙特阿拉伯军人申领通行证后回沙；哈马萨居民则可选择留下或申请通行证去沙特阿拉伯。结果是他们中间大多数人留下，离去者较少。阿布扎比的统治者认为只有 5 名"难民"逃去，英国的估计是大约 200 人，而沙特阿拉伯声称有两三千名"难民"。在"难民问题"的人数上出现分歧。但是，布赖米地区恢复到了 1952 年以前的状态，英国人根据"利雅得重划线"，宣布了一条边界线。1955 年末至 1956 年初，在开罗和华盛顿分别举行了有美国人参加的会议。美国企图以调解人的面目出现，插手布赖米绿洲冲突的解决。苏联《中东事务》杂志 1956 年 2 月称：争夺布赖米绿洲的冲突"不仅演变成英国和沙特阿拉伯之间的争执，而且也演变成为英国和美国之间的争执。英美从前为夺取这个地区的石油开采权的明争暗斗又重新在前台上演"。1956 年，英国和沙特举行谈判，就"布赖米难民"和沙特阿拉伯在豪尔奥台德地区（位于沙特、阿联酋和卡塔尔交界处）入海口等问题进行磋商，沙特坚持其对布赖米的原有立场，并表示将把问题提交联合国。同年 10 月，苏伊士战争爆发后，沙特阿拉伯支持埃及，与英国断交。后来，沙方表示，在得到保证满足其对布赖米问题的要求之前，拒绝恢复沙英外交关系。

3. 联合国的斡旋

1959 年，联合国秘书长哈马舍尔德（1953 年 4 月 11 日至 1961 年 9 月 18 日任秘书长）在布赖米问题上进行了斡旋。1960 年 8 月，沙英双方同意由哈马舍尔德指定一名"中立人士"为观察员，访问布赖米地区，调查"难民问题"，以便最后做出进一步努力，解决问题。哈马舍尔德委派瑞典驻马德里大使里冰作为其私人代表，于 1960 年夏访问布赖米等地区。其间，沙特阿拉伯南部邻国也门出现推翻王朝统治的革命运动，沙特国王（1953 年 11 月任第二任国王）又正面临内部危机，遂于 1961 年恢复沙、英外交关系。1962 年里冰再次访问沙特阿拉伯和海湾，并设立了一个联合机构来考虑沙特提交的难民名单。10 月，里冰得出的统计数目为：会见调查 422 户 1516 人，其中原籍为布赖米地方阿布扎比各村的 9 户 44 人；为布赖米地方阿曼各村庄的 294 户 1135 人；为布赖米以外地区的 119 户 337 人。根据调查结果，他提出建议，允许大批移居沙特阿拉伯的布赖米居民返回其在布赖米绿洲的家园。从而使难民问题分歧达成协议。1963 年 5 月，英国大使克劳赴沙特阿拉伯上任。

4. 阿拉伯方式解决问题

1964 年 4 月，沙特阿拉伯王储费萨尔（同年 11 月任第三任国王），与阿布扎比酋长国的执政者沙赫布特有几次友好会晤。1967 年，阿布扎比新执政者扎耶德上任执政，主动前往沙特阿拉伯拜访了费萨尔国王，双方消释前嫌。随后，双方谈判，划定了边界。

1971 年，英国殖民势力撤出海湾。1971 年 12 月和 1972 年 4 月，阿曼苏丹卡布斯两次访问沙特阿拉伯。沙特宣布承认阿曼。1974 年 7 月，沙特阿拉伯的第一副首相法赫德（1982 年 6 月任第五任国王）赴阿布扎比，同阿联酋总统扎耶德签订了边界协定。沙特阿拉伯、阿联酋实现了互相外交承认，并迅速互派大使。

1974 年，阿联酋、沙特、阿曼三方，以阿拉伯情结思维方式，互谅互让考量问题，就布赖米绿洲问题达成协议。协议主要内容为：沙特阿拉伯承认该绿洲的 3 个村仍归阿曼，为沙特阿拉伯换取一条穿过佐法尔地区（在阿曼）通向阿拉伯海的陆上通道；该绿洲其他部分归阿联酋，沙特阿拉伯获得一条经过阿联酋领土由豪尔奥台德通向海湾的通道。1985 年 5 月，阿联酋和阿曼又就布赖米地区边界问题达成原则协议。阿曼苏丹卡布斯宣布，阿曼同阿联酋的边界没有任何争议。在布赖米绿洲问题上，阿曼为了睦邻友好关系，做出了让步。漫长的布赖米绿洲问题，终于以阿拉伯民族重兄弟情结的方式得到和平解决。

三　同沙特阿拉伯的关系

阿联酋和沙特阿拉伯两国和两国人民之间，在历史上、文化上和宗教信仰上关系密切，曾经有历史遗留的边界问题和相互认同问题。阿联酋成立时，由于两国边界争端和布赖米绿洲问题等原因，沙特阿拉伯未予承认。1974 年 8 月，阿联酋总统扎耶德主动访问沙特，积极亲善，双方就边界问题达成协议，并建立了外交关系。此后，两国关系发展较快，并在中东问题、石油问题、海湾安全与合作和其他对外关系问题上频繁进行协调和磋商。1982 年，两国与海湾其他阿拉伯四国协商成立了六国海湾合作委员会。

1982 年 2 月 12 日，阿联酋同沙特阿拉伯签订了双边安全协定，规定双方在交换治安情报、提供补给和装备、提供训练、引渡逃犯和共同维护边界安全等方面进行合作。阿联酋公民凭身份证即可赴沙。2009 年阿宣布，从 8 月 23 日起，阿公民去沙改用护照。

阿联酋希望在与伊朗的三岛主权归属争端上，得到国际上和阿盟，特别是沙特阿拉伯等海湾合作委员会成员国的支持。1999 年，海湾合作委员会为此设立了由沙特、阿曼、卡塔尔组成的三方委员会。但该委员会成立以后，对"三岛"问题的解决并无积极有效行动。阿联酋对三方委员会无有作为，甚为不满。2000 年 4 月，沙特阿拉伯接待了伊朗国防部长首次到访。伊朗国防部长与沙特阿拉伯国防大臣讨论了地区安全与合作问题。阿联酋对伊朗与沙特阿拉伯这一修好式的访问感到不安，担心对"三岛问题"产生不利于阿的影响。2001 年 3 月阿盟首脑第 13 届会议在安曼召开，阿联酋总统扎耶德向会议致函，但会议着重讨论了中东问题、伊（拉克）科（威特）关系和经济一体化等问题，并未认真讨论"三岛"问题。阿联酋虽然对此不满，但是仍与沙特阿拉伯保持密切关系。

四　同伊朗的关系

海　湾诸酋长国在地理上和历史上与波斯（1935 年 3 月 21 日起改称伊朗）彼此隔海相望，自古就有往来。沙迦酋长国同伊朗在石油天然气领域的合作已有 30 年的历史。2006 年伊朗副外长穆斯塔法维访问阿联酋；2007 年 1 月，阿外长访伊；2007 年 5 月，伊朗总统内贾德访问阿联酋。2008 年 7 月 25 日，伊朗国家石油公司同沙迦石油公司签署了 25 年天然气出口协议。当前，阿联酋同伊朗关系能否完全正常化的关键，是关于"三岛问题"争端的解决。两国间关于大通布（Greater Tunb）、小通布（Lesser Tunb）和阿布穆萨（Abu Musa）三岛主权归属争端，是长期影响两国关系的重大问题。阿联酋坚持对"三岛"的主权要求，主张通过和平谈判或国际法院仲裁，实现政治解决。伊朗称"三岛"是伊朗神圣不可分割的一部分，主张伊、阿两国举行"无先决条件"的直接对话，反对把此问题提交国际法院仲裁。2008年8月，阿联酋致函联合国，反对伊朗违背1971年备忘录在阿布穆萨岛建立官方机构。因此，"三岛"问题得不到解决，阿联酋同伊朗的关系完全正常化就难以实现。

1. "三岛"问题的历史背景

大通布、小通布和阿布穆萨三岛位于海湾出口处，临霍尔木兹海峡，控制着世界上一条重要的石油运输线。岛上蕴藏有较丰富的红色氧化铁资源。岛屿周围海域分布有油气资源。三岛面积约60平方公里，原居民多为沙迦、哈伊马角渔民。三岛中阿布穆萨岛最大，面积约35平方公里，距沙迦海岸约35公里，距伊朗海岸约45公里，历史上曾被卡西米人（沙迦、哈伊马角同属于卡西米人）占领过好几代人的时间，沙迦酋长国统治者对其享有控制权。大、小通布岛于1921年归属于当时脱离沙迦而独立的哈伊马角酋长国的统治者，1913年岛上就建设有海湾导航灯塔。历史上，三岛曾经先后隶属于波斯、阿拉伯帝国、奥斯曼帝国的统治。

1819年，英国殖民军攻打哈伊马角，后来，把各酋长国纳入英"保护国"。1903年，英国将"三岛"分别划归当时的英保护国沙迦和哈伊马角两位酋长统治。1968年，英国宣布要从海湾撤军，但未解决三岛主权归属问题。

1971年11月底，英军从海湾撤出，海湾诸酋长国忙于独立和建立联邦国家事业。当时，伊朗同统治沙迦和哈伊马角酋长国的阿拉伯卡西米人，均宣称对三岛拥有主权。在英国驻海湾特使的安排下，伊朗同刚脱离英"保护国"地位的沙迦，于1971年11月29日达成关于"阿布穆萨岛安排的谅解备忘录"。该备忘录的主要内容有：伊朗军队进驻阿布穆萨岛北部，在规定地区进行管理，其余地区仍属沙迦管辖；岛上的石油及收益双方均分；伊朗政府每年付给沙迦150万英镑援助，直至沙迦从石油所得的年收入达到300万英镑时为止；美国布提斯公司将承担该岛领水区域内的油气开发。从备忘录的这些内容来看，这实际上确认双方享有对该岛各半的管辖权，并未确定三岛的主权归属。

2. 争端起因

阿联酋成立前夕，各酋长国忙于独立和联合事务。伊朗国王巴列维以护航安全为名，于1971年11月29～30日派兵占领三岛。12月2日，阿联酋诞生，其最高委员会在第一个声明里宣布，阿联酋谴责使用武力原则，对伊朗占领属于阿拉伯祖国一部分的重要领土表示遗憾，并主张必须尊重别国的合法权利，应通过国际公认的方法，讨论可能出现在各国之间的分歧。阿拉伯国家也纷纷要求伊朗放弃占领。

伊朗方面强调，历史上卡西米族酋长曾向波斯纳贡，理应附属伊朗；英国女王政府1888年交给波斯的1887年英国国防情报部绘制的一份地图中，三岛颜色与伊朗本土颜色是一致的。1979年初，伊朗巴列维王朝被推翻，伊朗宗教领袖霍梅尼执政，伊朗方面宣称，该三岛在2500年前便是波斯帝国的一部分。对此，阿联酋方面则认为，沙迦对阿布穆萨岛的长期实际拥有，已构成主权要素；沙迦、哈伊马角自1872年起即对该三岛拥有主权；1903年后，岛上一直升挂沙迦酋长国旗帜；伊朗提出的英方所制地图不能作为凭据。1980年4月6日，伊拉克宣称，该三岛为阿拉伯岛屿。伊朗则声称，永不放弃三岛。1992年3月，伊朗又派兵强占了阿布穆萨岛上的阿联酋管辖区。4月，伊朗把在阿布穆萨岛上工作的200名外籍工人驱逐出岛，并拒绝了一艘载有100多名阿联酋教师及他们的家属和该岛常住民的船只靠岸和返岛工作。阿联酋认为，伊朗此举违背了关于阿布穆萨岛的谅解备忘录。

3. 谈判与交涉

1992 年 9 月 1 日，阿联酋外交部官员称，伊朗上述举动不符合两国应有的关系，而且导致了消极影响，呼吁建立两国睦邻合作关系。9 月 27 ~ 28 日，阿联酋、伊朗两国外长在阿布扎比举行谈判。阿联酋提出五点要求：（1）结束对大、小通布岛和阿布穆萨岛的军事占领。（2）伊朗应遵守 1971 年关于阿布穆萨岛的谅解备忘录。（3）不得以任何方法、任何条件和任何借口干涉阿联酋根据阿布穆萨岛备忘录中规定属于阿联酋的部分进行全面管辖。（4）取消伊朗制定的强加于阿联酋在阿布穆萨岛的机构、阿联酋公民以及非阿联酋居民的一切措施。（5）在一定时间内，为解决阿布穆萨岛的主权问题找到合适的方式。

1995 年 11 月 18 日，在卡塔尔的斡旋下，阿联酋、伊朗两国应邀在卡塔尔首都多哈举行专家级会晤。阿联酋方面建议会议日程包括四点：结束对大、小通布岛的军事占领；遵守 1971 年关于阿布穆萨岛的谅解备忘录，取消一切与此相违背的措施；裁决阿布穆萨岛的主权问题；如果在一定时间内难以通过谈判解决，则将三岛问题移交国际法院。经 4 天谈判，双方未就议程达成一致，无果而终。

1996 年 4 月 10 日，伊朗在大通布岛建成首座发电站。阿联酋外交部发言人 4 月 18 日称，伊朗此举是对国际法和阿主权的侵犯。8 月 28 日，阿联酋致函联合国秘书长，拒绝伊朗的"阿布穆萨岛的领空属于伊朗"的说法。9 月 4 日，阿联酋通知联合国称，不承认 1993 年的伊朗共和国海域法，不承认其任何损害阿联酋对三岛主权的法律。

1996 年 11 月，阿联酋政府向伊朗政府提交正式抗议照会，抗议伊朗在阿联酋的阿布穆萨岛上建立一些大学分部。1997 年 1

月 8 日，阿联酋常驻联合国代表团向秘书长和安理会主席递交了阿联酋外交部致伊朗驻阿布扎比大使馆的备忘录副本，该备忘录抗议伊朗政府宣布在阿布穆萨岛举办足球比赛。1997 年 2 月 4 日，阿联酋常驻联合国代表团又向联合国秘书长和安理会递交了阿外交部致伊朗驻阿大使馆的照会副本，该照会抗议伊朗一艘舰只未获阿有关部门的同意就于 1997 年 1 月 19 日进入阿联酋水域。6 月 21 日，阿代表团又递交了阿联酋外交部致伊朗驻阿大使馆的备忘录副本，该备忘录抗议伊朗在其占领的阿联酋大通布岛上兴建海港泊位。9 月 3 日，阿联酋在致联合国秘书长的信中指出，伊朗政府用其占领的阿联酋三岛名字为其两艘引航船和浮船命名，这是非法的，是执意继续占领三岛。阿并要求将此信印发全体成员国。阿联酋外长分别于 1996 年 10 月 1 日和 1997 年 9 月 25 日在联合国会议上发言，指责伊朗占领三岛，要求伊朗拆除其在三岛上的一切设施。

1997 年 8 月，哈塔米就任伊朗伊斯兰共和国总统后，有意改善和发展同阿拉伯国家的关系。对此，阿联酋总统扎耶德再次强调，阿联酋决心以和平方式，进行严肃的直接谈判或提交国际法院，来解决结束伊朗对三岛的占领问题。

1998 年 5 月 22 日，阿联酋外事国务部长哈姆丹在阿布扎比外交部会见来访的伊朗外长哈拉齐时表示，阿联酋与伊朗是两个相邻的伊斯兰国家，彼此之间有着"漫长的历史关系，如果两国没有安全与稳定，那么就没有本地区人民的真正发展和进步"。5 月 24 日，阿联酋总统扎耶德接见了伊朗外长哈拉齐。接见后他于 31 日对《纽约时报》发表谈话称，这次会见与过去两年中伊朗其他领导人访问阿联酋没有什么不同，只是有那么一点点表示要朝着正确的方向，这正是继续谈判所希望的，但应有一定的时间期限，如果谈判未果，将诉诸国际法院，因为在提供证据的情况下，就能知道孰是孰非，谁掌握真理，这才是解决问题的办法。

4. 三岛归属争端旷日持久

伊朗方面已占三岛，坚持对大、小通布岛拥有主权，不容讨论，但对阿布穆萨岛，则表示可通过无先决条件下的双边谈判解决，反对这一问题国际化。对此，阿联酋方面表示，要坚持明确而灵活的方针，以结束伊朗对三岛的占领，主张通过直接的严肃的谈判或将问题提到国际法院的方式，用和平方法解决三岛问题。阿联酋的立场得到多数阿拉伯国家，一些伊斯兰国家和友邦，以及美、英等国的支持。

阿联酋面对的是一个人口20倍于己、兵力10倍于己的强邻伊朗，阿无力与之武力对阵；而且阿联酋人口中有1/5的穆斯林是什叶派（在伊朗人口中90%以上为什叶派）；阿联酋的迪拜同伊朗的贸易量较多，特别是伊朗面对美国为首的国际制裁下，需要就近进口大量转口贸易商品，迪拜从转口贸易中得利不少。伊朗虽已占三岛，但面对海湾合作委员会和夙敌邻国伊拉克，必须与海湾其他国家友好相处，必须与阿拉伯国家加强关系，以对付美国和以色列。海湾战争后，阿联酋的地位已上升到海合会国家中的第二位，急欲解决"三岛问题"；伊朗则希望尽快改善和发展同海合会国家的关系。海合会应阿联酋的要求，于1999年7月组成由沙特阿拉伯、阿曼和卡塔尔参加的三方委员会，以促使阿联酋和伊朗直接对话解决领土争端，从而实现海湾地区的和平和稳定，推动和扩展海合会国家同伊朗的合作关系。伊朗对于阿联酋发出的直接对话呼吁，并不着急理睬，而是悄悄地不断改善和发展同海合会另外五国的关系。伊朗与科威特签署了打击毒品走私协定；与卡塔尔讨论出口淡水；与巴林恢复了大使级外交关系；与阿曼进行石油和安全合作；2000年4月，伊朗首次派出国防部长阿里·沙姆哈尼海军少将访问了沙特阿拉伯，与沙特第二副首相兼国防大臣苏尔坦·本·阿卜杜勒·阿齐兹讨论了地区安全与合作问题。阿联酋对这些动向，感到不满和担心，并于4

月 20 日重新开启了驻伊拉克大使馆。12 月 29 日,海合会第 77 届外长会议在巴林首都麦纳麦召开,会议讨论了由沙特阿拉伯、阿曼及卡塔尔组成的三方委员会向首脑会议提交的关于调解阿联酋与伊朗三岛领土争端情况的报告,但没有有力举措和进展。为此,阿联酋外长认为,伊朗的言行表明其仍没有接受中间调解途径。2001 年 3 月 16 日,国际法院妥善地处理裁决了卡塔尔、巴林两国之间岛屿领土争端。此举,有利于海湾地区的稳定,也为海湾其他国家解决彼此之间的领土争端,例如阿联酋和伊朗的三岛领土争端,提供了一个可资借鉴的范例。

2001 年 7 月,阿联酋外交事务国务部长哈姆丹访问伊朗,这是自 1990 年以来阿方派出的最高级别代表团访伊,伊总统哈塔米会见了哈姆丹;8 月伊朗总统特使穆罕默德访阿,会见了扎耶德总统。2006 年,伊朗副外长沙斯塔法维、伊国家最高安全委员会秘书长提里贾尼访阿。但是,伊朗方面的原有立场没有改变。阿联酋 2006 年在海合会上强调六国团结,共同维护海湾地区的安全与稳定,加强 GCC 各国的安全合作,扩大 "半岛之盾" 快速反应部队规模。认为伊朗应在地区安全事务中发挥应当有的作用。阿联酋新总统哈利法 2008 年呼吁,邻国伊朗要拿出善意,接受直接谈判解决三岛问题,或同意将其提交国际法庭仲裁,阿方将完全接受其任何裁决。2009 年 9 月,GCC 外长第 112 次会议闭幕时宣布,支持阿联酋对三岛的权利,三岛问题通过谈判或国际法庭解决,有助于促进该地区的和平与稳定。伊朗仍持旧有立场。三岛问题的解决,仍然旷日持久。

五 同伊拉克的关系

海湾诸酋长国与两河流域的文明古国伊拉克,自古就有频繁的通商往来,并得益于两河流域的文明而发展,故对伊拉克素来怀有仰慕之情。在 1980 ～ 1988 年伊拉克与伊朗战争时，伊拉克宣称支持阿布穆萨、大小通布等三岛是阿拉伯岛屿，指责伊朗侵占。阿联酋对两伊战争，保持中立态度，积极参加调解活动，主张两伊和平解决冲突。同时，作为海湾阿拉伯国家之一，阿联酋同其他海湾阿拉伯国家向伊拉克提供了一些支援。

1990 年 7 月 16 日，伊拉克外长阿齐兹致函阿拉伯联盟秘书长，点名抨击科威特和阿联酋等国大量超额出口石油，损害了伊拉克的经济利益。伊还认为阿私自增产欧佩克组织规定的石油配额数量，偷采了伊拉克的地下油层。对此，阿联酋当即做出反驳。伊拉克入侵科威特后爆发海湾危机，阿联酋方面主张和平解决危机，坚决反对伊拉克侵吞科威特，因而关闭了阿联酋驻伊拉克大使馆，参加了反对伊拉克侵占科威特的多国部队，提供了多国部队的部分费用；要求伊拉克执行安理会所有有关决议，立即释放全部被伊拉克扣留的科威特人员并承担海湾战争造成经济、资源损失的全部责任。

海湾战争后，阿联酋参加了 8 国（海湾 6 国加埃及、叙利亚）大马士革宣言，以增强海湾地区的安全、稳定与和平。阿联酋的态度是：要求伊拉克全面执行安理会有关决议，同时反对肢解伊拉克，致力于推动恢复阿拉伯国家的团结，主张应谅解曾在海湾危机中支持了伊拉克的阿拉伯国家，逐步恢复了对巴勒斯坦、也门等国家的援助。1998 年 11 月，在伊拉克仍处于国际制裁的情况下，阿联酋开通了从迪拜经巴林至伊拉克南部乌姆卡斯尔港的第一条海运航班，2000 年 10 月开通了第二条。2000 年 4 月 20 日，阿联酋重新开启了自海湾战争以来已关闭 10 年的驻伊拉克大使馆，阿联酋外交部人士称，希望这能成为两国关系正常化的开始。6 月 24 日，伊拉克表示，与阿联酋的外交关系解冻。继 2000 年 9 月法国、俄罗斯、也门、约旦等国不顾美英等国对伊拉克的国际制裁派机赴伊"闯飞"之后，10 月 5 日，阿联酋派出一架飞机前往巴格达,以示反对联合国对伊拉克实施的持续制裁,这是海湾阿拉伯国家中首次做出这一举动。该架波音777飞机载有40名医生、护士以及10吨人道主义物资,受到伊拉克劳工和社会事务部长图马和贸易部长萨利赫的迎接。2001年1月16日,萨达姆总统之子乌代向国民议会提交的报告中称,伊拉克的版图应该包括科威特。这顿时引起科威特和其他国家的强烈不满。阿联酋外长努艾米表示,这种言行只会制造海湾地区的紧张,不利于海湾的稳定。

"9·11事件"后,美国于2003年开始攻打伊拉克,推翻了萨达姆政权,伊拉克临时政府面临战后乱局和重建的严峻考验。阿联酋认为,美国政府的错误政策是造成伊拉克乱局的主要原因。伊已处于内战状态。阿主张维护伊的主权和领土完整,尽快结束外国对伊占领,恢复伊的稳定,联合国应在恢复伊安全和伊重建过程中发挥主要作用。阿是率先承认伊拉克新政府的阿拉伯国家,并积极与伊发展关系,向伊提供了大量人道主义援助,协助伊培训军警,2003年承诺向伊提供2.15亿美元人道主义捐款,2004年宣布减免伊所欠38亿美元债务的大部分。2008年8月,阿联酋重开驻伊拉克使馆,哈利法总统决定免除伊拉克所欠阿的70亿美元债务。

第六节 同中国的关系

一 历史悠久的往来

中国与阿联酋所在的阿拉伯半岛和海湾一带,自古就有许多往来。中国在西汉时期(公元前206~公元25年)开辟的"海上丝绸之路",从广州、泉州、明州(今宁波)、扬州等地南航向西,经印度半岛西海岸至海湾,是古代中国和阿拉伯往来的海上重要航线。中国的丝绸、瓷器等，经此路销往阿拉伯半岛、海湾及其以远地方；阿拉伯半岛和海湾的香料、珍珠等运往中国，故亦称之为"香料之路"。从此，中国同阿拉伯半岛和海湾地区之间，交流不断，往来频繁。

二　阿中友好关系的发展

19 71 年 12 月 2 日，阿联酋成立时，开国总统扎耶德致电中国总理周恩来，通知阿拉伯联合酋长国成立，并表示愿同中国发展各方面的关系。同年 12 月 8 日，周恩来总理复电扎耶德总统，承认阿拉伯联合酋长国。自此，每年互致国庆贺电，两国在政治、贸易、民航、卫生和体育等方面交往日渐增多。1978 年初，中国贸促会主任访问阿联酋。1980 年 7 月，中国民航通航沙迦并在沙迦酋长国设立办事处。1981 年 7 月，中国向沙迦派遣医疗队。1982 年 11 月，中国外经贸部同迪拜商界合资在迪拜酋长国建立"长城贸易中心"。

1984 年 11 月 1 日，阿联酋同中国正式建立大使级外交关系。扎耶德总统称，阿联酋对与中国建立外交关系感到十分高兴，因为中国不仅是个大国，也是一个主持正义、支持阿拉伯正义事业、同阿拉伯世界有着友好关系的国家。1989 年 2 月 14 日，中国在迪拜建立总领事馆。1989 年 12 月，国家主席杨尚昆应邀对阿联酋进行国事访问。1990 年 5 月，阿联酋总统扎耶德回访杨主席，对中国进行了国事访问，拜会了江泽民总书记，与李鹏总理会谈。两国领导人的会晤和互访，加深了两国之间的相互了解和友谊，促进了双边合作，从此，两国关系进入了一个新的发展阶段。1991 年 5 月，阿联酋最高委员会成员、沙迦酋长国酋长苏尔坦博士应中国政府的邀请访问中国。1993 年，国家主席江泽民向阿联酋总统扎耶德赠送了一对上等猎隼。1996 年 5 月，阿联酋联邦国民议会议长穆哈尔比访华。1996 年

6月6~10日，中央军委副主席、国务委员兼国防部长迟浩田访问阿联酋。1999年，应阿联酋的要求，中国政府为扎耶德总统派出诊治小组。同年5月15~17日，全国政协主席李瑞环访问了阿联酋。

2001年12月3日，江泽民主席、胡锦涛副主席分别致电阿联酋总统扎耶德和副总统马克图姆，祝贺其连任。2002年3月，国务委员吴仪率中国政府代表团访问阿联酋。2004年11月，扎耶德总统病逝，胡锦涛主席发去唁电，派外长李肇星作为中国政府特使赴阿吊唁并会见了阿新总统哈利法。2005年2月，哈利法复电感谢；6月曾培炎副总理访阿会见了哈利法总统。2007年1月，胡锦涛主席出访停经迪拜，会见了阿副总统迪拜酋长穆罕默德。2007年9月，阿联酋副总统兼总理迪拜酋长穆罕默德，出席了大连"夏季达沃斯论坛"，会见了温家宝总理。2008年3月副总统兼总理、迪拜酋长穆罕默德访华，胡锦涛主席、温家宝总理、习近平副主席分别会见，双方签署了《中阿关于刑事司法协助的条约》、《中阿两国教育部高等教育和科研合作备忘录》、《中国国家质量监督检验检疫总局和阿联酋卫生部出入境口岸卫生检疫合作谅解备忘录》；5月，阿联酋总统哈利法指示向中国汶川地震救灾援助5000万美元现金，阿红新月会及各界提供了大量食品和物资援助；8月，穆罕默德副总统夫人哈雅公主出席了北京奥运会开幕式。同年，中国国防部长梁光烈、全国政协副主席杜青林、香港特别区行政长官曾荫权、中国银监会主席刘明康、国家旅游局长邵琪玮、国家邮政局长马军等分别访阿。

2009年8月14日，胡锦涛主席在北京会见了阿联酋阿布扎比酋长国王储穆罕默德，双方进行了友好的谈话。胡主席说，建交25年来，中阿政治上相互信任、相互支持，经济上优势互补、互利合作。阿联酋已成为中国在阿拉伯世界的第二大贸易伙伴和重要能源供应国。两国人文交流富有特色、充满活力，在国际和地区问题上双方也保持经常沟通与磋商。中方赞赏和感谢阿联酋政府坚持一个中国政策，在台湾、涉藏、涉疆等重大问题上给予中国宝贵支持。当前，中阿关系正面临新的发展机遇，呈现良好的发展前景。中方愿同阿方共同努力，全面加强两国友好合作关系，更好地造福两国和两国人民。长期以来，中国同伊斯兰国家相互尊重、相互信任，在涉及彼此重大关切和核心利益的问题上相互理解、相互支持。中方高度重视同伊斯兰国家的友好合作关系，愿在和平共处五项原则基础上，进一步促进不同文明的对话与交流，进一步加强同伊斯兰国家的友谊与合作。穆罕默德王储首先转达哈利法总统对胡锦涛主席的亲切问候，穆罕默德表示，阿中人民之间友好，两国合作基础牢固。阿方对进一步发展两国关系抱有真诚愿望。希以新的视角看待阿中关系，在经贸、石油、石化等领域与中方建立战略性合作关系，推动两国关系更上一层楼，阿方认为乌鲁木齐"7.5"事件是中国内政，阿方支持中国政府维护国家统一、安全与稳定所作的努力。温家宝总理、习近平副主席分别会见了穆罕默德王储。穆罕默德王储是应习近平副主席的邀请访华的，双方会谈后出席了两国关于建立政治磋商机制、文化交流等协议的签字仪式。

中阿两国在经贸合作和文教、卫生、司法等领域签有多个协定，合作关系不断发展。1985 年 11 月，两国签署了技术合作协定。1989 年 9 月，两国签署了民用航空运输协定。1993 年 7 月 1 日，两国签署了互免双重征税和防止偷漏税协定、投资保护协定，以及医疗合作协定。2000 年 3 月，两国签署了"引渡协定"，合作打击罪犯。2001 年 6 月，两国政府签署了《新闻文化协定》。2002 年 3 月两国签署了《引渡罪犯条约》；同年阿联酋航空公司开通迪拜—上海货运航班。2004 年 4 月，阿副总理兼外长哈姆丹访华，两国签署了《中阿民商事司法协助条约》。

2006 年，阿经济部长鲁卜娜来华出席百届广交会庆典；2 月 8 日，中阿环境合作会议在迪拜召开。2007 年 4 月，阿联酋外长阿卜杜拉访华，国家副主席曾庆红、外长李肇星分别与他会见，双方签署了《关于成立加强双边关系的中阿工作组的谅解备忘录》和《关于中国旅游团队赴阿联酋旅游实施方案的谅解备忘录》。2008 年在阿华人华侨约 20 万人。阿联酋联邦航空第 44 个目的地北京航线于 2008 年 2 月 28 日开通。2009 年 4 月 19 日 "龙城中国书画展" 在迪拜开幕；5 月 11 日中国国家体育总局局长兼中国奥委会主席刘鹏拜会了阿联酋奥委会主席艾哈迈德亲王；7 月 2 日 "中国文化月" 在迪拜开幕；8 月 7 日 "中华小姐环球大赛" 中东赛区决赛在迪拜落幕。阿联酋参加 2010 年上海世界博览会，阿联酋馆面积 6000 平方米，其网状贝壳结构的海上明珠馆造型，颇具特色和吸引力；为参观者准备的视听节目 "梦幻旅程"，引人入胜；"更美好的城市，更美好的生活" 主标题，尤其醒目。

三 两国间经贸关系发展迅速

2008 年，阿联酋成为中国在西亚非洲地区最大出口市场，中国是阿联酋最大进口来源国。1984 年两国建交时，两国间贸易额仅 7000 万美元，1990 年达 3.1 亿美元，增长了两倍；1991 年达 8.23 亿美元，即建交 7 年后两国间贸易额较建交时增加了近 11 倍。1993 年为 8.18 亿美元（其中阿方进口额 7.11 亿美元），较 1991 年下降了 512 万美元；1994 年两国间贸易额回升为 9.02 亿美元（其中阿方进口 8.75 亿美元），较 1993 年增长 10%；1995 年达 12.03 亿美元，较 1994 年增长 33.3%；1996 年为 11.45 亿美元，较 1995 年下降了 5%；1997 年回升至 13.9 亿美元；1998 年增为 14.52 亿美元（其中阿联酋出口 1.62 亿美元，逆差 12.9 亿美元），较 1996 年增长 26.8%，较 1997 年增长 4.5%。1999 年，两国间进出口商品总额为 16.33 亿美元（其中阿向中国出口额 1.89 亿美元）。2000 年两国间贸易额 24.9 亿美元（中方出口 20.8 亿美元），2001 年增至 28.3 亿美元（中方出口 23.8 亿美元），较上年增长达 13.7%。此后，两国间年贸易额增长百分比率呈两位数：2002 年 38.95 亿美元，较上年增长 37.6%，2003 年 58.11 亿美元，较上年增长 49.2%，2004 年 81.46 亿美元，较上年增长 40.2%（中方顺差 55.38 亿美元），2005 年 107.76 亿美元，较上年增长 32.3%（中方顺差 13.1 亿美元），2006 年 142 亿美元，较上年增长 31.8%（中方顺差 86 亿美元），2007 年 200.4 亿美元，较上年增长 41.1%（中方顺差 140.2 亿美元），2008 年 281.6 亿美元，较上年增长 40.5%（中方顺差 189.4 亿美元）。

阿联酋向中国出口的货物主要是液化石油气、原油、成品油、铝锭及铝制品等。2005 年阿联酋向中国出口石油 257 万吨，并逐年呈百分比两位数增长；2006 年 304 万吨，同比增长 18.3%；2007 年 365 万吨，同比增长 20%；2008 年 457.9 万吨，同比增长 25.5%。阿从中国进口的主要商品有机电、高新技术、纺织、轻工、五金、工艺等产品。2001 年 5 月 29 日，中国铁路工程总公司与阿联酋迪拜酋长国政府正式签署棕榈岛（海上人工岛）建设项目总承包协议书，预计该项目投资总额约 100 亿美元。2008 年，中国在阿联酋注册的大公司 31 个，经销商 77 家，在阿联酋自由区内的公司约 900 家，获阿批准的中国商标 1132 个，中国石油工程夺得阿布扎比原油战略管线项目合同，总金额 33 亿美元。第五届中阿经贸混委会 2008 年 12 月在阿布扎比召开；第六届于 2009 年在北京召开。2009 年 5 月，中建香港公司获得承建"阿布扎比塔"项目。中方宣布，自 2009 年 9 月 15 日起，阿联酋为中国人旅游目的地国家。中国游客在阿联酋可使用银联卡。

四 同中国台湾地区的往来

阿 联酋同中国台湾地区有贸易往来，台湾在迪拜设有商务办事处。阿台贸易额 1992 年为 27. 29 亿美元，1993 年降为 8. 5 亿美元（阿逆差 2. 9 亿美元），1994 年升为 16. 22 亿美元（阿顺差 4. 94 亿美元），1995 年降为 10. 13 亿美元（阿逆差 2. 27 亿美元），1998 年为 11. 91 亿美元（阿逆差 3. 75 亿美元），1999 年为 12. 3 亿美元（阿逆差 2. 1 亿美元），2000 年为 15 亿美元（阿逆差 1. 24 亿美元），2004 年为 23. 97 亿美元（阿顺差 2. 55 亿美元），2005 年为 27. 2 亿美元（阿顺差 6. 6 亿美元），2006 年为 42. 35 亿美元（阿顺差 19. 89 亿美元）。

附　录

部分译名中英文对照表

A

阿巴斯港　Bandar Abbas

阿拔斯朝　Abbasids

阿卜杜·阿齐兹·本·沙特　Abdul Aziz bin Saud

阿布穆萨岛　Abu Musa Island

阿布扎比　Abu Dhabi

阿布扎比发展基金　Abu Dhabi Fund for Development

阿布扎比妇女联合会　Abu Dhabi Women's Federation

阿布扎比工商会　Abu Dhabi Chamber of Commerce and Industry

阿布扎比国家石油公司(阿德诺克)　Abu Dhabi National Oil Company (ADNOC)

阿布扎比文化会社　Abu Dhabi Cultural Foundation

阿布扎比信托投资公司　the Abu Dhabi Investment Company (ADIC)

阿布扎比伊斯兰银行　Abu Dhabi Islamic Bank

阿拉伯半岛　Arabian Peninsula

阿拉伯国家联盟　League of Arab States（LAS）

阿拉伯联合酋长国　United Arab Emirates（UAE）

阿拉伯联盟　Arab League

阿拉伯石油输出国组织　the Organization of Arab Petroleum Exporting Countries（OAPEC）

阿拉伯通信卫星　ARABSAT

阿拉伯议会联盟　Arab Inter-Parliamentary Union（AIPU）

阿里山自由区（阿里山又译称杰贝勒阿里或杰巴尔阿里）Jebel Ali Free Zone

阿克萨清真寺　Masjid al-Aqsa

阿联酋大学　Emirates University

阿联酋红新月会　UAE Red Crescent Society

阿联酋妇女联合会　UAE Women's Federation

阿联酋通讯社　Emirates News Agency

阿联酋战略研究中心　the Emirates Centre for Strategic Studies and Research（ECSSR）

阿联酋足球联合会　UAE Football Association

阿曼　Oman

阿曼湾　Gulf of Oman

阿美石油公司　Arabian American Oil Compnay（ARAMCO）

阿瓦米尔（部落）　Awamir

阿治曼　Ajman

爱德华·汉德森（英石油公司驻阿首任代表）　Edward Henderson

艾哈迈德·本·赛义德　Ahmad Bin Said

艾哈迈德·贾比尔·阿勒萨巴赫　Ahmad al-Jabir Al Sabah

艾因　al-Ain

爱资哈尔　al-Azhar

安曼　Amman

安纳托利亚　Anatolia

奥古斯都（罗马皇帝）　Augustus

奥克兰德勋爵　Auckland，Lord

奥斯曼帝国　Ottoman（Empire）

B

巴比伦　Babylon

巴德尔　Badr

巴迪耶　Badiya

巴格达　Baghdad

巴勒斯坦　Palestine

巴林　Bahrain

巴士拉　Basrah

巴西杜　Basidu

拜火教（琐罗亚斯德教）　Zoroastrianism

拜占庭　Byzantine

贝都因人　Bedouins

波斯人　Persians

布赖米绿洲　Buraimi Oasis

布什尔　Bushire

C

查尔宁（岛）　Qarnein

朝觐　Hajj

朝向（礼拜方向）　Qiblah

成吉思汗　Chinghiz Khan

D

达巴　Dibba

达兰　Dhahran

大流士　Darius

大马士革　Damascus

达勒马岛　Dalma Island

达斯岛　Das Island

大食　Tazi

大通布（岛）　Greater Tunb

大扎耶德（扎耶德·本·哈利法·阿勒纳哈扬）　Zayed Bin Khalifa Al Nahayan

登宵（节）　al-Mi'raj

迪拜　Dubai

迪拜购物节　Dubai Shopping Festival

迪尔汗（银币）　Dirham

底格里斯河　Tigris

地中海　Mediterranean Sea

东印度公司　East India Company

"毒蛇号"（巡洋舰）　Viper（cruiser）

多哈　Doha

E

俄罗斯　Russia

厄立特里亚　Eritrea

F

法赫德　Fahd

法拉赫　Falah

法拉杰（坎儿井）　Falajes

法拉萨　Falasah

法蒂玛　Fatimah

腓尼基人　Phoenicians

肥沃新月地区　The Fertile Crecent

费萨尔　Faysal

富查伊拉　al-Fujairah

副朝（小朝）　Omrah

G

格什姆岛　Qishm Island

《古兰经》　Qur'an

国际防务展览　International Defence Exhibition（IDEX）

H

哈达拉毛　Hadhramaut

哈菲特山　Jebel Hafit

哈贾尔山脉　Hajar Mountain Range or Hajar Mountains

哈利德·本·苏尔坦　Khalid bin Sultan

哈利德港　Port Khalid

哈利法・本・沙赫布特　Khalifah bin Shakhbut

哈利法・本・扎耶德・阿勒纳哈扬（阿联酋总统、阿布扎比酋长）　Khalifah Bin Zayed Al Nahayan

哈里发　Khalifah

哈马萨　Hamasa

哈马舍尔德　Dag Hammarskjold

哈迈德・本・穆罕默德・阿勒沙基（富查伊拉酋长）　Hamad bin Mohammed Al Sharqi

哈姆干河　Wadi Hamm

哈塔干河　Wadi Hatta

哈姆里亚　Hamriya

哈萨　Hasa

哈瓦拉部落　Hawala Tribe

哈希姆　Hashim

哈伊马角　Ras al-Khaimah

海盗　Piracy

海上休战（条约）　Maritime Truce

海上永久休战（条约）　Perpetual Maritime Truce

海湾阿拉伯国家合作委员会　Cooperation Council for the Arab States of the Gulf（GCC）

海湾飞机维修公司　Gulf Aircraft Maintenance Company（GAMCO）

海牙国际法庭　the Hague Tribunal

豪尔奥台德　Khor al-Odaid

豪尔费坎　Khor Fakkan

红海　Red Sea

侯赛因王朝　Hussein Dynasty

胡迈德・本・拉希德・阿勒努艾米（阿治曼酋长）　Humaid

Bin Rashid Al Nuaimi

环境研究和野生动物发展署（阿布扎比） the Environmental
Research and Wildlife Development Agency（ERWDA）

霍尔木兹海峡 Straits of Hormuz

J

基西干河 Wadi Jizzi

吉达 Jidda

吉米村 Jimi Village

吉伍 al-Jaww, or Jiwu

迦太基 Carthage

居鲁士 Cyrus

聚勒法尔 Julfar

K

卡尔巴 Kalba

卡塔尔 Qatar

卡塔拉赫村 Qattarah（or Khatalah）Village

卡塔姆 Khatam

卡西米 Qassimi

卡伊斯（港） Qais

开罗 Cairo（al-Qahirah）

开斋节 Ed al-Fitr

科威特 Kuwait

寇松勋爵（印度总督） Curzon（Lord, Viceroy of India）

昆治 Kunzi

L

拉希德·本·艾哈迈德·阿勒穆阿拉（乌姆盖万酋长）
Rashid bin Ahmed Al Mu'alla

拉希德·本·胡梅德　Rashid bin Humaid

拉希德·本·马塔尔·阿勒卡西米　Rashid bin Mattar Al-Qassimi

拉希德·本·赛义德　Rashid bin Said

拉希德港　Port Rashid

黎巴嫩　Lebanon

利瓦绿洲（阿布扎比酋长国西部地区）　Liwa Oasis

利雅得　Riyad

联邦高等法院　Federal Supreme Court

联邦国民议会　Federal National Council

联邦内阁（政府）　Federal Cabinet

鲁卜哈利（沙漠）　Rub'al-Khali

鲁维斯炼油厂　Ruwais Refinery

路夫特　Luft

绿山（艾赫达尔山）　al-Jebel al-Akhdar

伦敦协定　London Agreement

伦格　Lingeh

M

马干　Magan

马克图姆·本·拉希德·阿勒马克图姆（故阿联酋副总统、迪拜酋长）　Maktoum Bin Rashid Al Maktoum

马里卜（水坝）　Marib

马斯喀特　Muscat

麦地那　Medina

麦加　Mecca

麦纳麦　Manamah

麦什哈特阿曼　Mashihat Oman

曼德海峡　Bab al-Mandab

美索不达米亚　Mesopotamia

孟买　Bombay

明托（英驻印度总督）　Minto

莫纳西尔（部落）　Monasir

穆阿塔尔德　Muatard

穆巴拉克　Mubarak

穆罕默德　Mohammed

穆罕默德·阿里帕夏　Mohammed Ali Pasha

穆斯林　Muslim

N

拿破仑　Napoleon Bonaparte

纳季德（内志）　Najd

纳伊米人　Naimi

纳伊姆（布赖米的酋长）　Na'im of Buraimi

聂斯脱利派　Nestorians

O

欧麦尔·伊本·赫塔卜（正统哈里发）　Umar ibn al-khattab

欧斯曼（正统哈里发之一）　Othman

P

丕林岛　Perim Island

佩罗内特·汤普逊（英上尉，1820 年"总和平条约"起草人）　Perronet Thompson（Captain）

佩特拉（在约旦）　Petra

Q

酋长国阿拉伯马协会　Emirates Arabian Horse Society

酋长国高尔夫球俱乐部　Emirates Golf Club

酋长国广播协会　Emirates Broadcasting Corporation

R

人头税（什一税）　poll tax（Jizyah）

日本东京电力公司　Japan Tokoy Electric Power Company

S

萨阿拉　Saara

萨阿拉村　Sa'ara Village

萨格尔·本·穆罕默德·阿勒卡西米（哈伊马角酋长）　Saqr Bin Mohammed Al Qassimi

萨格尔·本·苏尔坦　Saqr bin Sultan

萨格尔海港　Mina Saqr

萨马哈　Samahe

萨马利亚（岛）　Samaliye

萨珊王朝　Sasanid Dynasty

赛义德　Said

赛义德·本·塔赫农　Said bin Tahnoun

赛义德·费萨尔·本·图尔基　Said Feisal bin Turki

赛义夫·丁（霍尔姆兹酋长）　Saif al-Din

桑给巴尔　Zangibar

沙赫布特·本·苏尔坦·阿勒纳哈扬　Shakhbut Bin Sultan Al Nahayan

沙迦　Sharjah

沙迦美国大学　American University of Sharjah

沙特阿拉伯　Saudi Arabia

沙特·本·阿卜杜勒·阿齐兹·阿勒沙特　Saud Bin Abdul Aziz Al Saud

沙特·本·费萨尔　Saud bin Feisal

闪族　Semites

设拉子　Shiraz

圣训　Hadith

什叶派　al-Shi'ah

什一税（人头税）　Jizyah（poll tax）

石油输出国组织　the Organization of Petroleum Exporting Countries（OPEC）

石油最高理事会（阿联酋）　Supreme Petroleum Council

苏尔坦·本·穆罕默德·阿勒卡西米（沙迦酋长）　Sultan Bin Mohammed Al Qassimi

苏哈尔　Sohar

苏莱娅卫星通信公司　Thuraya Satellite Telecommunications

Company（TSTC）

　　苏美尔人　Sumerians

　　苏伊士运河　Suez Canal

　　素尤勒（大水流）　Suyuil

　　索科特拉（岛）　　Socotra

T

　　塔赫农·本·沙赫布特·阿勒纳哈扬　Tahnoun Bin Shakhbut Al Nahyan

　　塔米马　Tamime

　　塔维拉　Al-Taweela

　　特鲁西尔阿曼监察部队　Trucial Oman Scouts

　　特鲁西尔诸国理事会　Trucial States Council

　　天课（宰卡特）　Zakat

　　条支　Taji

　　图拉真（罗马皇帝）　Trajan

　　土耳其　Turkey

　　土耳其苏丹　Sultan of Turkey

W

　　瓦哈比教派　al-Wahbiyah

　　瓦利（省长、总督）　Wali

　　倭马亚王朝　Umayyad Dynasty

　　乌代　Uday

　　乌姆盖万　Umm al-Qaiwain

　　乌姆纳尔（岛）　Umm al-Nar

X

西部地区（阿布扎比酋长国的西部利瓦省）　Western Region

西拉弗（港）　Siraf

锡尔·巴尼亚斯（岛）　Sir Bani Yas

锡尔地区　Sirr district

希贾兹（汉志）　Hejaz（al-Hijaz）

希吉拉（迁徙）　al-Hijrah

希腊化　Grecianize

希利村　Hilli Village

先知　Prophet

小通布（岛）　Lesser Tunb

小亚细亚　Asia Minor

谢赫（长老、首领、酋长）　Sheikh

辛巴德（水手）　Sindbad（the Sailor）

信德　Sind

叙利亚　Syria

逊尼派　Ahl al-Sunnah

Y

亚丁　Aden

亚喀巴　Aqabah

亚历山大大帝　Alexander the Great

亚述人　Assyrians

雅西部落　Beni Yas

耶路撒冷　Jerusalem

也门　Yemen

伊布尔格（山丘）　Yiberg

伊拉克　Iraq

伊拉克石油公司　Iraq Petroleum Company

伊朗　Iran

伊玛目（教长、领袖）　Imam

伊萨·本·纳哈扬（故前阿布扎比酋长）　Isa Bin Nahyan

伊斯兰教　Islam

伊斯兰会议组织　Organization of the Islamic Conference（OIC）

伊斯坦布尔　Istanbul

以色列　Israel

易卜拉欣　Ibrahim

印度洋　Indian Ocean

犹太教　Judaism

约旦　Jordan

Z

扎库姆　Zakkum

扎瓦希尔（部落）　Dhawahir

扎耶德·本·苏尔坦·阿勒纳哈扬（故前阿联酋开国总统、阿布扎比酋长）　Zayed Bin Sultan Al Nahyan

扎耶德港　Port Zayed

扎耶德体育城　Zayed Sports City

宰卡特（天课）　Zakat

宰牲节（古尔邦节）　Eid al-Adha

斋戒　Sawm

斋月（伊斯兰历九月拉马丹月）　Shahr al-Ramadan

兹拉拉　Zilala

朱尔法　Julfa

朱米拉　Jumairah

转口（贸易）　Re-export

最高委员会（阿联酋联邦）　Supreme Council of Rulers

佐法尔（在阿曼）　Dhofar

主要参考文献

《阿联酋概况》，中国驻阿联酋使馆 1986 年本，及 1991 年稿本。

The UNITED ARAB EMIRATES 1998（阿拉伯文版），Published by Trident Press Ltd on behalf of the Ministry of Information and Culture，United Arab Emirates，London，1998。

United Arab Emirates Yearbook 1997，Editors：Ibrahim Al Abed，Peter Hellyer，Paula Vine，London，1997.

UNITED ARAB EMIRATES HANDBOOK 1996－1997，Trident Press Ltd，London，1996.

《中国大百科全书》，中国大百科全书出版社，1992。

唐家璇主编《中国外交辞典》，世界知识出版社，2000。

〔美〕伯纳德·格伦：《世界七千年大事总览》，东方出版社，1990。

〔苏联〕波将金、佐林、葛罗米柯：《外交史》，三联书店，1983。

《阿拉伯联合酋长国》，阿拉伯联合酋长国宣传和文化部编译，1993。

〔英〕唐纳德·霍利：《阿拉伯联合酋长国》，北京人民出版社，1972。

〔埃及〕哈姆迪·塔玛姆：《扎耶德传》，文化艺术出版社，1990。

〔阿联酋〕穆罕默德·哈利勒·萨克萨克：《扎耶德言论集》，文化艺术出版社，1990。

纳忠：《阿拉伯通史》，商务印书馆，1999。

〔英〕伯纳·路易：《历史上的阿拉伯人》，中国社会科学出版社，1979。

〔日〕田村秀治：《伊斯兰盟主沙特阿拉伯》，上海译文出版社，1981。

陈乐民、王振华、胡国成：《战后英国外交史》，世界知识出版社，1994。

《世界知识年鉴》，1982、1983、1994~2009各年版，世界知识出版社。

彭树智：《阿拉伯国家简史》，福建人民出版社，1999。

〔英〕伯纳德·路易斯：《中东》，中国友谊出版公司，2000。

郭应德：《阿拉伯史纲》，经济日报出版社，1997。

THE WORLD ALMANAC 1988, Editor: Mark S. Hoffman, PHAROS BOOKS, New York, 1988。

安维华、李绍先、陈建民：《海湾寻踪》，时事出版社，1997。

杨光主编《中东非洲发展报告》（1997~1998）、（2005~2006）、（2006~2007），社会科学文献出版社，1998、2007。

《SIPRI年鉴1999》，世界知识出版社，2000。

《西亚非洲资料》，中国社会科学院西亚非洲研究所，2000。

赵国忠主编《简明西亚北非百科全书》，中国社会科学出版社，2000。

The Military Balance 2000 ~ 2001, International Institute for Strategic Studies, London, 2000。

《UNITED ARABE MIRATESYEAR BOOK 2009》, Editor: PaulaVine, Published by Trident Press Ltd, London, 2009。

《2008 年世界军事年鉴》, 时代出版社, 2009。

《International Financil Statistics》, International Monetary Fund, 2009。

《列国志》已出书书目

2003 年度

《法国》，吴国庆编著

《荷兰》，张健雄编著

《印度》，孙士海、葛维钧主编

《突尼斯》，杨鲁萍、林庆春编著

《英国》，王振华编著

《阿拉伯联合酋长国》，黄振编著

《澳大利亚》，沈永兴、张秋生、高国荣编著

《波罗的海三国》，李兴汉编著

《古巴》，徐世澄编著

《乌克兰》，马贵友主编

《国际刑警组织》，卢国学编著

2004 年度

《摩尔多瓦》，顾志红编著

《哈萨克斯坦》，赵常庆编著

《科特迪瓦》，张林初、于平安、王瑞华编著

《新加坡》，鲁虎编著

《尼泊尔》，王宏纬主编

《斯里兰卡》，王兰编著

《乌兹别克斯坦》，孙壮志、苏畅、吴宏伟编著

《哥伦比亚》，徐宝华编著

《肯尼亚》，高晋元编著

《智利》，王晓燕编著

《科威特》，王景祺编著

《巴西》，吕银春、周俊南编著

《贝宁》，张宏明编著

《美国》，杨会军编著

《国际货币基金组织》，王德迅、张金杰编著

《世界银行集团》，何曼青、马仁真编著

《阿尔巴尼亚》，马细谱、郑恩波编著

《马尔代夫》，朱在明主编

《老挝》，马树洪、方芸编著

《比利时》，马胜利编著

《不丹》，朱在明、唐明超、宋旭如编著

《刚果民主共和国》，李智彪编著

《巴基斯坦》，杨翠柏、刘成琼编著

《土库曼斯坦》，施玉宇编著

《捷克》，陈广嗣、姜琍编著

2005 年度

《泰国》，田禾、周方冶编著

《波兰》，高德平编著

《加拿大》，刘军编著

《刚果》，张象、车效梅编著

《越南》，徐绍丽、利国、张训常编著

《吉尔吉斯斯坦》，刘庚岑、徐小云编著

《文莱》，刘新生、潘正秀编著

《阿塞拜疆》，孙壮志、赵会荣、包毅、靳芳编著

《日本》，孙叔林、韩铁英主编

《几内亚》，吴清和编著

《白俄罗斯》，李允华、农雪梅编著

《俄罗斯》，潘德礼主编

《独联体（1991～2002）》，郑羽主编

《加蓬》，安春英编著

《格鲁吉亚》，苏畅主编

《玻利维亚》，曾昭耀编著

《巴拉圭》，杨建民编著

《乌拉圭》，贺双荣编著

《柬埔寨》，李晨阳、瞿健文、卢光盛、韦德星编著

《委内瑞拉》，焦震衡编著

《卢森堡》，彭姝祎编著

《阿根廷》，宋晓平编著

《伊朗》，张铁伟编著

《缅甸》，贺圣达、李晨阳编著

《亚美尼亚》，施玉宇、高歌、王鸣野编著

《韩国》，董向荣编著

2006 年度

《联合国》，李东燕编著

《塞尔维亚和黑山》，章永勇编著

《埃及》，杨灏城、许林根编著

《利比里亚》，李文刚编著

《罗马尼亚》，李秀环编著

《瑞士》，任丁秋、杨解朴等编著

《印度尼西亚》，王受业、梁敏和、刘新生编著

《葡萄牙》，李靖堃编著

《埃塞俄比亚　厄立特里亚》，钟伟云编著

《阿尔及利亚》，赵慧杰编著

《新西兰》，王章辉编著

《保加利亚》，张颖编著

《塔吉克斯坦》，刘启芸编著

《莱索托　斯威士兰》，陈晓红编著

《斯洛文尼亚》，汪丽敏编著

《欧洲联盟》，张健雄编著

《丹麦》，王鹤编著

《索马里 吉布提》，顾章义、付吉军、周海泓编著

《尼日尔》，彭坤元编著

《马里》，张忠祥编著

《斯洛伐克》，姜琍编著

《马拉维》，夏新华、顾荣新编著

《约旦》，唐志超编著

《安哥拉》，刘海方编著

《匈牙利》，李丹琳编著

《秘鲁》，白凤森编著

2007 年度

《利比亚》，潘蓓英编著

《博茨瓦纳》，徐人龙编著

《塞内加尔 冈比亚》，张象、贾锡萍、邢富华编著

《瑞典》，梁光严编著

《冰岛》，刘立群编著

《德国》，顾俊礼编著

《阿富汗》，王凤编著

《菲律宾》，马燕冰、黄莺编著

《赤道几内亚 几内亚比绍 圣多美和普林西比 佛得
    角》，李广一主编

《黎巴嫩》，徐心辉编著

《爱尔兰》，王振华、陈志瑞、李靖堃编著

《伊拉克》，刘月琴编著

《克罗地亚》，左娅编著

《西班牙》，张敏编著

《圭亚那》，吴德明编著

《厄瓜多尔》，张颖、宋晓平编著

《挪威》，田德文编著

《蒙古》，郝时远、杜世伟编著

2008 年度

《希腊》，宋晓敏编著

《芬兰》，王平贞、赵俊杰编著

《摩洛哥》，肖克编著

《毛里塔尼亚　西撒哈拉》，李广一主编

《苏里南》，吴德明编著

《苏丹》，刘鸿武、姜恒昆编著

《马耳他》，蔡雅洁编著

《坦桑尼亚》，裴善勤编著

《奥地利》，孙莹炜编著

《叙利亚》，高光福、马学清编著

2009 年度

《中非　乍得》，汪勤梅编著

《尼加拉瓜　巴拿马》，汤小棣、张凡编著

《海地　多米尼加》，赵重阳、范蕾编著

社会科学文献出版社网站

www.ssap.com.cn

1. 查询最新图书　　2. 分类查询各学科图书
3. 查询新闻发布会、学术研讨会的相关消息
4. 注册会员，网上购书

　　本社网站是一个交流的平台，"读者俱乐部"、"书评书摘"、"论坛"、"在线咨询"等为广大读者、媒体、经销商、作者提供了最充分的交流空间。

　　"读者俱乐部"实行会员制管理，不同级别会员享受不同的购书优惠（最低7.5折），会员购书同时还享受积分赠送、购书免邮费等待遇。"读者俱乐部"将不定期从注册的会员或者反馈信息的读者中抽出一部分幸运读者，免费赠送我社出版的新书或者光盘数据库等产品。

　　"在线商城"的商品覆盖图书、软件、数据库、点卡等多种形式，为读者提供最权威、最全面的产品出版资讯。商城将不定期推出部分特惠产品。

咨询/邮购电话：010-59367028　　邮箱：duzhe@ssap.cn
网站支持（销售）联系电话：010-59367070　　QQ：168316188　　邮箱：service@ssap.cn
邮购地址：北京市西城区北三环中路甲29号院3号楼华龙大厦　社科文献出版社读者服务中心
邮编：100029
银行户名：社会科学文献出版社发行部　　开户银行：工商银行北京东四南支行　　账号：0200001009066109151

图书在版编目（CIP）数据

阿拉伯联合酋长国/黄振编著. —2 版. —北京：社会
科学文献出版社，2010.5
（列国志）
ISBN 978 - 7 - 5097 - 1439 - 3

Ⅰ.①阿…　Ⅱ.①黄…　Ⅲ.①阿拉伯联合酋长国－概
况　Ⅳ.①K938.7

中国版本图书馆 CIP 数据核字（2010）第 063827 号

阿拉伯联合酋长国（United Arab Emirates） ·列国志·

编 著 者／黄　振
审 定 人／温伯友　赵国忠　徐心辉　许林根

出 版 人／谢寿光
总 编 辑／邹东涛
出 版 者／社会科学文献出版社
地　　　址／北京市西城区北三环中路甲 29 号院 3 号楼华龙大厦
邮政编码／100029　网址／http：//www.ssap.com.cn
网站支持／（010）59367077
责任部门／《列国志》工作室　（010）59367215
电子信箱／bianjibu@ ssap.cn
项目经理／宋月华
责任编辑／陈桂筠　范　迎
责任印制／郭　妍　岳　阳　吴　波

总 经 销／社会科学文献出版社发行部
　　　　　（010）59367080　59367097
经　　销／各地书店
读者服务／读者服务中心　（010）59367028
排　　版／北京中文天地文化艺术有限公司
印　　刷／三河市尚艺印装有限公司

开　　本／880mm×1230mm　1/32
印　　张／10.25
字　　数／259 千字
版　　次／2010 年 5 月第 2 版　印次／2010 年 5 月第 2 次印刷

书　　号／ISBN 978 - 7 - 5097 - 1439 - 3
定　　价／29.00 元

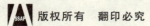

《列国志》主要编辑出版发行人

出　版　人　谢寿光

总　编　辑　邹东涛

项目负责人　杨　群

发　行　人　王　菲

编　辑　主　任　宋月华

编　　　辑　（按姓名笔画排序）

孙以年　朱希淦　宋月华

宋培军　周志宽　范　迎

范明礼　袁卫华　徐思彦

黄　丹　魏小薇

封　面　设　计　孙元明

内　文　设　计　熠　菲

责　任　印　制　岳　阳　郭　妍　吴　波

编　　　务　杨春花

责　任　部　门　人文科学图书事业部

电　　　话　（010）59367215

网　　　址　ssdphzh_cn@sohu.com